BLUE BOOK

智库成果出版与传播平台

权威·前沿·原创

皮书系列为

“十二五”“十三五”国家重点图书出版规划项目

京津冀金融蓝皮书
BLUE BOOK OF
FINANCE IN BEIJING-TIANJIN-HEBEI

京津冀金融发展报告（2019）

ANNUAL REPORT ON THE DEVELOPMENT OF FINANCE IN BEIJING-TIANJIN-HEBEI REGION (2019)

中国滨海金融协同创新中心
主　编／王爱俭　杨兆廷　郭　红

社会科学文献出版社
SOCIAL SCIENCES ACADEMIC PRESS (CHINA)

图书在版编目(CIP)数据

京津冀金融发展报告. 2019 / 王爱俭，杨兆廷，郭红主编. -- 北京：社会科学文献出版社，2020. 5
（京津冀金融蓝皮书）
ISBN 978 - 7 - 5201 - 6649 - 2

Ⅰ. ①京… Ⅱ. ①王… ②杨… ③郭… Ⅲ. ①地方金融事业 - 经济发展 - 研究报告 - 华北地区 - 2019 Ⅳ. ①F832. 72

中国版本图书馆 CIP 数据核字（2020）第 076889 号

京津冀金融蓝皮书
京津冀金融发展报告（2019）

主　　编 / 王爱俭　杨兆廷　郭　红

出 版 人 / 谢寿光
组稿编辑 / 恽　薇　关少华
责任编辑 / 关少华

出　　版 / 社会科学文献出版社 · 经济与管理分社（010）59367226
地址：北京市北三环中路甲 29 号院华龙大厦　邮编：100029
网址：www. ssap. com. cn
发　　行 / 市场营销中心（010）59367081　59367083
印　　装 / 天津千鹤文化传播有限公司

规　　格 / 开 本：787mm × 1092mm　1/16
印 张：15. 25　字 数：226 千字
版　　次 / 2020 年 5 月第 1 版　2020 年 5 月第 1 次印刷
书　　号 / ISBN 978 - 7 - 5201 - 6649 - 2
定　　价 / 128. 00 元

本书如有印装质量问题，请与读者服务中心（010 - 59367028）联系

《京津冀金融发展报告（2019）》
学术指导委员会

《京津冀金融发展报告（2019）》
编　委　会

主编简介

王爱俭 女，天津财经大学金融学教授、博士生导师，金融学科带头人。曾任天津财经大学副校长，第十一届全国人大代表，第十二届全国政协委员。现任民建中央财政金融委员会副主任，天津市政府参事，中国滨海金融协同创新中心主任。国家社会科学基金、国家自然科学基金同行评议专家，教育部国家特色专业负责人、国家级精品课程《国际金融》负责人。获天津市高等学校教学名师奖，全国金融教育先进工作者，国务院政府特殊津贴专家。主要从事汇率体制改革、开放经济货币政策宏观调控与区域金融创新方面的研究。近年来主持完成国家社会科学基金重大项目2项，国家自然科学基金项目3项，国家社会科学基金项目1项，教育部项目2项，科技部项目1项。在《经济研究》《金融研究》等国内外重要刊物上发表论文80余篇，出版专著20余部，荣获国家和省部级奖项15项。荣获天津市第十一届、第十三届、第十四届社会科学优秀成果一等奖，2016年获天津市教委优秀决策咨询研究成果一等奖。现正主持国家社会科学重大项目“美国逆全球化视域下我国跨境资本与宏观经济均衡研究”，在全国国际金融理论、金融创新和虚拟经济等领域有重要影响。

杨兆廷 男，金融学博士，河北金融学院党委书记，教授。主要从事农村金融、资本市场方面的研究。在《管理世界》、《经济日报》（理论版）、《农村金融研究》、《上海金融》等报刊上发表论文40余篇，出版著作5部、教材4部。承担国家和省级软科学、省社会科学规划课题十余项，获河北省优秀社会科学成果二等奖1项、三等奖1项，获河北省优秀教学成果一等奖1项、二等奖1项。2007年入选河北省新世纪“三三三人才”第二层次，

2008 年获得河北省有突出贡献的中青年专家称号，2009 年获得河北省劳动模范称号，国务院政府特殊津贴专家。

郭　红　女，经济学博士，天津财经大学金融学院副教授、中国滨海金融协同创新中心副主任。主要从事国际金融、金融市场等方面的研究。近年来，主持或参与国家社会科学基金项目、教育部人文社会科学项目、天津市社会科学基金项目等近 10 项，在《金融研究》《财经问题研究》等刊物上发表论文 10 余篇。

摘 要

自2014年习近平总书记发表“2.26”重要讲话，以及2015年《京津冀协同发展规划纲要》实施以来，京津冀协同发展的速度明显提升，成绩斐然。6年来，京津冀三地围绕三大重点领域克难攻坚，交通一体化进程明显加快，生态环境协同治理机制基本形成，产业对接和协作升级不断深化。京津冀协同发展已成为进一步深化改革创新、实现高质量发展的重要动能。

《京津冀金融发展报告（2019）》由总报告、分报告和专题报告三个部分组成。总报告为《金融支持京津冀协同发展的“雄安时代”——雄安新区与京津冀协同发展的互联共生》，从京津冀协同发展下雄安新区的设立逻辑出发，探讨了雄安新区与京津冀协同发展互联共生的机理与路径，梳理了京津冀协同发展战略下的金融资源发展与分布，并通过深入剖析雄安新区与京津冀协同发展互联共生的金融支持作用，进而提出金融支持雄安新区联动京津冀协同发展的未来之路。分报告分为北京金融发展篇、天津金融发展篇、河北金融发展篇三个部分，分别对2018年北京、天津和河北三地金融机构、金融市场、金融改革创新发展进行客观翔实的介绍，充分反映京津冀三地金融发展状况。专题报告针对当前京津冀金融协同发展过程中的重点难点问题进行深入探讨，具体包括《新时期北京市金融服务业对外开放战略分析》《金融科技服务京津冀普惠金融协同发展研究》《京津冀金融创新与发展报告——以雄安新区为例》，为进一步深化京津冀协同发展、加强区域金融协作提供了参考和借鉴。

关键词： 京津冀　金融协同　绿色金融　金融创新

发展绿色金融
引领京津冀城市群高质量发展
（代序）

王爱俭

自 2014 年习近平总书记发表“2.26”重要讲话，以及 2015 年《京津冀协同发展规划纲要》实施以来，京津冀协同发展的速度明显提升，且成绩斐然。6 年来，京津冀三地围绕三大重点领域克难攻坚：交通一体化进程明显加快；生态环境协同治理机制基本形成；产业对接和协作升级不断深化。作为供给侧结构性改革的先行区，京津冀三地应遵循绿色发展路径，实现“绿水青山”的高质量协同发展。与此同时，随着京津冀城市群建设的加快，环境承载力不足、产能过剩以及环境污染等问题逐渐暴露，绿色金融作为改善环境、应对气候变化的重要制度安排，将逐渐在京津冀协同发展过程中发挥重要作用。

中国人民银行对绿色金融的定义为：绿色金融是指为支持环境改善、应对气候变化和资源节约高效利用的经济活动，即对环保、节能、清洁能源、绿色交通、绿色建筑等领域的项目投融资、项目运营、风险管理等所提供的金融服务。近年来，绿色金融在京津冀协同发展的国家战略背景下得到迅速发展。

2018 年，为大力支持发展绿色经济、循环经济，北京银保监局从多个方面大力支持银行业、保险业金融机构为绿色企业输送贷款、绿色保险。截至 2018 年 12 月末，北京市辖内银行业金融机构向绿色产业累计输送资金 9786.05 亿元，同比增长 7.39%。天津市为推进绿色金融发展制定了《关于构建天津市绿色金融体系的实施意见》，采取发展绿色信贷、绿色投资、绿色保险以及试点开展绿色租赁等方式，多管齐下，大力推进天津绿色金融发展。河北省为推进绿色金融发展也进行了多方面的努力。首先，积极鼓励专项金融债券发行，推动绿色金融加快发展。2018 年，河北银行和邢台农商银行分别成功发行 50 亿元和 2.5 亿元绿色金融债券。其次，为了推进低碳城市的构建进程，打响蓝天保卫战，加快实施“净土行动”等符合绿色发展理念的活动，大力支持保险机构对绿色保险产品和服务进行创新，研发创新保险产品。最后，对其他专业性中介机构如金融租赁公司等开展相关的绿色金融服务予以扶持。

虽然京津冀三地绿色金融发展活跃，但现有体制机制的不完善和建设经验的缺乏导致绿色金融发展存在一系列问题。

第一，缺乏完善的顶层设计，绿色金融发展目标不明确。绿色金融概念一经提出便引发了来自学界和政府管理者的广泛关注。但经过多年的发展，绿色金融更多地停留在学术研究的范围内，缺乏较为完善、实践性较强的顶层设计路线图，绿色金融发展的目标不明确。无论是企业、政府还是个人，对绿色金融的内涵和外延并没有完全厘清，京津冀三地对绿色金融的理解尚存在不同程度的偏差。对绿色金融概念的模糊以及缺乏完善的顶层设计，导致京津冀三地的参与者很难较好地实施绿色金融发展战略。

第二，京津冀三地发展绿色金融的市场机制不健全，配套设施亟待完善。无论是在有关绿色金融的信用评级、信息披露等服务端，还是在金融监管、市场约束机制等监管端，京津冀三地都未能很好地将绿色金融发展嵌入既有的金融体系之中。各类机制的不完善导致绿色金融市场信息不对称问题突出，不仅不利于投资者预估绿色金融产业的成本收益，也不利于金融监管部门对相关产品进行审核检查，容易导致金融风险的累积。

第三，在防风险、守底线的政策背景下，金融机构面临较大的环境风险压力。作为供给侧结构性改革先行区，京津冀三地金融机构面临着较大的信贷结构调整压力。如何将存量贷款逐步退出污染严重、产能过剩以及附加值低的产业，引导信贷向绿色经济、绿色产业投放是京津冀协同发展首先要面临的问题。在防风险、守底线的政策背景下，金融监管趋严，这给金融机构创新发展带来了较大的环境风险压力。

环境保护是京津冀协同发展当中的先行领域，在这一过程中需要发挥绿色金融的关键作用，以绿色金融带动重点领域突破，缓解环境污染、生态系统退化的严峻问题。将环保、低碳、节能及时纳入投融资决策指标体系，通过绿色金融营造良好宜居的社会环境，引领京津冀城市群高质量发展。

第一，合理规划绿色金融发展的顶层设计，促进京津冀绿色金融发展互联共生。绿色金融本质上是一种金融创新的制度性安排，而京津冀三地的生态环境又具有跨区域的特点。因此，在京津冀协同发展的过程中，需要对绿色金融发展做出系统的顶层设计与战略部署。首先，要实现京津冀区域绿色金融协同管理，打破“一亩三分地”的政府管理思维定式，设立区域级专有管理部门，加强三地绿色金融的互联共生。其次，可以建立有效的激励机制，把绿色金融的相关指标纳入政府绩效管理，督促政府促进绿色金融发展。另外，及时构建绿色金融发展风险管理体系和标准，有效控制绿色金融风险。

第二，抓住雄安新区建设的重要契机，加快绿色金融创新。雄安新区的建设是以习近平同志为核心的党中央做出的一项重大的历史性战略选择，绿色金融发展要抓住这一重要战略机遇期，引导金融机构建立起发展绿色金融的规范化机制体系，将节能低碳、绿色环保纳入投融资决策体系。另外，要积极引导社会资本参与绿色金融体系建设，将 PPP 模式加以推广，应用在京津冀生态环境保护项目中，努力拓宽京津冀绿色金融投融资渠道。

第三，加强绿色金融配套设施建设，为绿色金融发展提供便利。金融体系构建的关键在于信息传递的及时准确，京津冀三地发展绿色金融首先要打通环保项目、环保政策的信息传递渠道，将政府部门有关发展绿色金融的产业政策、项目招标信息及时与相关企业和金融机构对接，提高协作效率。其次，支持绿色金融发展的激励机制必不可少。政府应在合理预算的基础上设立支持绿色金融发展的专有基金，对绿色信贷、绿色保险等绿色金融产品予以政府贴息，充分鼓励有关企业发行绿色债券，并提供政府担保。

第四，加强绿色金融专业人才培养，充分发挥其在绿色金融发展中的支持作用。随着绿色金融发展速度的加快，相关专业人才需求的缺口越来越大。因此，京津冀三地应前瞻性地重视绿色金融人才的突出作用，充分发挥其在绿色金融发展中的支持作用。首先，在高等学校教育中嵌入绿色金融理念，引导学生对绿色金融行业发展的思路、措施进行学习实践；其次，要加强对现有绿色金融从业人员的职业培训，组织相关从业人员外出调研学习，对相关绿色产业的政策法规进行课堂培训，提升金融机构员工从事绿色金融相关工作的业务能力和专业水平。

第五，通过发展绿色金融实现绿色规模经济，引领京津冀城市群高质量发展。绿色金融的本质功能是通过社会资本的投融资，在促进地方产业结构调整升级的同时，使该地生态环境得到改善，进而促进经济的高质量发展。绿色金融通过对发展绿色经济相关要素的集聚，逐步实现绿色规模经济，这就为京津冀新型城镇化建设奠定了一定的基础。因此，要不断创新绿色金融工具，注重绿色金融产品与地方经济发展的契合度，通过发展绿色金融逐步实现绿色规模经济，打造山青水秀、和谐宜居的生态环境，引领京津冀城市群高质量发展。

目　录

Ⅰ　总报告

B.1　金融支持京津冀协同发展的"雄安时代"
——雄安新区与京津冀协同发展的互联共生
…………………………………… 王爱俭　郭　红　杨　帆 / 001

Ⅱ　北京金融发展篇

B.2　2018年北京金融机构发展报告………………… 方云龙　安　邦 / 033
B.3　2018年北京金融市场运行报告………………… 方云龙　孙晨曦 / 050
B.4　2018年北京金融改革创新报告…………………………… 方云龙 / 065

Ⅲ　天津金融发展篇

B.5　2018年天津金融机构发展报告………………… 韩立明　王璟怡 / 076
B.6　2018年天津金融市场运行报告………………… 韩立明　邱　兰 / 092
B.7　2018年天津金融改革创新报告…………………………… 韩立明 / 106

Ⅳ 河北金融发展篇

B.8 2018年河北金融机构发展报告 …………………… 何 楠 刘习习 / 118

B.9 2018年河北金融市场运行报告 …………………… 何 楠 张立乐 / 133

B.10 2018年河北金融改革创新报告 …………………… 何 楠 张立乐 / 139

Ⅴ 专题报告

B.11 新时期北京市金融服务业对外开放战略分析
…………………………………………… 张礼卿 何 砚 / 152

B.12 金融科技服务京津冀普惠金融协同发展研究
…………………………………………… 杨 帆 吴彩侠 / 168

B.13 京津冀金融创新与发展报告
——以雄安新区为例 …………… 文洪武 郑向阳 赵天奕 / 195

Abstract …………………………………………………… / 210

Contents …………………………………………………… / 212

皮书数据库阅读**使用指南**

总 报 告

General Report

B.1 金融支持京津冀协同发展的“雄安时代”

——雄安新区与京津冀协同发展的互联共生

王爱俭　郭 红　杨 帆*

摘　要： 建设雄安新区是一个具有全国重要意义的新区。金融作为现代经济的核心和血脉，在推动产业结构调整、优化资源配置、实现高质量发展方面发挥着不可或缺的支持作用。本报告从京津冀协同发展背景下雄安新区的设立逻辑出发，探讨了雄安新区与京津冀协同发展互联共生的作用机理与路径，梳理了京津冀协同发展战略下的金融资源发展与分布，通过

* 王爱俭，天津财经大学教授，博士生导师，中国滨海金融协同创新中心主任，研究方向为汇率体制改革、开放经济货币政策宏观调控与区域金融创新；郭红，天津财经大学副教授，中国滨海金融协同创新中心副主任，研究方向为国际金融、金融市场；杨帆，天津财经大学，中国滨海金融协同创新中心研究员，研究方向为区域金融创新。

深入剖析雄安新区与京津冀协同发展互联共生的金融支持作用，进而提出金融支持雄安新区联动京津冀协同发展的未来之路。

关键词： 雄安新区　京津冀　金融产业　金融支持　互联共生

推动京津冀协同发展，是以习近平同志为核心的党中央在新的历史条件下审时度势、高瞻远瞩做出的重大决策部署。2019 年伊始，习近平总书记深入京津冀地区考察，明确了当前和今后一个时期的工作部署，为京津冀协同发展取得新的更大进展指明了方向。1 月 24 日，中共中央、国务院发布《关于支持河北雄安新区全面深化改革和扩大开放的指导意见》（以下简称《指导意见》），《指导意见》指出："推动雄安新区实现更高质量、更有效率、更加公平、更可持续发展，努力打造贯彻落实新发展理念的创新发展示范区，为全国改革开放大局作出贡献。"我们认为，雄安新区已成为新时代改革的排头兵，为中国的改革探索了更多的可能性。金融是现代经济的核心和血脉，在推动产业结构调整、优化市场资源配置、实现高质量发展方面发挥着不可或缺的支持作用。作为雄安新区全面深化改革和扩大开放的关键一环，金融服务在推动京津冀协同发展中承担着重要任务。在金融的支持下，正在开启的"雄安时代"必将与京津冀协同发展互联共生、互利共赢。

一　京津冀协同发展下雄安新区的设立逻辑

（一）雄安新区的定位与高质量发展战略

2014 年 2 月 26 日，在京津冀协同发展工作座谈会上，习近平总书记在讲话中首次将京津冀协同发展上升到国家战略层面。推动京津冀协同发展，是在我国经济发展步入新常态的背景下实现高质量发展的必然选择，也是在北方打造新增长极的迫切需要。京津冀协同发展至今已走过6个年头，6年来，通过三地功能定位的重新架构，京津冀协同共赢发展的格局已逐渐形成，在疏解非首都功能、产业转移和升级、交通互联互通、公共服务一体化、生态建设持续推进等领域取得了一系列阶段性成果。但京津冀协同发展仍然面临许多问题，特别是京津两地过于“肥胖”，大城市病突出，周边中小城市过于“瘦弱”，区域发展不平衡、不协调问题仍然凸显。破解困局的突破口就是紧紧抓住疏解北京非首都功能这个“牛鼻子”，弥补区域发展短板，为京津冀协同发展注入新的动力。基于此，2017年4月，党中央、国务院决定设立河北雄安新区。作为深入推进京津冀协同发展战略的重要支点和突破口，雄安新区的设立将有利于集中疏解北京非首都功能，加快补齐区域发展短板，优化京津冀城市布局和空间结构，打造全国创新驱动发展新引擎，为加快构建京津冀世界级城市群注入新活力。

《河北雄安新区规划纲要》将雄安新区的发展定位为“作为北京非首都功能疏解集中承载地，要建设成为高水平社会主义现代化城市、京津冀世界级城市群的重要一极、现代化经济体系的新引擎、推动高质量发展的全国样板”，并确定了雄安新区四大功能定位：绿色生态宜居新城区、创新驱动发展引领区、开放发展先行区、协调发展示范区。

雄安新区发展定位的实现关键在于秉持世界眼光、国际标准、中国特色、高点定位的理念，坚持高质量发展，而实现高质量发展的路径则在于实施战略的突破。根据目标定位，雄安新区可以通过实施绿色宜居战略、创新驱动战略、开放融合战略和优质承接战略来实现高质量发展（见图1）。

（二）雄安新区与京津冀协同发展的关系重塑

雄安新区从无到有，是将京津冀区域最终打造成中国经济增长动力极的重要引领者。但同时也必须注意到雄安新区的设立与京津冀协同发展是一个社会、经济、资源、生态等要素集聚融合的复杂系统，由于形成背景和社会

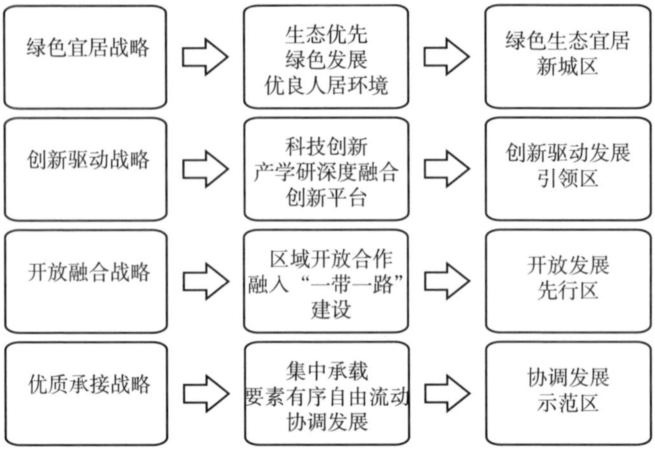

图1　雄安新区高质量发展战略

经济基础存在差异，要推动这一复杂系统趋向均衡协调，就必须厘清影响雄安新区与京津冀协同发展的几个关键问题与重要关系。

1. 区域经济发展失衡

京津冀协同发展战略的重要任务之一就是破解京津冀区域经济发展不平衡的难题。但从2014～2018年京津冀三地的人均GDP数据来看，三地经济发展差距明显，且呈现略有增加的趋势（见图2）：京冀两地人均GDP落差从2014年的6.31万元扩大至2018年的9.22万元；津冀两地落差则从2014年的6.39万元扩大至7.28万元。从2018年全市（省）居民人均可支配收入看，2018年北京和天津分别为62361元和39506元，河北为23446元，京津两地分别为河北的2.66倍和1.68倍。

经济发展和居民收入的巨大落差，使得资本、技术、资源、人才等要素抽离河北，流向京津两地，不仅未能发挥北京和天津对河北的发展辐射和创新溢出作用，反而导致京津两地大城市病突出，承载功能过于庞大，而其周边地区资源外流，创新发展缺乏资源和动力。因此，在雄安新区建设中，如何破解京津对河北的“虹吸效应”，减小三地发展落差，是影响雄安新区与京津冀协同发展的关键问题之一。

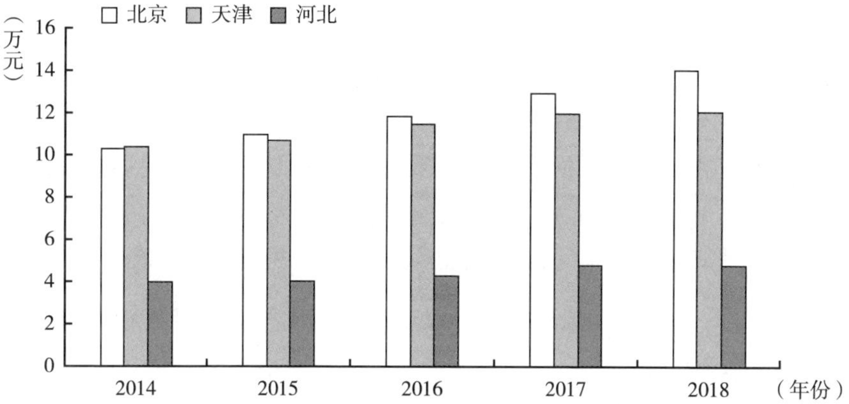

图 2　2014～2018 年京津冀三地人均 GDP

资料来源：北京市统计局、天津市统计局、河北省统计局。

2. 优越的区位条件和较低的开发程度

雄安新区地处京津保腹地，位于京津冀协同发展的中部核心功能区。规划范围包括雄县、容城、安新三县行政辖区，规划面积为 1770 平方公里，距京津均为 105 公里，与京津形成近似等边三角形的空间分布，距石家庄 155 公里，距保定 30 公里。空间距离、生态环境、资源环境承载能力的绝对优势使雄安新区成为北京非首都功能的集中承载地，也是其推动京津冀协同发展的重要自然条件。

雄安新区整体开发程度较低，较小的经济规模使其成为京津冀区域的“经济洼地”，其 GDP 不仅在京津冀范围内属于最低级别，而且明显低于周边相邻区县。2017 年雄安新区 GDP 共计 189.2 亿元，仅占河北省 GDP 的 0.6%；人均 GDP 为 17762 元，仅为全省人均 GDP 的 37%；雄县、容城、安新三县经济总量分别居河北省 168 个县（区、市）的第 131 位、第 153 位和第 151 位。2016 年，雄县、容城、安新三县的城镇化率分别为 47.82%、46.53% 和 41.38%，低于河北省 53.32% 的城镇化率。在产业方面，雄安新区的经济增量主要来自第二产业，第三产业欠发达，2016 年，三次产业增加值分别占地区 GDP 的 11.5%、62.0% 和 26.5%，其支柱产业主要为传统产业，如塑料制品、服装加工、有色金属等劳动密集型、低科技含量、高污染的产业。[①]

较低的开发程度使雄安新区的建设不存在大规模产业结构调整、转型和优化造成的交易成本，使其具有了巨大的发展空间。区域规划近乎空白，则可以通过高起点、高标准的设计开发建设，超越某些产业的发展阶段，实现跨越式发展，打造出京津冀区域新的增长极，并连接京津与石家庄、唐山两个省域中心，形成辐射京津冀全域的经济增长带。因此，如何坚持“一张蓝图绘到底”，高质量完成这一创新改革试验，成为影响雄安新区与京津冀协同发展的关键问题之二。

3. 北京新两翼和河北新两翼的关系协调

《河北雄安新区总体规划（2018～2035年）》提出：要按照高质量发展的要求，推动雄安新区与北京城市副中心形成北京新两翼，以2022年北京冬奥会和冬残奥会为契机推进张北地区建设形成河北两翼，促进京津冀协同发展。同时作为北京新两翼和河北新两翼之一的雄安新区，如何处理好两个两翼之间的关系就成为雄安新区与京津冀协同发展的关键问题之三。

第一，北京新两翼的关系协调。作为北京新两翼的北京城市副中心与雄安新区都承担了疏解北京非首都功能的关键职能，这就要求二者必须明确各自的优势和短板，协调合理分工，通过承接非首都功能，获得优质资源，在化解北京“大城市病”、助力北京更好地发挥首都功能的同时，补齐京津冀协同发展中的河北短板。

第二，河北新两翼的关系协调。河北省各地区的发展落差较大，河北新两翼的规划设计目的在于缩小河北内部发展差距，提升河北经济社会发展的质量和水平，培育形成新的区域增长极。张北地区位于张家口市西北，城镇化率较低、经济较为落后，在过去很长一段时间内，由于负有为首都保护水源和生态的特殊使命，其开发建设受到限制。作为河北新两翼之一，张北地区应抓住2022年北京冬奥会这一契机加快发展，与雄安新区协调合作，形成从冀北到冀中南的经济增长带，带动整个河北的发展。

---

① 中国人民银行石家庄中心支行调查统计处。

由此可见，雄安新区同时作为北京和河北两个两翼布局中的关键一翼，其定位和承载的责任是不同的。作为北京新两翼之一，雄安新区要与北京城市副中心协调疏解北京非首都功能，一起服务于北京首都职能的发挥；而作为河北新两翼之一，雄安新区则要与张北地区协调，加快补齐区域发展短板，缩小河北内部差距。

4. 国家级新区之间的关系协调

在京津冀区域内，有两个国家级新区，即滨海新区和雄安新区，二者相距 170 公里，在发展定位上存在重叠部分，因此要明确雄安新区和滨海新区之间是相互协作配合、功能互补共赢的关系，二者发展各有侧重、互为借鉴，共同形成京津冀区域发展的双轮驱动，这是雄安新区与京津冀协同发展中的又一关键问题。两个新区的分工侧重必须明确，雄安新区将成为北京非首都功能的集中承载地，缓解北京负担；滨海新区则侧重于经济发展和对外开放，承接首都各种高端产业的转移与运营。同时，更要强调二者的协作互补：一方面，滨海新区应做好与雄安新区的对接协作，针对雄安新区在高水平建设、高效率运营和高质量发展方面的需求，助力其实现集中疏解北京非首都功能、探索人口经济密集地区优化开发新模式、调整优化京津冀城市空间布局和空间结构、培育创新驱动发展新引擎的历史使命；另一方面，滨海新区应充分把握雄安新区高质量发展的历史契机，突破两个新区之间的市场壁垒、行政壁垒、制度壁垒和文化壁垒，建立对接发展机制，依托自身在创新、开放、交通、人才、产业、金融等方面的优势，借助在疏解非首都功能、制度创新、对外开放、贸易便利化等方面的先行先试经验，找到发展的新突破口。

二　雄安新区与京津冀协同发展互联共生的作用机理与路径分析

（一）雄安新区引领京津冀协同发展的作用机理

作为京津冀协同发展战略进入深入实施阶段的一项国家重大决策，雄安新区的设立是区域协同发展的引领力量和关键环节。雄安新区的建设将在新的历史条件下，推动京津冀协同发展打开全新局面。

所谓协同发展，就是将多个发展主体的资源和要素突破壁垒、有效汇聚，释放人才、资本、技术、信息等要素活力而实现深度合作，协调一致地完成某一目标的活动和过程，这是一个动态、复杂、长期博弈的过程。在京津冀区域协同发展打基础的阶段，其发展主体包括北京这个超大城市，天津这个特大城市，以及石家庄、唐山、保定、沧州等多个次中心城市，构成了一个不同层次的社会、经济、资源、生态等要素集聚融合的复杂系统，各协同主体之间要素的巨大差异使其偏离平衡状态。雄安新区的设立为区域协同发展带来突破，雄安新区将与京津两市形成稳定的三角形中心主体，引领多主体、多因素共同协作、互联共生，从而推动这一复杂系统趋向均衡协调。

雄安新区的建设通过推动区域协同要素的有效集聚作用于经济、社会、资源环境三大区域协同系统的形成，从而加快形成区域协同发展的整体合力。其中区域协同的基础要素包括规划一体化、市场一体化、制度一体化（见图3）。在雄安新区布局谋篇之初，其战略定位和总体布局就是基于京津冀协同发展的大背景，将其作为京津冀世界级城市群的重要节点城市。雄安新区的发展规划是在更大空间范围内进行的统筹谋划，并不局限于行政区域范围，与京津冀整体发展规划相互对接，与保定、廊坊、沧州等周边城市的发展空间相互融合。但京津冀协同发展进入深入实施阶段后，雄安新区与京津冀融合发展过程中也会不可避免地遇到各种体制机制障碍和市场壁垒，这些障碍和壁垒将倒逼雄安新区与相关地区加强对接沟通，深化共识，共同推动体制机制协同创新，并破除资源、资本、技术、人才、信息等方面的壁垒，深度合作，实现制度和市场一体化。

区域协同的核心要素包括产业协同、交通运输协同、公共服务协同、生态治理协同等，这是区域协同发展的内生动力。自雄安新区设立以来，京津冀三地先后研究制定并颁布实施了多项政策、协议，包括《关于加强京津冀产业转移承接重点平台建设的意见》，津冀、京津《进一步加强战略合作框架协议》以及《河北省大数据产业创新发展三年行动计划

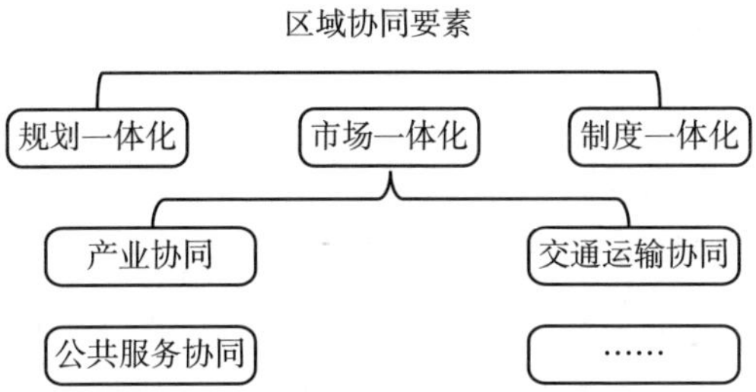

图3 雄安新区建设推动京津冀协同发展作用机理

(2018~2020年)》等，这些政策与协议的颁布为雄安新区在产业、交通运输、公共服务、生态治理、创新驱动等多领域融入并推动京津冀协同发展奠定了基础。

雄安新区在推动京津冀协同发展过程中必然也会受到国家战略、法律法规、发展理念等外部环境因素的影响，当外部环境发生变化时，各主体间的内部协调机制，如信息协调机制、利益协调机制、评价协调机制就要发挥作用，进行自我调整，并在政府引导下，促使要素相互融合协调，形成协同效应。

(二)雄安新区与京津冀协同发展互联共生的路径分析

1. 互联共生的基础：规划一体化

统筹规划是区域协同的前提条件和基础，首先是发展思路要统一。《河北雄安新区总体规划（2018~2035年)》要求雄安新区高起点规划、高标准建设，并明确其战略定位和发展目标，因此，京津两地就要基于协同发展中的问题导向，彻底摒弃以自身发展为中心的“一亩三分地”的思维定式，处理好局部与全局的关系，树立互联共生、共建共享的协同理念，主动融入协同发展大局，在未来发展规划中树立科学设计与雄安新区建设相对接的发展建设思路。

其次是规划的功能定位要协同，避免产业结构雷同、区域内部恶性竞争、重复建设等问题。当前，雄安新区的功能定位是绿色生态宜居新城区、创新驱动发展引领区、开放发展先行区、协调发展示范区，并与北京城市副中心和张北地区分别形成北京新两翼和河北两翼。北京市应强化其全国政治中心、文化中心、国际交往中心、科技创新中心的首都核心功能，其非首都功能疏解的集中承载地之一就是雄安新区，由此北京的高端高新产业、优质要素、优秀人才等应注入雄安新区，使二者互联共生。天津市要充分发挥全国先进制造研发基地、北方国际航运核心区、金融创新运营示范区、改革开放先行区的功能定位。河北省则应围绕全国现代商贸物流重要基地、产业转型升级试验区、新型城镇化与城乡统筹示范区、京津冀生态环境支撑区的整体功能定位，对石家庄和唐山两个省域中心城市、保定和邯郸两个区域中心城市，以及廊坊、沧州、张家口、秦皇岛等重要节点城市进行协同功能定位，与雄安新区做好紧密衔接，将其打造成京津冀协同发展的重要支撑力量。

2. 互联共生的内生动力：产业、交通运输、公共服务、生态治理协同融合

第一，产业协同。产业协同是雄安新区与京津冀协同发展互联共生的关键环节。鉴于雄安新区现有高端高新产业基本处于空白，其在承接北京非首都功能时，要主动承接北京市高端高新产业的转移，主动融入高精尖产业体系。雄安新区以高起点、高标准引入高端产业的同时，还要适当引入央企研发型总部、高等院校和科研院所，吸引智力资本及高端人才，这样就可以有效弥补河北省高端产业和创新平台的缺失，减弱京津优质创新资源和人才的“虹吸效应”。一方面有利于京津产业的区际过渡、衔接与转移，从而促进科技创新与产业创新对接；另一方面也有利于改造提升钢铁、石油化工等河北传统产业，延伸信息技术、生物医药、新材料、高端现代服务等战略性新兴行业产业链，从而推动京津冀产业集聚及产业链重塑。

第二，交通运输协同。通过交通运输互联互通，优化京津冀协同发展空间布局，可以有力增强中心城市的集聚和溢出效应。在铁路、公路交通方面，雄安新区与京津之间已有高速铁路和公路相连接，接下来要进一步加快建设“轨道上的京津冀”，在区域内中心城市间都建立起高速轨道交通网，在实现京津保一小时交通圈的基础上，扩大环首都“半小时通勤圈”。在高

铁建设上，京唐城际、京滨城际、京雄城际、津雄城际、天津至北京大兴国际机场联络线等应加紧启动建设。高速公路建设也要进一步打通、扩容，实现区域内国家高速公路“断头路”“瓶颈路”全面消除。在港口运输方面，要实现两方面的互联互通：一是津冀海港间互联互通，即建设以天津港为中心，覆盖唐山港、黄骅港、秦皇岛港、曹妃甸港等港口的环渤海内支线运营网络，促进津冀各港口互为中转；二是京津冀区域海港与陆港间互联互通，即在区域内，津冀港口与北京、雄安新区、石家庄、保定、邯郸、张家口等地协同建设无水港，为内陆地区建设国际物流通道，使内陆地区与沿海地区联动形成通道经济，进一步带动产业集聚和发展。

第三，公共服务协同。将高层次人才和高端产业有效集聚在雄安新区，优质的公共服务是关键因素之一，这就要求雄安新区要高起点、高标准建设城市公共服务设施，特别是要积极承接京津两地优质的教育、医疗资源，并将其有效辐射扩散。具体做法包括：通过管理团队派出、教师互派、课程资源共享等形式提高基础教育质量；通过集团化办学，提升高端技能人才培养水平；通过建设京津冀高校联盟，实现人才培养方案互通、课程互选、学分互认、学生访学等；通过建立分院、专科联盟等方式以及检验检查互认，实现医疗资源共享。从而实现雄安新区城市公共服务与京津水平相当，同步发展。

第四，生态治理协同。雄安新区的功能定位之一即绿色生态宜居新城区，这一功能定位的实现需要雄安新区与京津及河北省其他城市共同规划、共同投入、共同治理和共同保护，并取得高度共识和统一意见。雄安新区坐拥白洋淀，水系连接京津及省域内其他城市，形成京津冀城市群之间“一水相依”的格局。因此，白洋淀生态环境治理就成为雄安新区与京津冀协同发展中的重要问题。在白洋淀水系治理中，坚持流域“控源－截污－治河”系统治理，消除内源污染，实施生态清淤，逐步改善水质；同时建立流域生态环境大数据平台和智能生态环境监测网络，实现对生态环境的智能化管控。此外，京津冀三地应进一步加大生态环境治理投入，建立水体大气污染联防联控机制、环境污染治理修复机制、跨区域生态保护补偿机制等生态治理协同机制。

3. 互联共生的协调保障：信息共享、区域利益、评价考核协调机制

第一，信息共享协调机制。区域协同发展的前提是要实现信息共享，雄安新区与京津及河北省中心城市要加快建设多领域、多层级、多渠道的信息共享机制。通过建立区域内统一的企业信息库、科技信息库、项目信息库、人才信息库等数据库，实现信息共享与数据深度开发，推进雄安新区与京津冀产业、技术、人才、资本等资源的流动与融合。此外，还应加快建立区域内统一政务信息云平台，提升跨部门、跨行政区域的信息开放力度和效率，为三地跨域信息共享和高质量协同治理提供信息支撑。

第二，区域利益协调机制。京津冀协同发展中，区域内局部利益具有一定的相对独立性，整体利益是各局部利益的有机耦合而非简单累加。为有效解决区域内各主体利益冲突，避免零和博弈，可通过对雄安新区与京津之间跨区域建设、合作共建、“飞地”、企业迁建等项目建立横向分税制，优化财税利益分配机制，推进跨区域产业协作和转移，引导优质产业资源向雄安新区疏解，从而推动区域经济协同发展。

第三，评价考核协调机制。考虑到雄安新区及京津冀三地的战略定位，如果简单地以 GDP 增速等指标考核雄安新区建设及京津冀协同发展的绩效成果，部分适用于京津冀协同发展战略但投入期长、见效慢的产业就会被舍弃，不利于合理的产业结构形成，也不符合雄安新区高质量发展的目标要求。可以考虑建立包含经济增长、创新能力、生态环境、开放共享等多层面指标的量化评价标准，并对社会公平、百姓民生等方面进行定性考核，形成定量和定性相结合的评价考核协调机制。

三　京津冀协同发展下的金融产业发展与分布

实体经济是金融的根基，金融是实体经济的血脉，为实体经济服务是金融的天职和宗旨，雄安新区与京津冀协同发展的互联共生离不开金融的支持。京津冀协同发展走过 6 年，金融业的快速发展有目共睹，但也存在协同融合不足的问题。

（一）京津冀金融业总体发展状况

从金融业整体规模看，近年来，京津冀三地金融业增加值呈增长趋势（见图4）。其中，2018 年，北京金融业增加值达 5084.6 亿元，同比上涨 9.5%，占地区 GDP 的比重达 16.8%，北京地区 GDP 为 30319.98 亿元，同比增长 6.6%；天津金融业增加值达 1966.89 亿元，同比增长 7.2%，占地区 GDP 的比重为 10.5%，天津地区 GDP 为 18809.64 亿元；河北金融业增加值同比增长 5.7%，占地区 GDP 的比重为 6%，河北地区 GDP 为 36010.27 亿元。可见，在京津冀区域，金融业对经济增长的支持推动作用不断增强，已成为引领区域经济增长的重要引擎。

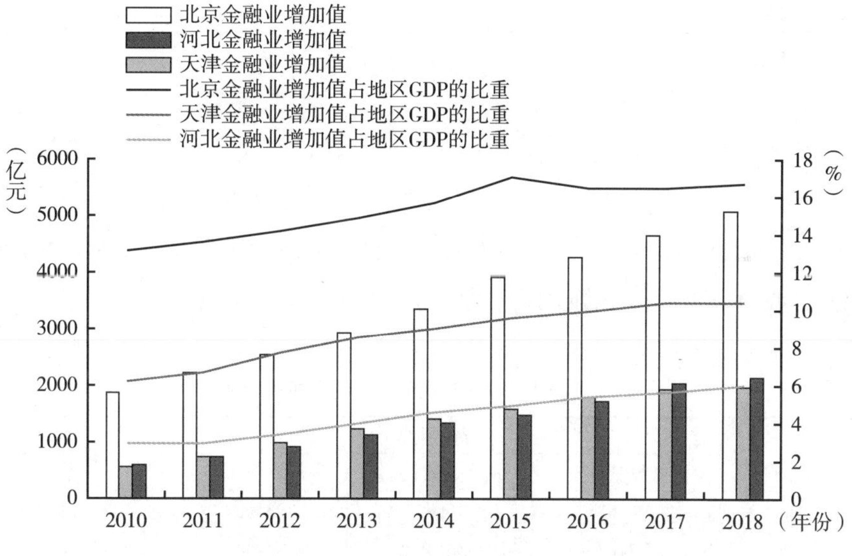

图 4　2010～2018 年京津冀金融业增加值及其占地区 GDP 的比重

资料来源：国家统计局。

（二）京津冀银行业发展状况

从银行业来看，由于北京作为首都，拥有其他城市无法比拟的总部经济优势，大量银行总部聚集于此。从本外币各项存贷款余额来看，截至 2018

年底，北京远超津冀两地，河北以一个省的体量，该指标高于天津。从存贷款余额的同比增长率来看，河北均保持了较为强劲的领先优势；而京津两市则出现存贷款余额同比增长失调的现象，北京贷款余额同比增长率仅为1.3%，而存款余额同比增长率达9.0%；天津则与之相反，存款余额同比增长率仅为0.1%，贷款余额同比增长率达7.9%（见表1）。

表1　2018年京津冀本外币各项存贷款余额概况

指标	北京	天津	河北
本外币各项存款余额(亿元)	157092.23	30983.17	66245.21
本外币各项贷款余额(亿元)	70483.67	34084.9	48115.34
存款余额同比增长率(%)	9.0	0.1	9.6
贷款余额同比增长率(%)	1.3	7.9	11.1

资料来源：中国人民银行营业管理部（北京）、天津分行、石家庄中心支行。

从银行业金融机构网点设置来看，截至2018年底，京津冀共有银行业金融机构营业网点19749个，占全国银行业金融机构营业网点总数的8.7%；银行业从业人数为366461人，占全国从业总人数的9.3%；资产总额达364834.8亿元，占全国资产总额的16.0%（见表2）。

表2　2018年京津冀银行业金融机构情况

地区	营业网点			法人机构数(个)
	网点数量(个)	从业人数(人)	资产总额(亿元)	
北京	4703	115727	235457	120
天津	3167	66180	49441	47
河北	11879	184554	79936.8	275
京津冀	19749	366461	364834.8	442
全国	226163	3930290	2275826.9	4549

资料来源：中国人民银行营业管理部（北京）、天津分行、石家庄中心支行。

其中，截至2018年底，北京银行业金融机构营业网点数量达到4703个，高于上海的631个和深圳的2726个，银行业从业人数为115727人，资产总额达到235457亿元，法人机构120个。天津的银行业金融机构集聚程度低于北京，共有银行业金融机构营业网点3167个，银行业从业人数为66180人，资产总额为49441亿元，法人机构仅为47个。河北共有银行业金融机构营业网点11879个，银行业从业人数为184554人，网点数量和从业人数远高于北京和天津，资产总额达79936.8亿元，高于天津但远低于北京，由于分布在全省域，其金融机构集聚程度还是显著低于京津两市。此外，河北银行业金融机构法人机构数量达275家，但以小型农村金融机构为主，竞争力相对较弱。

北京和天津的银行分支机构集聚程度较高，占京津冀全域的近40%。河北省域内银行分支机构分布不均衡，石家庄、保定、唐山、邯郸显著多于其他城市。

（三）京津冀保险业发展状况

从保险业发展状况来看，近年来，京津冀地区保险公司保费收入基本呈稳步增长趋势，保险市场总体规模不小。2018年，全国保险公司原始保费收入为38016.62亿元，京津冀三地保费收入为4143.96亿元，占全国总量的11%，但三地之间以及河北各城市之间发展不平衡现象严重（见图5）。京津冀地区保费收入主要集中于北京和天津，两市保费收入占全域总保费收入的近六成，特别是北京占43.3%，显著高于其他城市（见图6）。河北省内保费收入分布也不均衡，主要集中在石家庄、保定、唐山等中心城市。

从三地保费收入构成来看，财产险和人身险发展不均衡。2018年，京津两市都出现了人身险保费收入同比负增长的情况，河北人身险保费收入同比增长率也低于财产险（见表3）。河北财产险和人身险保费收入同比增长率分别为8.7%和2.8%，成为三地保险市场增长率最高的地区。

从保险密度和保险深度来看，天津和河北与北京相比均有较大差距。2018年北京保险密度和深度分别为8293.1元/人和5.91%，天津保险密度高于河北，河北保险深度高于天津。反映出无论是保险业在当地的发达程度

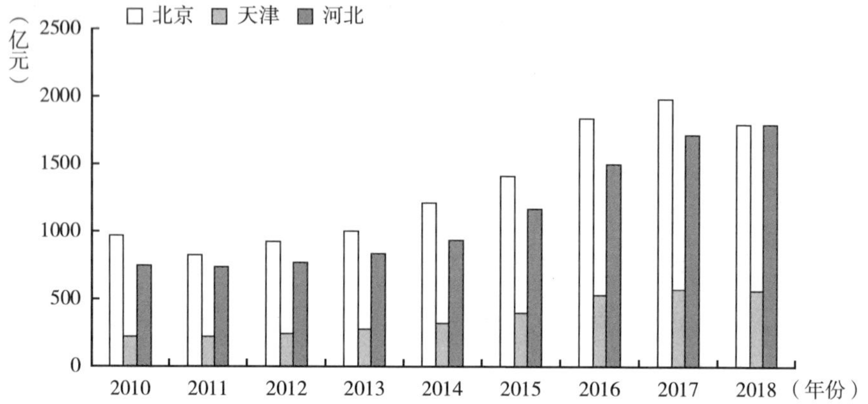

图5　2010～2018年京津冀保险公司原始保费收入

资料来源：北京银保监局、天津银保监局、河北银保监局。

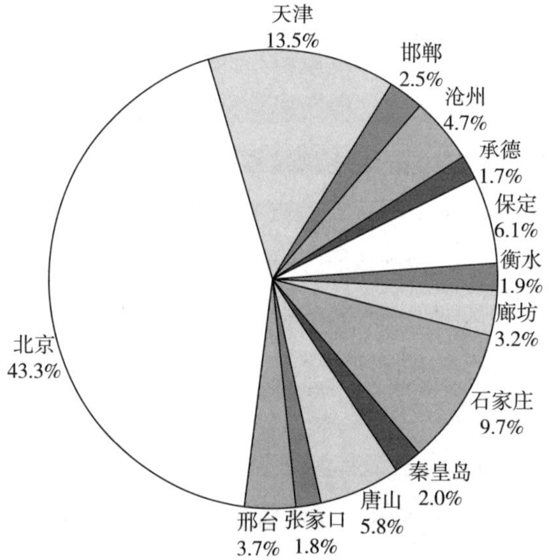

图6　京津冀保险公司原始保费收入空间分布比例

资料来源：北京银保监局、天津银保监局、河北银保监局。

还是保险业在当地经济发展中所占的地位，北京均显著高于津冀两地，天津保险业发达程度略高于河北，河北保险业在其国民经济中的地位略高于天津。

表 3　2018 年京津冀保费收入情况

省市	保费收入（亿元）	财产险保费收入（亿元）	财产险同比增长率（%）	人身险保费收入（亿元）	人身险同比增长率（%）	保险密度（元/人）	保险深度（%）
北京	1793.34	422.67	4.5	1370.67	-12.6	8293.1	5.91
天津	559.98	144.44	2.0	415.54	-1.9	3847	2.98
河北	1790.63	529.78	8.7	1260.85	2.8	2375.5	5.00

资料来源：北京银保监局、天津银保监局、河北银保监局；中国人民银行《北京市金融运行报告》《天津市金融运行报告》《河北省金融运行报告》。

从保险机构数量来看，截至 2018 年底，京津冀三地财产险公司数量分别为 15 家、2 家和 1 家；人身险公司数量北京为 30 家，天津为 4 家。从保险公司数量可以看出，北京作为首都，对中外资险企的吸引力是最大的。

（四）京津冀证券业发展状况

从证券公司、基金管理公司及期货公司数量来看，京津冀地区拥有的总部机构占全国的比重不低，分别为 15.27%、27.50%、17.45%，但基本集中于北京，与津冀两地差距巨大，北京的证券营业部数量也远高于天津和河北（见表 4），反映出京津冀地区内证券、基金和期货业的发展高度失衡。

表 4　2018 年京津冀证券、基金、期货机构数量

单位：家

地区	证券公司	证券营业部	基金管理公司	期货公司	期货营业部
北京	18	543	32	19	108
天津	1	151	1	6	32
河北	1	256	0	1	40
全国	131	—	120	149	—

资料来源：北京证监局、天津证监局、河北证监局、中国证券业协会、证券投资基金业协会、期货业协会。

从上市公司分布状况看，北京凭借中央企业驻地的优势，上市公司数量远超天津和河北之和，达到 316 家，反映出北京的企业通过直接融资方式获

得的金融资源远超津冀两地，在京津冀地区具有压倒性优势。河北省内上市公司分布差距也较大，除石家庄、保定和唐山外，其他城市上市公司数量非常少（见图7）。

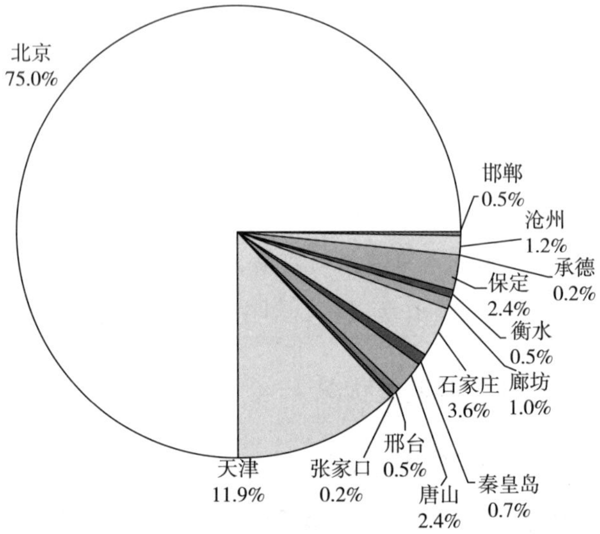

图7　京津冀上市公司数量空间分布比例

资料来源：北京证监局、天津证监局、河北证监局。

（五）其他金融业发展状况

1. 小额贷款公司

小额贷款公司专注于中小微企业和“三农”客户的融资服务，为有效缓解长期困扰我国的中小微企业融资难题、推动普惠金融发展发挥了重要作用。从全国来看，京津冀地区小额贷款公司数量相对较少，规模也相对较小（见表5），机构数量占全国的比重为7.73%，贷款余额占全国的比重仅为5.5%，但三地发展较为均衡。作为有效满足实体经济多层次融资需求重要一环的小额贷款公司在京津冀地区，特别是在河北的未来发展潜力较大。

2. 融资租赁机构

融资租赁业在京津冀地区有较强的基础，特别是天津融资租赁机构数量位居全国第三，注册资金排在前两位的融资租赁机构——天津渤海租赁有限公司和工银金融租赁有限公司均在天津注册。截至2018年底，京津冀地区共有融资租赁企业2330家，其中天津就有2008家（见表6），占全国的比重为17.05%。天津的飞机、国际航运船舶、海工平台等跨境租赁业务总量占全国的比重均达到80%以上，无疑已成为我国融资租赁业最为重要的一部分。

表5　2018年京津冀小额贷款公司数量及贷款余额情况

地区	机构数量(个)	从业人数(人)	贷款余额(亿元)
北京	104	1258	152.42
天津	95	1510	128.52
河北	430	5051	244.35
全国	8133	90839	9550.44

资料来源：中国人民银行。

表6　2018年京津冀融资租赁企业数量

单位：家

地区	融资租赁企业	金融租赁	内资租赁	外资租赁
北京	294	3	27	226
天津	2008	11	112	1885
河北	28	2	5	21
全国	11777	70	397	11311

注：融资租赁企业（不含单一项目公司、分公司、SPV公司和收购海外的公司）包括金融租赁、内资租赁和外资租赁企业。

资料来源：中国租赁联盟、联合租赁研发中心、天津滨海融资租赁研究院。

3. 网贷平台

自2007年我国第一家从事网络借贷业务的平台“拍拍贷”诞生到2018年，网贷行业已走过11年。在经过早期的起步发展和高速扩张后，网贷平台出现了风险的集中爆发。随着国家加强对互联网金融的风险监管和专项整治，从2017年开始，网贷平台进入突出业务合规的行业整治期。网贷平台的出现，有助于满足公众获取金融服务的普惠性、便利性要求，降低了小微企业和个人的融资成本，提高了资金配置效率。北京的网络借贷行业发展在全国具有领先优势，截至2018年底，北京共有网贷平台211家，贷款余额达3321.19亿元，2018年成交额达5770.64亿元，分别占全国的20.5%、42.1%和20.6%，几项指标分别居全国第二位、第一位和第一位。河北网贷行业发展也具有一定的竞争力，截至2018年底，河北共有网贷平台24家，贷款余额为98.65亿元；2018年河北网贷平台贷款余额和年度成交额均居全国第五位。

四　雄安新区与京津冀协同发展互联共生的金融支持分析

雄安新区引领京津冀协同发展离不开金融的支持，在产业转移和转型升级、基础设施建设等方面都要依赖于金融助力，形成对金融资源的需求。

（一）雄安新区与京津冀协同发展中的金融需求

作为北京非首都功能疏解集中承载地，雄安新区要承接北京非首都功能定位的相关产业转移，助其实现非首都功能疏解，同时，还要对符合整体发展方向的传统产业实施现代化转型升级。雄安新区建设中的产业转移和转型升级、国土空间开发、城乡融合发展以及与京津冀三地互联互通等都离不开金融的支持和引导，从而形成强烈的金融需求。

第一，产业转移中的金融需求。京津冀三地产业，特别是北京的创新型、高成长性科技企业向雄安新区的疏解转移，对于京津冀地区经济结构调整及三地间经济关系的优化具有重要意义。这一转移具体表现为产业链中企业群的转移，而企业群的转移归根结底是生产要素组合的转移，资本是企业最重要的生产要素之一。因此，产业转移会带动资本的转移，也会派生出新的金融资本需求。

第二，产业转型升级中的金融需求。产业转型升级就是产业结构高级化，向更有利于经济、社会发展的方向发展。具体表现为从低附加值产业向高附加值产业升级，从高污染、高能耗产业向低污染、低能耗产业升级，从粗放型产业向集约型产业升级。产业转型升级可通过技术升级、市场升级、管理升级等多个途径实现。目前，雄安新区存在大量规模小、污染重、技术落后的小企业。对符合新区定位和发展方向的本地传统产业通过技术升级、市场升级、管理升级等多种途径实现现代化升级改造，对不符合新区定位的落后产业要有序进行淘汰。这些处于价值链底端的企业群在转型升级和落后产能淘汰过程中会产生巨大的金融服务需求。

第三，基础设施建设中的资金需求。雄安新区建设中的国土空间开发和城乡融合发展涉及城市公共基础设施、生态环境保护设施、农民权益保障、公共服务等方面，与京津冀三地的互联互通涉及大量的基础设施建设。这些领域具有资金需求量大、投资周期长、资金回收慢等特点，因此对金融资源供给的要求和标准也就更高。城市基础设施建设是雄安新区建设的基础，其中包括城市能源、交通、供水、通信、排污等硬件设施，以及医疗、就业、教育、养老等软件设施。与京津冀三地互联互通的基础设施建设是雄安新区与京津冀协同发展的基础，其中包括高速铁路、公路、空港、海港等基础设施。上述这些不可能单纯依靠财政资金支持，必须充分发挥金融动员社会资金的功能，通过投融资机制创新、金融产品与服务创新、以土地为核心的农村金融创新等全方位的金融创新，将社会资金投入基础设施建设领域。

（二）雄安新区与京津冀协同发展的金融支持分析

通过上述分析可以看出，雄安新区与京津冀协同发展中的金融需求主要来自产业转移与承接、产业转型升级以及基础设施建设中的金融资源需求。

1. 雄安新区与京津冀协同发展的产业升级及基础设施建设规划

（1）产业转型升级规划

产业转型升级是一个地区保持经济持续增长的必要条件，是经济增长方式的转变与经济发展模式的转轨。随着产业结构向高级化方向发展，资源要素、劳动力要素在不同产业部门之间的分配得到优化。经过 6 年的协同发展，京津冀地区 13 个城市已经明确了产业发展规划，雄安新区也确定了以创新为核心的产业发展思路。在这些规划中都强化了创新发展的鲜明导向，并将通过大力发展一批创新型、战略性新兴产业，推动产业组织、产业结构、产业布局发生质的改变和量的提升，获得区域经济发展的新动能。

根据《河北雄安新区规划纲要》，雄安新区以北京非首都功能疏解产业为基础，同时兼顾"创新驱动"的高端高新产业的长远发展，建立起雄安新区的产业体系。未来的产业发展重点在以下6个领域：新一代信息技术产业、现代生命科学和生物技术产业、高端现代服务业、绿色生态农业、新材料产业，以及对符合发展方向的传统产业实施现代化改造提升。

根据《北京市"十三五"时期工业转型升级规划》，北京市围绕产业结构调整和区域协同两大主线，明确了三大任务，即非首都功能产业疏解、构建高精尖经济结构及统筹优化产业空间布局，并在新能源智能汽车、新一代信息技术、智能制造系统与服务、新一代健康诊疗与服务、新材料、创意都市产业、通用航空与卫星应用7个领域实施创新工程。

《天津市战略性新兴产业发展"十三五"规划》明确了天津市将着力优化创新体系，强化融合集成，完善产业制度，推进协同发展，着力在高端装备制造、新一代信息技术、生物技术与健康、航空航天、节能环保、新能源、新材料、高技术服务等重点领域做大做强，为实现"一基地三区"功能定位提供动力支持。

《河北省战略性新兴产业发展"十三五"规划》将河北省重点培育发展的领域确定在装备制造、新一代信息技术、生物、新材料、新能源、节能环保、新能源汽车、数字创意8个战略性新兴产业，并力争在智能制造、轨道交通、通用航空、大数据、新型显示、生物医药、特种金融材料、智能电网等高端细分领域取得突破。根据京津冀空间发展格局及功能定位，河北省布局了石家庄生物产业基地、保定新能源国家高技术产业基地、张家口可再生能源示范区、廊坊国家信息及高技术服务产业基地，以及涵盖张家口、廊坊、承德、石家庄、秦皇岛的京津冀大数据综合试验区5个国家级战略性新兴产业集聚区。保定和廊坊拥有环绕京津的区位优势，定位为积极承接京津科技成果转化和中高端产业转移，并重点发展智能电网装备、智能制造、新型显示、大数据等领域；唐山、沧州、秦皇岛3个沿海城市有较好的产业基础，将通过推进产业转型升级，在工业机器人、石墨烯、激光加工、健康医疗、高端材料等领域着力发展；冀中南的石家庄、邯郸、衡水、邢台的科技文化和自然资源丰富，重点发展领域为生物医药、通用航空、卫星导航、集成电路、新能源、新功能材料；冀西北的张家口、承德作为生态涵养区，则以大数据、风力发电机、节能装备等作为其转型升级的领域。

（2）基础设施建设规划

《河北雄安新区规划纲要》明确了雄安新区未来的空间布局、城市风貌、产业发展、生态环境、交通路网、市政基础设施、城市公共服务体系等各个方面的规划方向。雄安新区要按照全新的理念进行开发建设，要使开发量与资源环境承载量相适应。在城市基本公共服务建设方面，雄安新区将建设“城市—组团—社区”三级公共服务设施体系。城市级大型公共服务设施布局于城市中心地区，主要承担国际交往功能，承办国内大型活动，承接北京区域性公共服务功能疏解；组团级公共服务设施围绕绿地公园和公交枢纽布局，主要承担城市综合服务功能；社区级公共服务设施布局于社区中心，主要承担日常生活服务功能。在交通体系方面，雄安新区将构建“四纵两横”区域高速铁路交通网络、“四纵三横”区域高速公路网、包括城市轨道交通在内的便捷交通体系，以及涵盖数字化智能交通基础设施的绿色智能交通系统等。

京津冀三地应进一步协同发展京津冀机场群、港口群、铁路车站群的建设，打造海空陆港互联互通的京津冀综合交通体系，打通面向全球的战略性通道。同时依托互联互通的海空陆港，以自贸港运行方式集聚全球高端资源要素，推动高端制造和服务贸易深度融合发展。

2. 产业转型升级和基础设施建设中的金融支持

金融支持产业转型升级可以通过以银行为主导的间接金融、以资本市场为主导的直接金融、以政府为主导的政策性金融3个渠道来实现。第一，以银行为主导的信贷渠道是产业转型升级获得中长期融资、解决投资不足的主要渠道。由于商业银行在信贷投向上通常会考虑国家的产业政策和金融政策，以便将金融资源投向风险较低、发展前景好、预期回报高的产业和企业，这类产业和企业通常是产业结构转型升级的关键。第二，在资本市场上，希望通过发行股票来筹集资金的企业，如果向高端产业转型发展有助于其达到严格的上市标准，获得资金支持。企业之间也可以通过控股、参股、并购等形式实现资产重组，加速优势产业的快速发展，这些都有助于实现产业结构的优化升级和调整。第三，政策性金融机构根据国家的产业政策，向重点产业、新兴产业提供利率低、金额大的中长期贷款，为产业转型升级提供资金支持。此外，政策性金融投向还会释放政策信号，引导商业银行和民间资本的流向。在基础设施建设的金融支持中，银行信贷是重要的资金来源之一，其中以地方政府融资平台贷款为主。但由于基础设施建设对资金需求规模大、期限长的特点，以银行信贷为主的融资模式会产生期限错配、风险度过于集中等问题。因此，基础设施建设领域有必要引导社会资本通过 PPP 模式、长期债券、信托、股票等市场化的融资方式参与到基础设施建设投资上来。

京津冀金融业在三地基础设施建设、产业结构调整、新兴产业发展中发挥了重要的金融支持作用，金融机构也积极布局雄安新区。2018 年末，北京市银行业支持京津冀协同发展融资余额首次突破万亿元，达到 10110.82 亿元，同比增长 20.63%。其中，支持棚户区改造、交通协同发展、非首都功能疏解、通州城市副中心建设、产业转型升级、生态环境保护、冬奥会筹备等领域的融资余额合计占比超过 80%。天津市银行业支持京津冀协同发展项目贷款余额达 3589 亿元，占同期全市银行业金融机构贷款余额的 10.5%。截至 2017 年 8 月底，河北省银行业支持张承生态涵养区建设项目 170 个，相关贷款余额为 259.3 亿元，较上年同期增加 22.8 亿元。2018 年底，金融机构对雄安新区重点项目授信额达 2106.6 亿元，其中 1769.9 亿元由金融机构河北省内分支机构提供，集中投放于京雄高速铁路、容东片区建设和苗景兼用林项目等；2018 年雄安新区社会融资增量累计为 229.6 亿元，其中融资成本低的地方政府专项债券为 150 亿元、债券融资为 6 亿元。

五　金融支持雄安新区联动京津冀协同发展的未来之路

雄安新区从无到有，将成为中国新时代推动高质量发展的样板，建设现代化经济体系和引领京津冀协同发展的新引擎，金融在其中将发挥至关重要的支持作用。今后一个时期，京津冀协同发展将进入攻坚克难的关键阶段，未来之路必将充满挑战。京津冀三地应基于协同发展的目标定位和区域经济特点，积极推进金融改革创新，以绿色金融、科技金融、航运金融、金融开放创新等为雄安新区与京津冀协同发展提供强大助力。

（一）发展绿色金融

《河北雄安新区规划纲要》对雄安新区发展定位的第一条就是绿色生态宜居新城区，在空间布局中坚持生态优先、绿色发展。新区规划的创新智能、绿色生态、幸福宜居三大类指标中，绿色生态指标占了 17 项。雄安新区产业发展的 5 个重点领域也包括绿色生态农业。这意味着雄安新区的建设必将始终贯彻绿色发展理念。雄安新区的绿色发展要以经济的绿色增长为前提和基础，这就需要绿色金融的支持。

第一，完善政策顶层设计与激励机制。京津冀三地协同完善绿色金融战略实施的顶层设计，从制度建设、操作流程、风险防控等角度全面系统地规范绿色金融发展；明确绿色项目、绿色企业的认证标准及统计口径，建立绿色项目库；确定推进绿色金融发展的具体实施规则及部门协调机制；构建涵盖绿色信贷、绿色保险、绿色债券、绿色基金的绿色金融发展评价体系；鼓励金融机构支持绿色经济，对绿色信贷给予财政贴息，成立政策性绿色信用担保机构。此外，在绿色金融激励政策和制度创新上，还可以考虑参照普惠金融的相关扶持政策，使定向降准政策惠及绿色信贷，为绿色项目提供长期、低成本的资金支持，以及降低绿色信贷、绿色融资的风险。①

① 鲁政委：《绿色金融改革助力高质量发展》，在“中国高校绿色金融研究联盟 2018 年会暨长三角绿色金融发展高峰会议”上的发言，2018 年 11 月 24 日。

第二，突出绿色金融重点支持领域。以《京津冀协同发展规划纲要》和《河北雄安新区规划纲要》为基本依据，根据京津冀和雄安新区产业转型升级的重点领域，明确绿色金融的重点支持领域，具体包括：新一代信息技术产业、新材料产业、新能源和再生能源产业、生物技术与健康产业、高端现代服务业、大数据产业、绿色生态农业等。在基础设施建设中，绿色金融应重点支持京津冀机场群、港口群、铁路车站群的建设，环境治理及防污治污行业，绿色城市公共设施建设，城市绿色交通建设等。

第三，加强绿色金融产品和服务创新。一是绿色信贷。大力发展如特许经营权、排污权、碳排放权等环境权益抵押融资，合同能源管理融资，能效融资等创新工具，以及绿色农业信贷、绿色中小企业信贷、绿色消费金融等绿色普惠金融产品。二是绿色证券。鼓励发行支持环境治理、绿色交通、绿色建筑、节能减排及高新技术产业的绿色企业债券，绿色信贷资产证券化产品，基于绿色指数的基金产品等。三是绿色保险。一方面，全面推广强制性环境污染责任保险制度，大力发展绿色车险、绿色建筑险、绿色装修污染险等新险种；另一方面，保险资金也可通过投资绿色债券、绿色基金、绿色产业基金等多种途径支持绿色产业和绿色基金发展。四是碳金融产品。鼓励金融机构探索发展碳金融产品，具体包括：原生碳金融产品，如碳配额；碳金融衍生品，如碳远期、碳期货、碳期权、碳掉期等；碳现货创新衍生品，如碳质押、碳债券、碳基金等。

（二）发展科技金融

建设中的雄安新区将是一座创新驱动发展的未来之城，面向国家重大战略需求，应积极吸纳和集聚创新要素资源，高起点布局高端高新产业。新区规划的三大类 38 项指标中，创新智能指标有 9 项。高新技术的研发、改进、规模化生产以及最终实现产业化，都离不开金融的支持，其与金融资本的融合，能够有效激活经济社会发展的深层次活力，形成经济发展的新动力。科技金融可以为科技开发、成果转化和高新技术产业发展提供多方资源，最大限度地优化高新技术的研发、实验、孵化和产业化过程。

第一，完善科技金融发展体制机制创新。一是根据京津冀各地在高新技术研发、金融资源、科技成果孵化、高新技术产业化等方面的比较优势，形成链条式服务。各地科技部门、金融监管部门、金融机构、科技企业、高等院校、科研院所应建立以协同创新为核心的科技创新发展联盟，加强创业投资、银行信贷、融资路演、科技项目管理、科技人才培养与引进等科技金融服务，为科技企业提供全方位、专业化、定制化的投融资解决方案。二是通过建立科技创新与科技成果转化项目信息库、中小科技企业信息库等，引导金融资源与科技创新资源有效对接，并通过科技信贷风险补偿、贴息、保费补贴、创业投资等方式，支持金融资本及民间投资参与科技创新。三是以金融信用信息基础数据库为基础，强化科技企业大数据的采集与整合，构建科技企业信用评级数据库。

第二，明确区域金融资源与创新要素融合的重点领域。在北京非首都功能向雄安新区疏解的过程中，着重引导以中关村为代表的创新要素向雄安新区集聚，打造创新高地和科技新城。特别是要明确京津冀区域金融资源与创新要素结合的重点领域，如人工智能、下一代通信与未来网络、生物农业与食品安全、智慧医疗、区块链、新能源、环境修复、生态科技、农业物联网、金融云服务等。

第三，拓展科技创新企业融资渠道。科技企业从种子期向成熟期发展，通常会历经“内源性融资—政府引导基金融资—创业投资—债券融资—股权融资”的融资过程，其中政府引导基金、创业投资基金是主要融资渠道。在拓展科技企业融资渠道上，一是应加大科技信贷的支持力度，通过风险损失补偿机制、授信尽职免责机制等机制设计支持商业银行开展科技信贷业务；鼓励商业银行建立科技信贷绿色通道，提高科技信贷的审批效率；建立科技专家咨询机制，完善科技信贷风险评估管理。二是鼓励科技企业通过发行公司债券、短期融资券、中期票据、中小企业集合票据、中小企业集合债券、小微企业增信集合债券等债务工具进行融资。三是鼓励更多社会资本参与创业投资，引导创业投资投向初创期科技企业和科技成果转化项目。

第四，创新科技金融产品和服务。加强商业银行、证券公司、保险公司、信托公司、创业投资公司等各类金融机构的合作，创新交叉型金融产品，并建立金融支持科技创新的信息共享与风险合控机制；结合科技企业的特点，推进仓单质押、订单质押、应收账款融资、股权质押、知识产权质押等科技信贷融资；推广中小科技企业贷款保证保险、出口信用保险等新型保险产品，为科技企业提供贷款保障。

（三）发展航运金融

成熟的国际航运中心必然需要完善的航运金融服务作为支撑，全球主要航运中心，如伦敦、纽约、新加坡等都有发达的航运金融服务业。在京津冀协同发展中，天津的定位是北方国际航运核心区，而且目前正在以天津自贸区为基础，会同以雄安新区为核心的中国（河北）自由贸易试验区，探索建立京津冀自由贸易港，因此，建立与之相配套的航运金融服务产业，形成航运金融集聚区已成为迫切需要。

航运金融是连接航运业及金融业发展的重要纽带和服务平台，主要包括船舶融资、航运保险、资金结算和航运衍生品交易四大类型，其供需双方包括航运企业、港口、造船厂、银行、保险公司、证券公司、融资租赁公司、商品及衍生品交易经销商等机构。随着天津国际航运中心建设的不断推进，集聚的航运资源助推了航运金融的发展，如设立全国首只船舶产业投资基金，办理国内首单跨境飞机租赁和离岸船舶租赁等，但是与国际航运中心城市相比，还有很大差距。加快航运金融创新发展，支持北方国际航运中心建设及京津冀自由贸易港建设，推动京津冀协同深化发展，还需在以下方面不断完善。

第一，加大政府扶持引导力度。从国际、国内经验来看，政府在构建完善的航运金融服务体系、提升航运金融创新与风险控制能力方面具有极其重要的作用，因此天津市政府要从打造北方国际航运中心和京津冀自由贸易港的战略高度，加大政策支持力度。依据《京津冀协同发展规划纲要》中天津作为北方国际航运核心区和金融创新运营示范区的发展定位，把航运金融的发展纳入天津的总体发展规划，将其作为实现城市发展定位、推动京津冀协同发展的重要组成部分，从监管环境、市场体系、交易主体、产品创新等方面多层次、全方位、多元化展开建设，促进航运金融服务要素集聚。

第二，拓宽多元化融资渠道。航运业是典型的资金密集型产业，其健康发展离不开多元化的融资渠道和充足的资金支持。积极构建以银行贷款、融资租赁为主，以股权和债券融资为辅，产业投资基金、信托等积极参与的多元化融资渠道。一是银行贷款。目前银行贷款是我国航运企业第一大融资渠道，但随着近年来国际经贸局势的变化，航运信贷风险加大，因此要建立交通运输主管部门与金融监管部门之间的沟通协调机制，规范航运企业信贷业务，积极化解信贷风险。二是融资租赁。融资租赁是航运业仅次于银行贷款的第二大融资渠道，要进一步拓展飞机、船舶、海工设备的融资租赁业务，并通过税收优惠措施，鼓励开展船舶融资业务的金融机构发展融资租赁。三是直接融资。航运业通过股权、债券等资本市场融资的规模相对较小，目前在国内 A 股市场上市的航运企业只有 10 家，主要为央企。要积极引导有实力的航运企业创造条件，进入资本市场融资，业绩优良的企业可以通过 IPO 上市进行融资，或是通过永久债券、高收益债券、可转换债券等方式募集资金。此外，鉴于航运业是高度国际化的行业，大型航运企业也可加大在海外发债融资的规模。对于中小航运企业，也可以运用政策性担保机制助推其通过发行债券的方式融资。四是船舶产业投资基金。这是国际船舶市场的主流投融资模式，也已成为我国多渠道提高直接投融资比重和加快发展航运业的重要渠道。除公募基金外，可进一步鼓励私募基金进入航运市场，如船东/船舶运营商合资直接投资船舶资产、投资航运债务资产、投资航运上市企业股票等。

第三，以“互联网 +”推动航运金融发展。当前，航运业已迈入“互联网 +”的新时代，不同航运交易主体通过互联网集聚，实现在线实时的标准化交易。以此为基础，将“互联网 + 航运”进一步拓展，发展“互联网 + 航运 + 金融”，以破解中小航运企业融资难问题。依托大数据、人工智能、区块链等高新技术，利用航运电商交易平台，对航运核心企业及上下游企业进行资信评估，为其提供完整的供应链融资方案，以及交易结算、航运保险等多项金融服务；构建互联网船舶融资租赁网贷平台，借助互联网高效、透明、共享的优势，有效满足中小航运企业对金融服务的核心需求。

第四，加强航运保险产品创新。围绕跨境电子商务、邮轮产业、绿色航运等航运新业态设计航运保险产品，如为跨境电子商务企业提供货款支付、产品质量、企业融资、消费信用等一揽子保险服务；鼓励航运保险机构加快开发航运保险新品种，如国际工程货物运输保险、延迟开工利润损失保险、邮轮取消延误综合保险、港口液化管道运输与仓储责任保险、国际货运代理人责任保险等。

（四）金融开放创新

2018 年 5 月，国务院发布《进一步深化中国（天津）自由贸易试验区改革开放方案》，指出要努力将自由贸易试验区（以下简称“自贸区”）打造成为服务“一带一路”建设和京津冀协同发展的高水平对外开放平台。作为京津冀地区的首个自贸区，天津自贸区新一轮改革正式开始，这就要求进一步深化金融开放创新，优化区域金融资源配置，打造服务京津冀协同发展的新亮点、新特色。

第一，放宽市场准入条件，提升金融开放水平。放宽金融机构市场准入与业务准入，全面实施准入前国民待遇加负面清单管理制度，逐步缩小负面清单范围，允许在自贸区设立外资银行，允许民营资本与外资金融机构在自贸区共同设立中外合资银行，并在持股比例、设立形式、股东资质、业务范围、牌照数量等方面实现中外资平等；允许跨境双向投融资、跨境担保、跨境资产转让甚至开展包括证券投资在内的各类境外投资等。

第二，强化监管创新，严守不发生系统性金融风险底线。一是完善跨境资金监管机制，密切关注跨境资金流动风险，完善本外币一体化的跨境融资宏观审慎管理体系。二是加大监管科技在自贸区金融风险管理中的应用，推动金融监管向智能化发展，构建覆盖各类金融市场、机构、工具、产品的金融风险监测监控平台，实现新型金融业态、跨市场跨行业金融产品与业务等风险监测的全覆盖，从而提高金融风险监测预警和风险处置的能力。

第三，加强投融资结算便利性。一是提高在自贸区外进行人民币融资的上限，鼓励区内金融机构和公司在境外发行人民币债券，鼓励银行发行人民币标价的各类产品，并可以将上述融通资金直接在境外使用。二是吸引“一带一路”沿线国家和地区中央银行、主权财富基金和投资者投资境内人民币资产，出台金融机构对境外企业发放跨境人民币贷款政策，推进境外机构和企业发行人民币债券产品。三是提高自贸区内金融机构和企业自主开展跨境本外币融资业务的自由度，支持市场主体更加便利地融入境外资金。四是支持私募股权投资基金开展跨境投融资业务。支持融资租赁公司开展对外融资租赁业务，取消其境外放款额度限制，鼓励开展融资租赁收益权的资产证券化业务，扩大境外融资规模。根据资本市场对外开放进程，引进港澳台地区及合格境外投资者参与投资交易。五是支持证券、保险、财务公司等非银行业金融机构参与到银行间外汇市场，开展人民币兑外汇即期业务和衍生品交易。

第四，探索离岸金融业务功能。在自贸区内构建与境内其他市场有限隔离、与国际金融市场高度接轨的独立金融环境。在“一线放开、二线管住”的原则下，通过银行分账经营、独立核算，服务区内居民和境外非居民，拓展涵盖离岸业务、本外币一体化的离岸金融业务功能。支持开展信贷、保险、证券、基金、信托、货币、黄金和衍生品等多种离岸业务，加大国内金融机构的外部竞争强度，提高金融资源在境内外之间的流通频率，构建人民币海外流通的回流渠道。加快建立与中国香港离岸金融监管的合作协调机制，制定以离岸银行业务管理、离岸账户管理、离岸业务税收、离岸公司登记注册、离岸金融交易为主要内容的法规体系。

参考文献

[1]《城市规划学刊》编辑部：《〈河北雄安新区规划纲要〉的新理念、新技术、新

方法学术笔谈》,《城市规划学刊》2018 年第 3 期。

[2] 刘海波、刘冀洪:《京津冀协同发展背景下金融如何支持北京非核心产业疏解》,《农村金融研究》2014 年第 7 期。

[3] 司林波、吴振其:《雄安新区与京津冀协同发展的实践逻辑与运行模式——基于协同学理论的分析框架》,《天津行政学院学报》2019 年第 5 期。

[4] 孙明华:《京津冀协同发展:新阶段　新使命　新任务》,《求知》2019 年第 5 期。

[5] 吴维海:《坚定用习近平新时代中国特色社会主义思想统领特色小(城)镇规划与建设》,《新时代学刊》2019 年第 2 期。

[6] 叶振宇:《雄安新区与京、津及河北其他地区融合发展的前瞻》,《发展研究》2017 年第 7 期。

[7] 赵展慧:《京津冀协同发展领导小组办公室主要负责人就雄安新区规划建设有关问题答记者问》,《人民日报》2019 年 4 月 23 日。

[8]《河北雄安新区规划纲要》,《河北日报》2018 年 4 月 2 日。

北京金融发展篇

Development of Beijing Financial Industries

B.2
2018年北京金融机构发展报告

方云龙　安 邦*

摘 要： 为贯彻落实十九大精神，推进金融供给侧结构性改革，2018年，北京市着力推进“四个中心”的城市定位建设以及京津冀协同发展的重大国家战略，助推首都加快现代化建设。本报告首先介绍了北京市金融业总体发展情况。2018年，北京市金融业增加值达5084.6亿元，同比上涨9.5%，占地区GDP的比重达16.8%，按行业细分位列第一。然后通过介绍金融行业的具体细分领域，包括银行业、证券业、保险业以及新型金融业态，展现北京市金融机构的发展现状和水平。研究发现，2018年北京市各类金融机构的发展稳中向好，尤其以金融科技为引领的新兴金融业

* 方云龙，天津财经大学金融学院博士研究生，研究方向为国际金融；安邦，兴业银行天津分行客户经理。

态进一步发展，战略性新兴金融产业创新发展，各类新型金融机构的发展逐渐步入正轨，各项监管措施和配套服务体系逐渐建立完善，为金融回归服务实体经济本源奠定了基础。

关键词： 金融机构　银行业　金融监管　金融科技　新兴金融

北京市统计局数据显示，2018 年，北京市地区 GDP 为 30320.0 亿元，比上年增长 6.6%。2018 年新增城镇就业人数超过 42 万，失业率稳定在 4% 以下。整体来看，三次产业结构进一步优化，由 2018 年的 0.4∶19.0∶80.6，优化为 2019 年的 0.4∶18.6∶81.0。具体来看，2018 年高技术产业实现增加值 6976.8 亿元，比上年增长 9.4%；信息产业实现增加值 4940.7 亿元，比上年增长 14.3%；战略性新兴产业实现增加值 4893.4 亿元，比上年增长 9.2%；包括金融业在内的高附加值产业对北京市地区 GDP 的贡献率超过 50%。

2017 年被业界称为史上“最严监管年”①，而 2018 年金融业的关键词依旧是“严监管、防风险、守底线”。在这一宏观背景下，2018 年北京市金融业依旧实现了平稳较快增长，金融业增加值达 5084.6 亿元，占地区 GDP 的比重为 16.8%（见图 1），较上年提高 0.1 个百分点，金融业的平稳较快发展为北京市国民经济增长做出重要贡献。按行业细分占地区 GDP 的比重位列第一（见图 2）。北京市金融业越来越成为引领北京市经济发展的重要引擎。

从金融业的国际影响力来看，在全球金融中心指数（GFCI）排名中，北京市排名持续上升，国际影响力不断增强。从表 1 可以看到，与 2017 年

① 2017 年中国金融监管当局出台重要的监管文件超过 20 个、行政处罚超 2700 件、罚没金额超 80 亿元，被金融行业称为“最严监管年”。

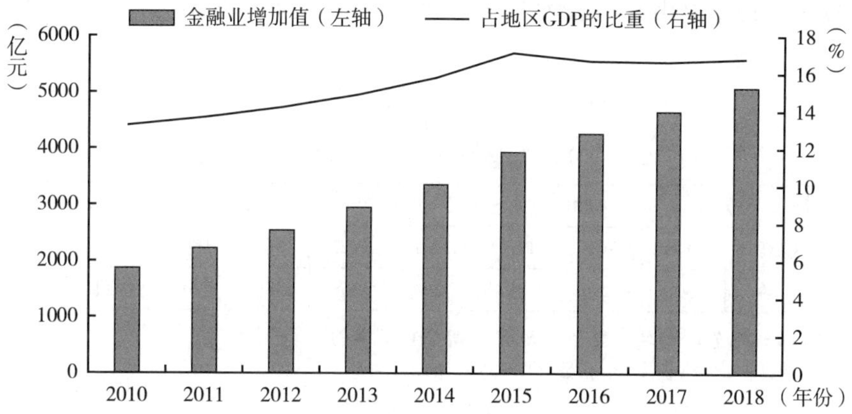

图1　2010～2018年北京市金融业增加值及其占地区GDP比重

资料来源：国家统计局。

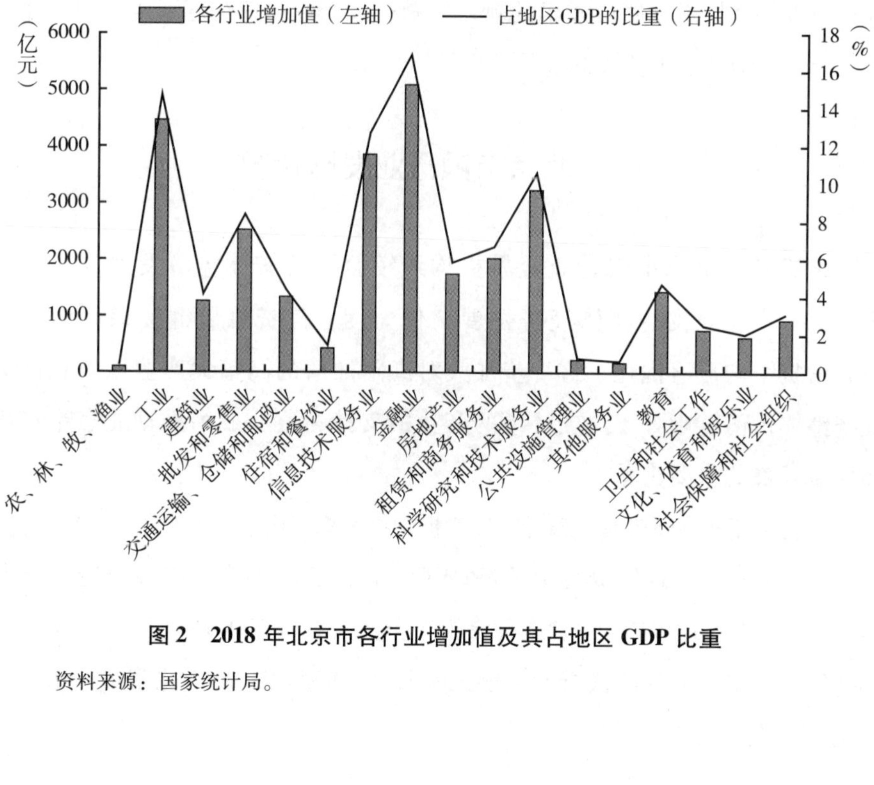

图2　2018年北京市各行业增加值及其占地区GDP比重

资料来源：国家统计局。

第22期全球金融中心指数排名相比，2018年第24期北京市排名进一步上升，排名第8。

表1　2014～2018年北京市在GFCI上的排名

	2014年		2015年		2016年		2017年		2018年	
排名	GFCI15	GFCI16	GFCI17	GFCI18	GFCI19	GFCI20	GFCI21	GFCI22	GFCI23	GFCI24
	49	32	29	29	23	26	16	10	11	8

注：GFCI15至GFCI24为第15期至第24期GFCI排名的缩写。

资料来源：《全球金融中心指数（GFCI）》。

具体从金融机构来看，北京市金融机构设置合理，以银行业金融机构、证券期货业金融机构以及保险业金融机构为主体，多种金融业态（信托、融资租赁、互联网金融）为补充。近年来，以大数据、人工智能以及区块链等新兴数字技术为底层技术的新兴金融科技产业，正在逐渐成为引领北京市金融业创新发展的重要推动因素。

一　北京市银行业发展状况

2018年，北京市银行业金融机构继续以支持实体经济发展为基本原则，进一步加大支持实体经济发展工作力度。信贷总量继续保持增长态势，信贷结构显著优化，进一步加大对高附加值的高精尖产业以及在国民经济整体价值链中处于薄弱环节的产业的支持力度，成为推动北京市经济高质量发展的重要力量。

1. 营商环境不断改善，银行业金融机构数量稳步增加、机构体系更加完善

近年来，北京市营商环境不断改善，对金融机构的“虹吸效应”不断增强。截至2018年末，北京市共有银行类法人机构120家，相比2017年增加2家，其中已IPO的银行业金融机构共计10家。2018年北京市上市银行业金融机构见表2。

表2　北京市上市银行业金融机构

公司名称	成立日期	上市日期	证券类型	注册资本(亿元)
中国工商银行	1984年1月1日	2006年10月27日	A股、普通股	3564.06
中国农业银行	2009年1月15日	2010年7月15日	A股、普通股	3247.94
中国银行	2004年8月26日	2006年7月5日	A股、普通股	2943.88
中国建设银行	2004年9月17日	2007年9月25日	A股、普通股	2500.11
中国光大银行	1992年6月18日	2010年8月18日	A股、普通股	524.89
中信银行	2006年12月31日	2007年4月27日	A股、普通股	489.35
中国邮政储蓄银行	2007年3月20日	2016年9月28日	H股	466.79
中国民生银行	1996年2月7日	2000年12月19日	A股、普通股	364.85
北京银行	1996年1月29日	2007年9月19日	A股	211.43
华夏银行	1992年10月14日	2003年9月12日	A股	128.23

资料来源：Wind数据库。

中国人民银行营业管理部数据显示，截至2018年12月末，北京市共有银行业金融机构网点4703个（见表3），相比2017年增加56个；银行业金融机构支付业务迅速发展，银行卡发卡总量达2.4亿张，同比增加4000万张；银行业金融机构从业人数明显增多，总数为115727人，较2017年减少3778人，金融人才存量略有减少。

表3　2018年北京市银行业金融机构情况

机构类别	营业网点			法人机构（个）
	机构个数(个)	从业人数(人)	资产总额(亿元)	
一、大型商业银行	1817	52955	91069	0
二、国家开发银行和政策性银行	18	907	18364	0
三、股份制商业银行	862	24495	46638	0
四、城市商业银行	412	11420	28341	1
五、城市信用社	0	0	0	—
六、小型农村金融机构	673	8743	8813	1
七、财务公司	75	4989	33414	73
八、信托公司	12	3788	1429	12
九、邮政储蓄	574	3276	3328	0
十、外资银行	116	4363	3817	9
十一、新兴农村机构	38	791	244	11
十二、其他	106	—	—	13
合　计	4703	115727	235457	120

资料来源：中国人民银行营业管理部。

2. 资产规模增速放缓，资产负债结构更加合理

从资产负债总额来看，截至2018年12月末，北京市银行业金融机构资产总额达24.20万亿元，同比增长8.9%；负债总额达到23.00万亿元，同比增长8.8%；另外，北京市银行业金融机构的不良贷款总额较2017年下降1.6亿元，降低至319亿元；与此同时，不良贷款率进一步下降至0.34%，为2008年以来最低值，较上年同期下降0.03个百分点。北京市银行业金融机构的资产质量明显改善，有关不良贷款的各类统计数据均处于历史较低水平。

3. 人民币存款增速保持稳健，贷款增速整体放缓

从存贷款总额来看，截至2018年末，北京市金融机构本外币存款总额达15.71万亿元，继续保持较高的增长态势，同比增长10.2%，并且于11月末首次突破16万亿元大关。

具体来看，2018年，人民币存款总额每月均有较大幅度的增加，截至2018年12月底共计15万亿元，环比增速呈先上升后下降趋势；外币存款总额同比小幅增加4.3%，规模达到970.7亿美元；各月外币存款余额与2017年同期相比增幅呈下降趋势，各月外币存款余额波动较大，且8月以后环比呈现负增长状态。

截至2018年12月末，北京市本外币各项贷款总额为7.05万亿元，较上年同期增长10.8%，增幅比上年高0.2个百分点，比上年多增659.7亿元。其中，人民币各项贷款余额为6.7万亿元，较上年增加12.5%，增幅比上年高0.5个百分点；外币贷款余额为541.5亿美元，比年初减少52.3亿美元，相比上年同期下降5.6%。

4. 人民币存贷款利率运行保持稳健，利率市场化改革有序推进

银行体系流动性保持合理充裕，受货币市场利率中枢明显下行带动，2018年北京市人民币贷款利率呈升高后回落的态势；1~7月震荡上行攀升至5.3856%，8~12月震荡下行回落至4.9315%。小微企业贷款利率明显下降。人民币活期存款利率走势平稳，定期存款利率稳中略升。在美联储加息和美元走强的背景下，2018年美元存贷款利率均在历史高位运行。2018年北京市金融机构人民币贷款各利率区间占比情况见表4。

表4　2018年北京市金融机构人民币贷款各利率区间占比情况

单位：%

月份		1月	2月	3月	4月	5月	6月
合计		100.0	100.0	100.0	100.0	100.0	100.0
下浮		23.2	32.2	22.4	29.1	23.4	25.1
基准		30.8	25.2	25.9	20.6	20.4	23.7
上浮	小计	46.0	42.6	51.6	50.4	56.2	51.3
	(1.0~1.1]	20.7	16.8	22.9	20.6	27.2	21.4
	(1.1~1.3]	11.6	12.3	12.5	12.5	11.8	11.6
	(1.3~1.5]	2.8	4.6	5.3	5.8	5.0	6.8
	(1.5~2.0]	7.4	5.8	8.1	8.0	8.4	8.4
	2.0以上	3.5	3.2	2.9	3.5	3.8	3.1
月份		7月	8月	9月	10月	11月	12月
合计		100.0	100.0	100.0	100.0	100.0	100.0
下浮		25.1	36.6	38.0	38.4	41.9	46.1
基准		23.5	20.7	21.7	19.9	18.9	22.0
上浮	小计	51.4	42.7	40.4	41.7	39.2	32.0
	(1.0~1.1]	17.9	11.4	9.4	9.7	9.2	9.2
	(1.1~1.3]	12.4	10.8	11.9	11.6	10.5	8.7
	(1.3~1.5]	6.2	6.0	5.0	4.7	5.1	3.5
	(1.5~2.0]	11.0	9.8	10.0	11.0	10.9	7.9
	2.0以上	3.9	4.8	4.0	4.7	3.6	2.7

资料来源：中国人民银行营业管理部。

5. 配合国家重大战略实施，银行业服务实体经济能力显著增强

截至2018年末，北京市银行业金融机构资产总额达24.20万亿元，较上年增长8.9%；负债总额达23.00万亿元，较上年增长8.8%；各类存款余额总数达15.71万亿元，较上年增长10.2%；各项贷款余额总数为7.05万亿元，较上年增长10.8%。北京市辖内银行业金融机构对实体经济的扶持能力显著增强，具体表现为以下几个方面。第一，为京津冀协同发展战略贡献力量。截至2018年12月末，北京市辖内所有中资银行累计为京津冀协同发展项目融资1.01万亿元，近几年首次突破万亿元大关。第二，对市属重点项目进行有针对性的重点支持。截至2018年12月末，累计为北京市重点工程项目融资1432.78亿元。第三，进一步加大对北京“四个中心”城

市定位的建设。截至 2018 年 12 月末，北京市辖内银行业金融机构向高新技术企业输送贷款 5900.45 亿元，为文化创新类企业累计输送贷款 1793.59 亿元。第四，大力发展绿色产业。截至 2018 年 12 月末，北京市辖内银行业金融机构向绿色产业累计输送贷款 9786.05 亿元，同比增长 7.39%。具体细分绿色产业项目来看，向节能环保企业输送贷款 8287.9 亿元，向三大战略性新兴制造业输送贷款 1498.15 亿元。银行贷款主要流向了绿色能源、节能节水等项目，为北京市生态文明城市建设提供了资金支持。

6. 金融开放程度不断加深，人民币国际结算政策红利不断释放

以巴克莱国际指数纳入中国债市和多家国外央行增加人民币外汇储备为代表，外资进入中国金融市场的脚步进一步加快。中国工商银行北京分行抓住金融开放的契机，不断优化业务流程。截至 2018 年末，中国工商银行北京分行已经为境外的 48 家各类投资机构（包括 8 家央行类机构）开设 57 个本外币账户，办理的境外投资者投资境内银行间债券市场的收入累计 2611.14 亿元，较上年增长 23.38%；截至 2018 年 9 月末，北京市辖内各类中资银行服务境外投资者投资中国国内金融市场的累计金额超过 3624 亿元，占全国同类业务的 29.25%。

另外，截至 2018 年 9 月末，北京市辖内银行业金融机构为个人提供人民币薪酬跨境收付服务累计超过 566 笔，累计金额达 4913.29 万元，该类业务横跨包括新加坡、南非在内的 39 个“一带一路”沿线国家和地区。

二　北京市证券业发展状况

2018 年，在金融业“严监管、防风险、守底线”的发展背景下，北京市证券业金融机构以合规发展为基本原则，行业发展稳中向好，资产规模和成交量较上年有较大幅度的增长。2018 年实现营业收入 2494.62 亿元，较上年减少 14.9%；截至 2018 年 12 月末，北京市 18 家证券公司资产总额为 8641.93 亿元，较上年减少 1.1%，证券公司的各类监管指标稳定。

18 家证券公司中除东兴证券、中国银河证券、中国国际金融股份有限公司已经上市外，2018 年 6 月中信建投证券在上交所成功上市，注册资本为 76.5 亿元（见表5）。中金公司并购中投证券、民族证券与方正证券的整合工作不断向前推动；大和证券在北京设立合资公司，实现北京证券业对外开放的突破。

表 5　北京市上市证券机构

证券代码	公司名称	成立日期	上市日期	证券类型	注册资本(亿元)
601198. SH	东兴证券	2008 年 5 月 28 日	2015 年 2 月 26 日	A 股	27. 6
03908. HK	中国国际金融股份有限公司	1995 年 7 月 31 日	2015 年 11 月 9 日	H 股	16. 6
601881. SH	中国银河证券	2007 年 1 月 26 日	2017 年 1 月 23 日	A 股、普通股	101. 4
601066. SH	中信建投证券	2005 年 11 月 2 日	2018 年 6 月 20 日	A 股	76. 5

资料来源：北京证监局。

1. 证券期货类金融机构数量保持增长态势，助推企业上市融资

截至 2018 年 12 月末，北京市辖内共有法人证券公司 18 家，总数与上年持平；证券公司营业部较上年增加 65 家，总数达 542 家；法人基金管理公司有 19 家，较上年减少 13 家，但管理基金数量比上年增加 115 只，增加至 1180 只；辖区内法人期货公司数量相较上年没有发生变化，期货营业部增加 6 家，共计 108 家（见表6）。随着证券期货类金融机构服务范围的扩大，北京市上市企业进一步增加，截至 2018 年 9 月末，北京辖内共有上市公司 316 家，较上年增加 10 家，上市公司累计募集资金达 2806.16 亿元，较上年增长 30.11%，有力地促进了实体经济的发展。

表 6　北京辖区上市公司及证券期货市场概况

机构类型	指标	2018 年	2017 年
上市公司	数量(家)	316	306
	上市公司流通市值(亿元)	116275. 15	122448. 64
	上市公司本年累计募集资金(亿元)	2806. 16	2156. 79
	上市公司总市值(亿元)	128252. 25	137764. 24

续表

机构类型	指标	2018 年	2017 年
证券期货经营机构	证券公司数量(家)	18	18
	证券营业部数量(家)	542	477
	基金管理公司数量(家)	19	32
	管理基金数量(只)	1180	1065
	辖区期货公司数量(家)	19	19
	辖区期货营业部数量(家)	108	102

资料来源：北京证监局。

2. 证券公司营业收入下降，期货公司抗风险能力增强

截至 2018 年末，法人证券公司资产总额同比减少 1.1%；净资本比上年末增加 4.6%；全年营业收入同比减少 14.9%。市场监管进一步加强，期货公司抗风险能力增强，赢利能力提高。截至 2018 年末，辖内期货公司总资产同比减少 8.8%；期货代理交易额累计 44.49 万亿元，比上年增加 7.2%；利润总额比上年减少 27.2%。法人基金管理公司管理基金年末资产净值同比增长 13.4%

3. 不断完善监管体系，新三板市场各项指标进一步优化

北京证监局以十九大精神为根本指引，以守住不发生系统性金融风险为行动指南，进一步完善北京市辖内挂牌公司监管体系。截至 2018 年 12 月末，北京市辖内共有挂牌公司 1440 家，占全国总数（10691 家）的 13.47%（见表 7），挂牌公司数量较 2017 年末下降 11%。2018 年，辖内共有 48 家公司挂牌，225 家挂牌公司摘牌[①]（见图 3），分别占全国总数的 8.08% 和 14.84%。挂牌公司数量净减少 178 家。辖内挂牌公司中民营企业 1368 家，占比为 95%。辖内中型企业 436 家，占比为 30.28%；小型企业 862 家，占比为 59.86%；微型企业 47 家，占比为 3.26%，中小微企业合计占比为 93.40%。

① 2018 年，辖内共有 3 家公司迁出，2 家公司迁入。

表 7　2018 年各月份北京市辖内挂牌公司数量

单位：家，%

指标	1 月	2 月	3 月	4 月	5 月	6 月
北京本月新增	12	6	5	1	2	5
北京月末公司	1618	1613	1598	1565	1551	1540
全国月末公司	11606	11630	11599	11382	11309	11243
北京公司占全国总数的比重	13.94	13.87	13.78	13.75	13.71	13.70
指标	7 月	8 月	9 月	10 月	11 月	12 月
北京本月新增	1	6	1	2	3	4
北京月末公司	1514	1495	1484	1474	1454	1440
全国月末公司	11108	11011	10946	10892	10786	10691
北京公司占全国总数的比重	13.63	13.58	13.56	13.53	13.48	13.47

资料来源：北京证监局。

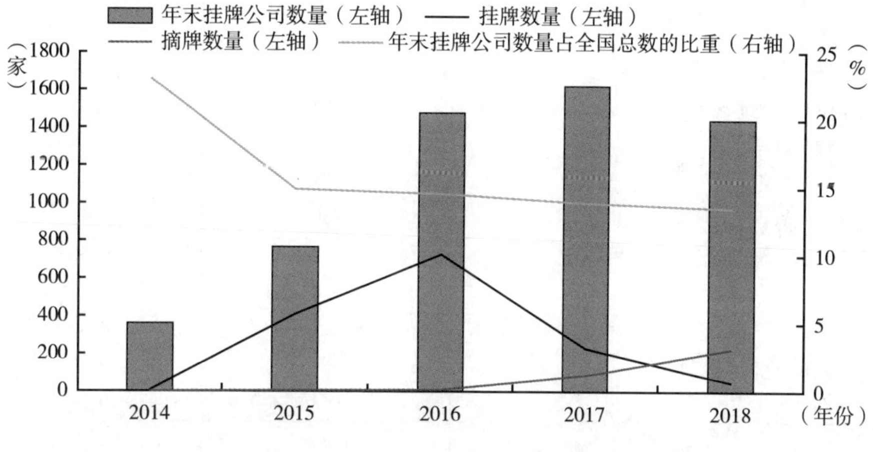

图 3　2014～2018 年北京市辖内挂牌公司数量

资料来源：北京证监局。

另外，据北京证监局数据披露，北京辖区挂牌公司数量、总股本、总市值，定向发行数量、金额，收购事项数量、金额，重大资产重组金额等方面均居全国第一位，但在全国的占比有所下降。

截至 2018 年 12 月末，北京市辖内挂牌公司分布于信息传输、软件和信息技术服务业，制造业，科学研究和技术服务业，租赁和商务服务业，文化、体育和娱乐业等全部18个行业。挂牌公司仍集中于信息传输、软件和信息技术服务业以及制造业，这两类挂牌公司合计占北京市辖内市场总量的60.35%（见表8）。

表8　2018年北京市辖内挂牌公司行业分布

单位：家，%

行业	数量	占比
信息传输、软件和信息技术服务业	566	39.31
制造业	303	21.04
居民服务、修理和其他服务业	11	0.76
租赁和商务服务业	149	10.35
金融业	17	1.18
采矿业	9	0.63
文化、体育和娱乐业	92	6.39
住宿和餐饮业	3	0.21
水利、环境和公共设施管理业	23	1.60
科学研究和技术服务业	88	6.11
农林牧渔业	4	0.28
批发和零售业	78	5.42
教育	38	2.64
电力、热力、燃气及水生产和供应业	8	0.56
建筑业	28	1.94
房地产业	8	0.56
交通运输、仓储和邮政业	7	0.49
卫生和社会工作	8	0.56
合　计	1440	100

资料来源：北京证监局。

三　北京市保险业发展状况

2018年，北京市保险市场总体平稳运行，继续坚持“保险姓保”的行业属性，整顿市场乱象。全年原保险保费收入略有减少，原保险赔付支出略有增加。

具体来看，如表9所示，2018年获得原保险保费收入1793.3亿元，同比减少9.1%。其中，财产险保费收入为422.67亿元，同比增加4.5%；人身险保费收入为1370.67亿元，同比减少12.63%，人身险保费中寿险有所减少。2018年北京市辖内保险业的各项原保险赔付支出共计629.35亿元，同比增加8.9%。具体来说，财产险和人身险赔付金额较上年均有不同程度的增加。财产险赔付金额为245.85亿元，同比增加15.7%；人身险赔付金额为383.50亿元，同比增加5.0%。占财险较高比重的车险服务逐渐改善，2018年北京市辖内车险平均结案周期为12.7天，5000元以下非人伤案件平均结案周期为9.8天，平均结案率达92.3%，行业理赔服务承诺达成率为96.7%，投诉率为0.27‰，基本保持稳定。截至2018年末，北京市保险密度和保险深度分别为8293.1元/人和5.91%，继续保持全国领先。

表9 北京市保险行业经营数据

单位：万元

项目	2018年	2017年
原保险保费收入	17933406.77	19731532.74
1. 财产险	4226694.01	4043848.82
2. 人身险	13706712.76	15687683.92
(1)寿险	9902674.66	12083630.20
(2)健康险	3159007.75	3018305.64
(3)人身意外伤害险	645030.35	585748.08
原保险赔付支出	6293528.02	5777425.66
1. 财产险	2458531.27	2124912.89
2. 人身险	3834996.75	3652512.77
(1)寿险	2734392.51	2714912.61
(2)健康险	935770.28	796311.25
(3)人身意外伤害险	164833.96	141288.91

资料来源：北京银保监局。

1. 保险行业稳步发展，各项指标稳中趋进

截至2018年末，北京市共有总部设在辖内的保险公司45家，其中包括人身险公司30家、财产险公司15家（见表10）。另外，在监管趋严的背景下，车险不正当竞争乱象有所缓解，人身险公司更加注重高质量发展，行业风险防范意识和能力增强，保险市场秩序显著好转。

表10　2018年北京市保险业基本情况

单位：家

项目	数量
总部设在辖内的保险公司	45
其中：财产险公司	15
人身险公司	30
保险公司分支机构	109
其中：财产险公司分支机构	47
人身险公司分支机构	62

资料来源：北京银保监局。

2. 业务结构进一步优化，风险保障水平不断提高

2018年，北京市保险业以回归保险本源为行动指南，业务流程不断优化。具体来说，随着国内供给侧结构性改革的深入推进以及居民收入水平的提高，财产险中非车险业务的占比显著提升，达45.8%，较上年增长4.1个百分点；人身险方面，随着产品转型的深入推进，各项指标稳中向好，其中，新单期交率同比上涨21.4个百分点，已经升至46.6%，5年期以上的人身险产品标准保费占比持续回升，达30.3%。

3. 努力建设多层次社会保障体系，积极发挥社会稳定器作用

2019年5月17日北京发生暴雨灾害，据初步统计，截至2019年5月末，北京市辖内各保险业金融机构接到农业保险报案430起，受灾农田5.5万亩，估损金额近5000万元；机动车辆保险报案3000起，估损金额2100万元，已赔付237万元；针对北京市遭受的自然灾害情况，北京银保监局指导各保险业金融机构持续保持报案渠道畅通，加大理赔力量投入，最大限度降低灾害损失，发挥保险业社会稳定器的作用。

四　北京市新兴金融机构发展状况

2018 年，北京市以金融科技为引领的新兴金融业态进一步发展，战略性新兴金融产业创新发展；多层次资本市场进一步完善，助力实体经济发展，小额贷款公司的作用进一步凸显；互联网金融发展逐渐步入正轨，各项监管措施和配套服务体系逐渐建立完善。

1. 金融科技赋能传统金融行业，压缩金融运营成本

近年来，北京市金融科技（Fintech，Financial Technology）产业如雨后春笋般发展起来，并为传统金融行业的创新发展提供了新动能。2018 年，北京市强化金融政策顶层设计，出台支持金融科技创新发展的指导意见和发展规划，在西城区、海淀区相邻地区正式启动金融科技与专业服务创新示范区，核心区四达大厦正式投入使用。2018 年 10 月，平安银行的 5 家支行开业，这 5 家支行以零售智能化为特色，已经成为平安银行北京分行推进零售战略转型的重要平台。相关负责人介绍，5 家零售智能支行通过新一代数字技术，实现金融与实体的深度融合，可为 50 大类零售企业提供“一站式”金融服务。北京银行以区块链为重要开发运用技术，将构建“区块链 +”金融服务体系作为重要的转型方向，当前已经完成了基于区块链技术的管理系统，从而为零售客户提供准确便捷可信赖的服务。

2. 小额贷款公司规范发展，助力实体经济发展

小额贷款公司的出现，有效地缓解了长期积聚在我国民间的中小企业融资难问题。近年来，北京市小额贷款公司在解决中小企业融资难问题、服务农村经济发展等方面发挥了重要作用。截至 2018 年 12 月末，北京市辖内小额贷款公司数量为 132 家，与上年同期相比增加 6 家；注册资本总计 174.47 亿元，较上年增长 3.42%。北京市小额贷款公司保持了稳中趋紧的良好态势，逐渐满足北京市多层次的融资需求。从区域分布看，这些小额贷款公司主要集中在海淀、朝阳两区，两区共有小额贷款公司 31 家（见图 4），占全市总数的 23.48%。

3. 逐步转向合规发展，互联网金融成为金融市场的有益补充

2018 年，互联网金融的不同分支企业以合规发展为基本准则，P2P 网

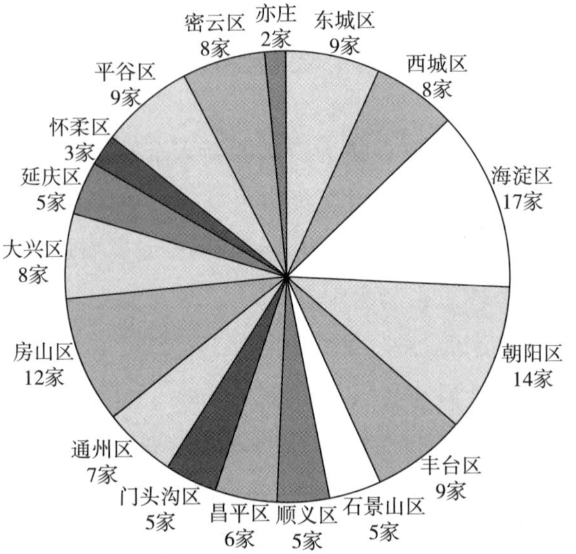

图4　2018年北京市辖内小额贷款公司区域分布

资料来源：北京证监局。

贷平台、消费金融、投资理财平台、互联网保险等互联网金融的发展模式都在进一步规范发展。网贷之家数据显示，截至2018年末，北京市正常运营的P2P网贷平台为256家，较上年减少25家。经过两年的整顿，北京市P2P市场乱象基本被遏制。另外，2018年，北京市将P2P恶意逃废债借款人信息纳入中国人民银行征信中心系统和百行征信的系统，先后分两批对恶意逃废的网络借贷平台借款人进行处理，逾期金额近7000万元。截至2018年末，接入中国人民银行征信中心系统的金融机构有3000多家，与百行征信签署了信用信息共享合作协议的机构有400多家。

参考文献

［1］王爱俭、李向前主编《京津冀金融发展报告（2016）》，社会科学文献出版社，2016。

[2] 涂永红、黄健洋:《人民币国际化对北京市金融产业竞争力的影响研究》,《现代管理科学》2016 年第 3 期,第 3 ~ 5 页。

[3] 谢太峰、王子博:《北京区域金融发展与区域经济增长关系的实证分析》,《金融理论与实践》2008 年第 9 期,第 42 ~ 45 页。

[4] 谢太峰、王子博:《区域金融发展与区域经济增长——对北京、上海两地区域金融发展与区域经济增长关系进行比较》,《金融论坛》2009 年第 3 期,第 19 ~ 22 页。

B.3

2018年北京金融市场运行报告

方云龙　孙晨曦*

摘　要： 金融市场在市场经济体制中具有非常重要的作用，开放的、多层次的金融市场能有效地从社会各个角落中吸收游资和闲散资金，形成根据货币供求状况在各部门、各地区之间重新分配资金的机制。本报告从货币市场、股票市场、债券市场、私募股权市场以及信托市场等多个角度，详细介绍了2018年北京市金融市场发展情况。研究发现，2018年，北京市金融市场继续保持稳健，各市场增量和存量规模保持增长态势，为实体经济发展提供源源不断的资金支持。

关键词： 金融市场　货币市场　股票市场　债券市场　信托市场

一　北京市货币市场发展状况

2018年，北京市货币市场运行稳健，本外币存贷款总量保持增长态势，为实体经济发展提供源源不断的资金支持。货币信贷政策的针对性和有效性显著提升，贷款结构更加合理。具体来看，各类贷款增长幅度较大，尤其非金融企业贷款的增速为近5年来最高。另外，各类贷款对北京市重点项目以

---

* 方云龙，天津财经大学金融学院博士研究生，研究方向为国际金融；孙晨曦，北方国际信托股份有限公司办公室高级经理，研究方向为公司金融。

及国民经济体系中的高精尖产业和薄弱环节的支持力度进一步加大，为推动北京市经济高质量发展提供动力。

1. 各类存款情况

截至2018年12月末，北京市本外币各项存款余额达15.7万亿元（见图1），较年初增加13376.0亿元，增长9.3%；增幅较上年提高4.9个百分点，余额比上年多增7387.2亿元。

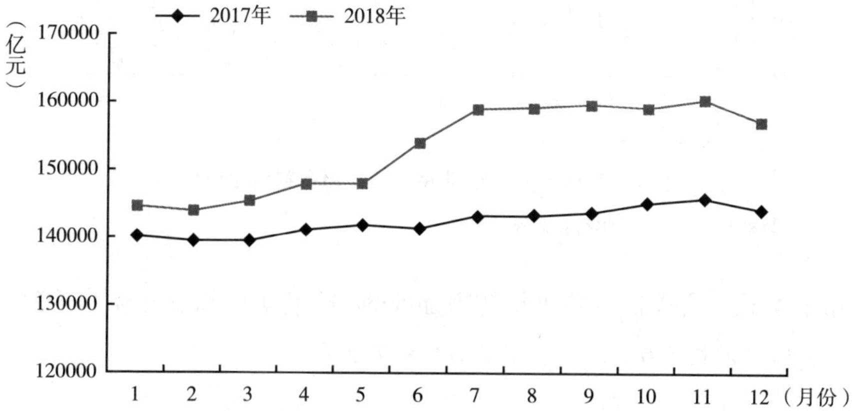

图1　2017年、2018年各月份北京市本外币存款余额变化

资料来源：中国人民银行营业管理部。

细分本外币来看，人民币各项存款余额为15万亿元（见图2），相比年初增加12797.1亿元，增幅为9.3%，相比上年多增7321.4亿元。其中，人民币住户存款余额为3.3万亿元，较年初增加3540.6亿元，增长12.0%，比上年多增2590.6亿元，为2014年以来最高水平；人民币非银行业金融机构存款余额为2.4万亿元，比年初增加3564.6亿元，增长17.4%，比上年多增7060.8亿元。外币存款余额为6661.81亿元，较年初增加439.89亿元，增长7.1%。

2. 各类贷款情况

2018年，以非金融企业贷款大幅增加为牵引的全市各项贷款保持较高增速，为实体经济发展提供源源不断的资金支持。截至2018年12月末，北

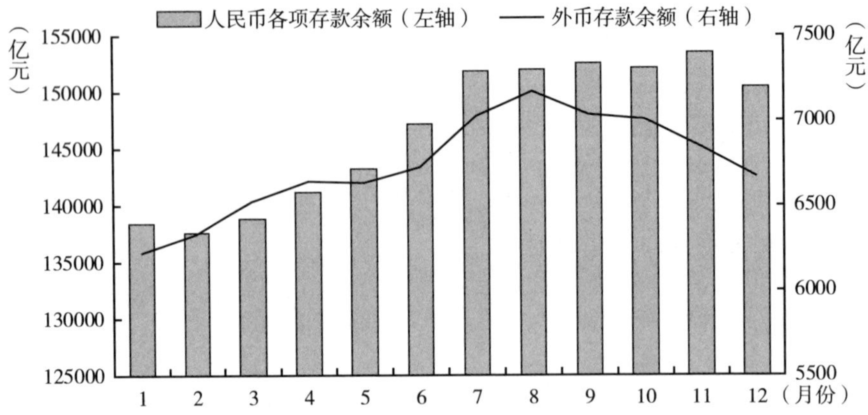

图2　2018 年各月份北京市本外币存款余额变化

资料来源：中国人民银行营业管理部。

京市本外币各项贷款余额比年初增加 5564.13 亿元，增加至 7.05 万亿元（见图 3），增长 8.6%，比上年多增 659.7 亿元。

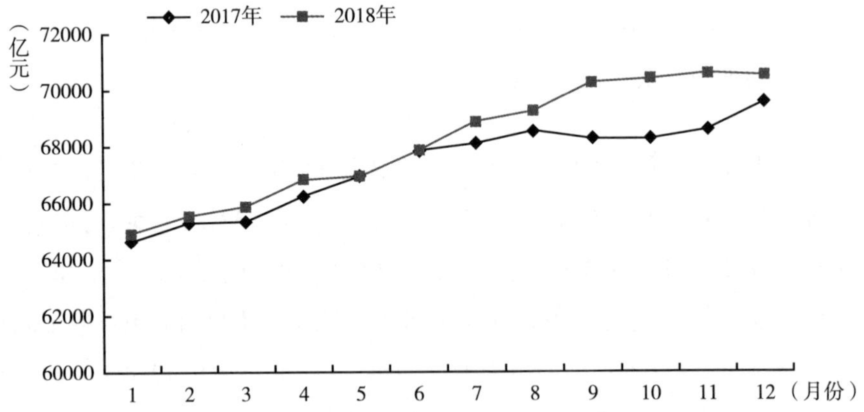

图3　2017 年、2018 年各月份北京市各项贷款余额变化

资料来源：中国人民银行营业管理部。

人民币各项贷款余额比年初增加 5796.03 亿元，增加至 6.68 万亿元（见图 4）；外币贷款余额较年初减少 231.90 亿元，减少至 3716.70 亿元。

2018 年 12 月当月，人民币贷款以及外币贷款余额分别减少 63.82 亿元和 31.25 亿元。

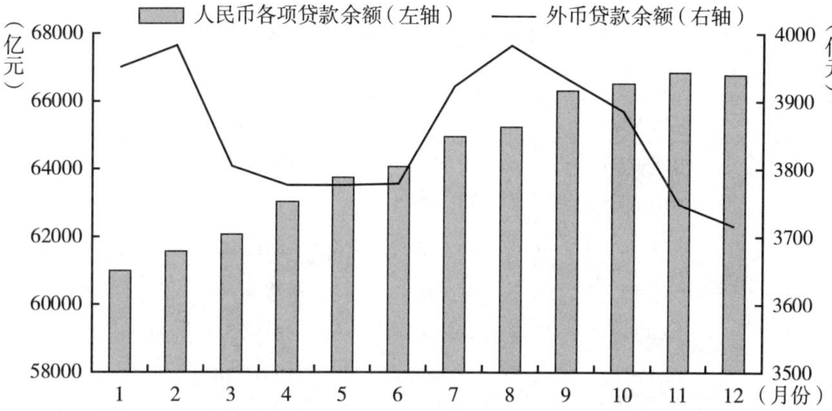

图 4　2018 年各月份北京市本外币分类各项贷款余额变化

资料来源：中国人民银行营业管理部。

具体来看，非金融企业及机关团体人民币贷款余额较年初增加 6172.3 亿元，增加至 4.8 万亿元，增长 14.8%；较上年多增 1690.5 亿元，增幅较上年提高 2.9 个百分点，非金融企业贷款的各项数据均为近 5 年历史最高水平。其中，中长期贷款较年初增加 4122.1 亿元，增长 18.3%，较上年多增 1608.9 亿元，为企业提供了源源不断的资金支持。人民币住户贷款余额较年初增加 1400.8 亿元，增加至 1.8 万亿元，增长 8.4%；但较上年少增 915.6 亿元。另外，非银行业金融机构人民币贷款余额较年初减少 233.2 亿元，为 443.9 亿元。

3. 同业拆借和现券买卖市场规模位居全国前列，市场占有率稳定

2018 年，北京市金融机构同业拆借和现券买卖累计成交 1826582.31 亿元，同比增长 69.52%，其中现券买卖 547960.62 亿元，同业拆借 1278621.69 亿元，较上年均有较大幅度的上涨。从月度表中可以看出，北京市同业拆借金额较大，大部分月份的融入金额占市场总额的 1/3 以上，融出金额占全国市场总额的一半以上；现券买卖的融出

和融入金额市场占有率稳定在20%左右，位居全国前列（见表1和表2）。

表1　2018年北京市现券买卖月度表

单位：亿元，%

月份	融入金额	市场占有率	融出金额	市场占有率
1月	18367.1	19.8823	17694.57	19.1543
2月	10463.78	19.6022	11006.7	20.6193
3月	17958.65	18.2233	18540.26	18.8135
4月	17495.71	18.873	17876.87	19.2842
5月	22098.45	19.0443	23414.5	20.1784
6月	20222.37	17.4892	19695.78	17.0338
7月	24225.63	17.4884	23310.98	16.8281
8月	26772.7	16.1622	26960.05	16.2753
9月	22708.1	15.4393	23415.13	15.92
10月	21203.07	15.7987	22068.06	16.4433
11月	33580.63	18.6412	35179.67	19.5288
12月	36795.9	21.2584	36905.96	21.322
合计	271892.09	—	276068.53	—

资料来源：中国货币网。

表2　2018年北京市同业拆借月度表

单位：亿元，%

月份	融入金额	市场占有率	融出金额	市场占有率
1月	41856.01	39.3817	56615.5	53.2687
2月	32533.06	38.4053	48834.81	57.6496
3月	40857.92	35.5828	67189.88	58.5151
4月	31336.53	37.1068	48980.85	58.0001
5月	48899.03	41.6344	65417.81	55.6991
6月	35481.91	36.1642	52045.61	53.0464
7月	43089.02	35.554	67885.83	56.0145

续表

月份	融入金额	市场占有率	融出金额	市场占有率
8 月	52215. 21	34. 2047	94089. 94	61. 6356
9 月	43708. 15	32. 6827	75542. 7	56. 4869
10 月	38038	32. 0111	67572. 88	56. 8664
11 月	46286. 41	33. 304	73205. 98	52. 6732
12 月	46306. 19	38. 029	60632. 46	49. 7944
合计	500607. 44	—	778014. 25	—

资料来源：中国货币网。

2018 年，北京市充分利用货币政策工具，指引市场利率朝着市场化、合理化方向发展。质押式回购、同业拆借的成交金额均位居全国第一，领先优势明显（见图 5）。

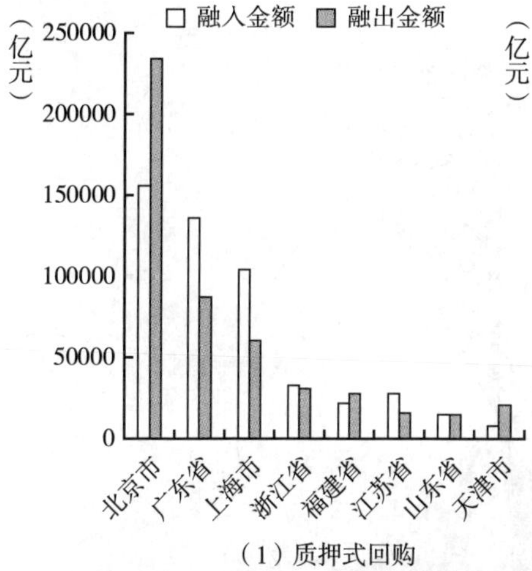

（1）质押式回购

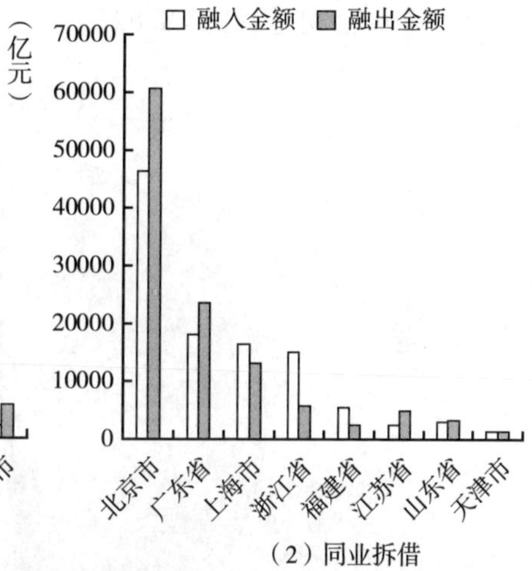

（2）同业拆借

图 5　2018 年 12 月我国质押式回购、同业拆借成交额前八位省市

资料来源：中国货币网。

二　北京市股票市场发展状况

截至 2018 年 9 月，北京市新增上市公司 7 家，总数达 313 家（见表 3），上市公司总市值达 122766. 88 亿元，本年累计募集资金 2624. 34 亿元。

表3　2018年北京辖内上市公司和证券公司数量变化

单位：家

年份	上市公司数	证券公司数	年份	上市公司数	证券公司数
2011	194	18	2015	264	18
2012	217	18	2016	282	18
2013	219	18	2017	306	18
2013	235	19	2018	313	18

注：2018年数据截至9月末。
资料来源：北京证监局。

从上市公司所属行业看，北京市上市公司行业结构较为合理，结构多元化分布明显，制造业与软件和信息技术服务业占比较高，两大行业上市公司总数约占北京市上市公司总数的44%。其中，制造业上市公司数量最多，占北京市上市公司总数的28.84%。

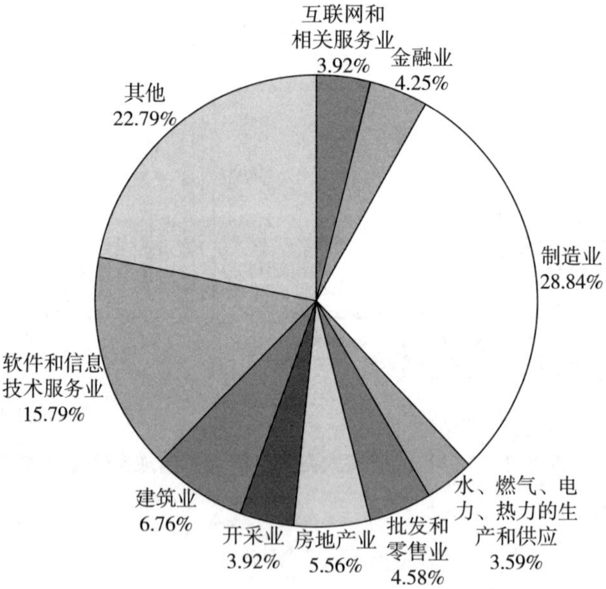

图6　2018年北京市上市公司行业分布情况

资料来源：Wind数据库。

从非上市公司视角来看，截至2018年12月末，北京市辖内挂牌公司数量占全国总数的13.47%，为1440家，同比下降11%。2018年，北京市辖内累计挂牌 48 家，同时摘牌公司有 225 家，分别占全国总数的 8.08% 和 14.84%。整体而言，挂牌公司数量净减少 178 家。

三　北京市债券市场发展状况

2018 年，我国取消对金融企业外资持股比例的限制，金融开放全面进入新时代。在这一时代背景下，债券市场的对外开放也加快了步伐。随着深港通、债券通的先后启动，境外投资者进入中国市场投资的热情高涨，2018 年北京市债券市场增量和存量规模继续保持稳健增长，市场十分活跃。

截至 2018 年 12 月末，北京市共发行债券 4242 只（见图 7），较上年增加 100 只，债券余额为 234051.62 亿元，较上年增加 1.2%，占全国总数的 32.68%，领跑全国。评级在 AA 级以上的债券有 1675 只，整体来看，北京市 2018 年发行的债券评级良好，未来债券市场风险处于整体可控水平。

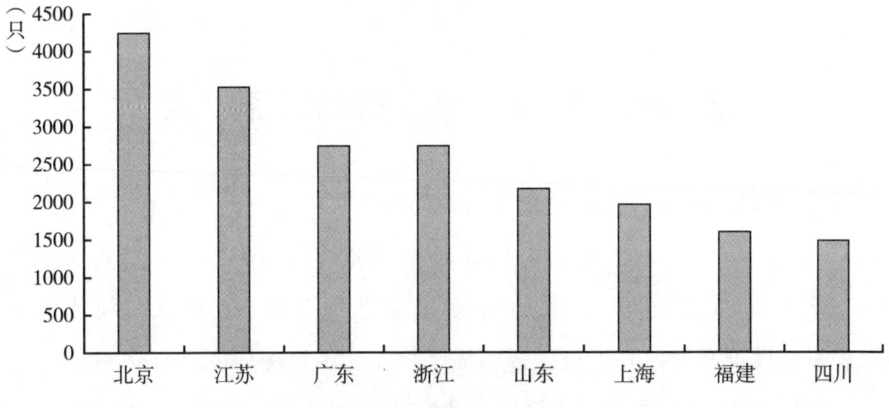

图 7　2018 年债券发行量全国排名前八位的地区分布

资料来源：Wind 数据库。

截至 2018 年 12 月末，北京市共发行信用债券 3883 只，占全国发行总数的 10.59%，位居全国第一。从债券种类来看，同业存单、公司债、中期票据和资产支持证券的占比最大，合计占比超过 75%，其中同业存单共发行 1097 只，占比最高，为 28.25%（见图 8）。

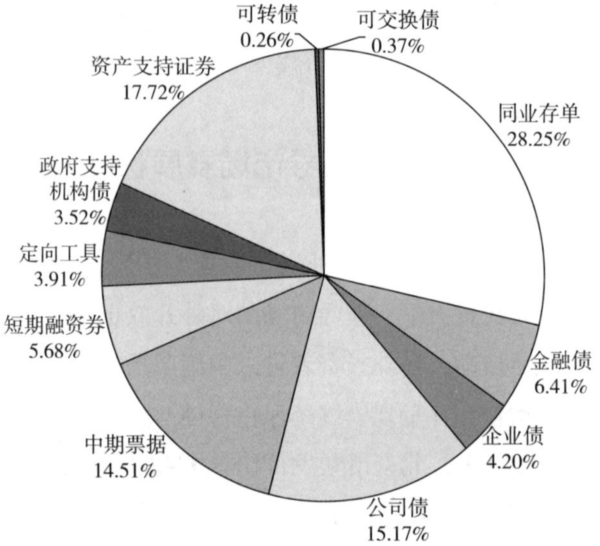

图8　2018 年北京市各类债券占比

数据来源：Wind 数据库。

四　北京市私募股权投资市场发展状况

良好的营商环境以及人才集聚效应使得北京市对创新企业有着很强的吸引力。2018 年，北京市共发生私募股权投资案例 1041 笔，投资金额为 2545. 88 亿元（见图 9），平均每笔投资金额达 2. 45 亿元，同比增长 40. 80%，投资案例数和投资金额均遥遥领先，居全国首位。

2019 年 3 月 7 日，在北京市地方金融监督管理局的指导下，北京市金融发展促进中心、北京股权投资基金协会联合发布 2018 年北京地区私募股权投资行业发展指数（简称“北京 PE 指数”）①。2018 年下半年北京 PE 指数为

① 北京 PE 指数是在北京市地方金融监督管理局的指导和支持下，由北京市金融发展促进中心、北京股权投资基金协会、北京大学金融与产业发展研究中心以及清科研究中心共同编制，并得到多家业内有影响力的 PE 和 VC 投资机构的支持。北京 PE 指数以 2013 年上半年为基期，每半年编制发布一期。

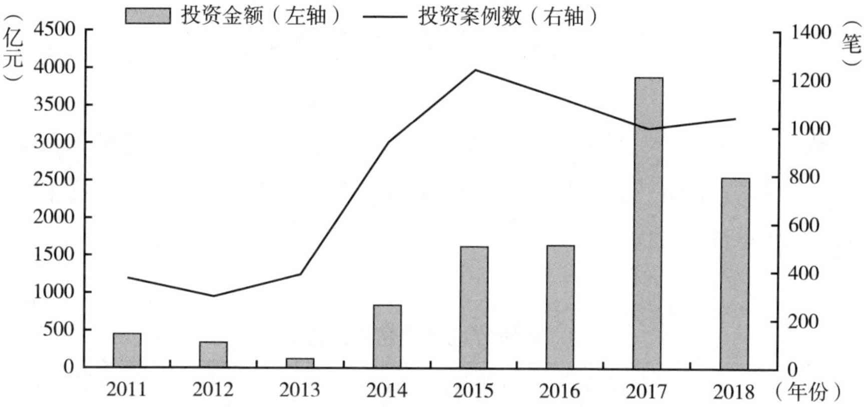

图 9　2011～2018 年北京市私募股权投资情况

资料来源：Wind 数据库。

114.56（见图 10），环比上升 0.44%，同比下降 4.73%。从指数走势看，2018 年下半年北京 PE 指数与上半年相比略微上升，但仍低于 2017 年下半年水平。

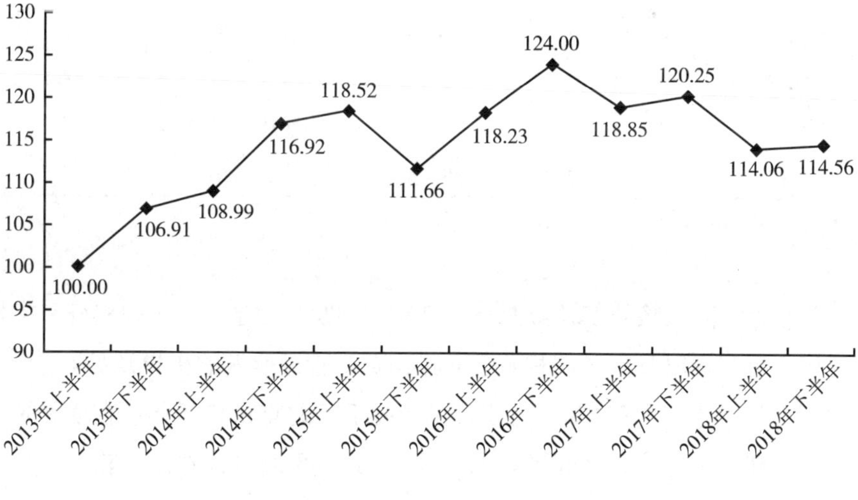

图 10　2013～2018 年北京 PE 指数

资料来源：北京市地方金融监督管理局。

五　北京市信托市场发展状况

截至2018年末，北京市辖内共有信托公司11家，与上年持平，占全国信托公司总数的16.2%，信托公司数量继续领跑全国。2018年北京市辖内信托公司情况见表4。

表4　2018年北京市辖内信托公司

公司名称	成立时间	注册资本(亿元)	公司背景	是否上市
中信信托	1988年3月	100	金融机构背景	否
民生信托	1994年10月	70	民企背景	否
外贸信托	1987年9月	27.41	央企背景	否
中诚信托	1995年11月	24.57	央企背景	否
北京信托	1984年10月	22	地方政府背景	否
国投信托	1986年6月	21.91	央企背景	否
英大信托	1987年3月	40.29	央企背景	否
华鑫信托	1984年6月	35.75	央企背景	否
中粮信托	2009年7月	23	央企背景	否
金谷信托	1993年4月	22	金融机构背景	否
国民信托	1987年1月	10	民企背景	否

资料来源：中国信托网。

严监管、防风险依旧是金融行业2018年度的关键词，在去杠杆、去通道的行业大背景以及《关于规范金融机构资产管理业务的指导意见》（以下简称《资管新规》）等政策不确定性的影响下，北京市信托行业在受托资金规模和净利润等方面都受到了影响。从图11中我们可以看出，除少数信托公司净利润有所上升外，以民生信托、北京信托为代表的大部分信托公司在2018年的净利润均有不同程度的下降。

总体来看，在经历了十年高速发展后，北京市信托行业在2018年出现

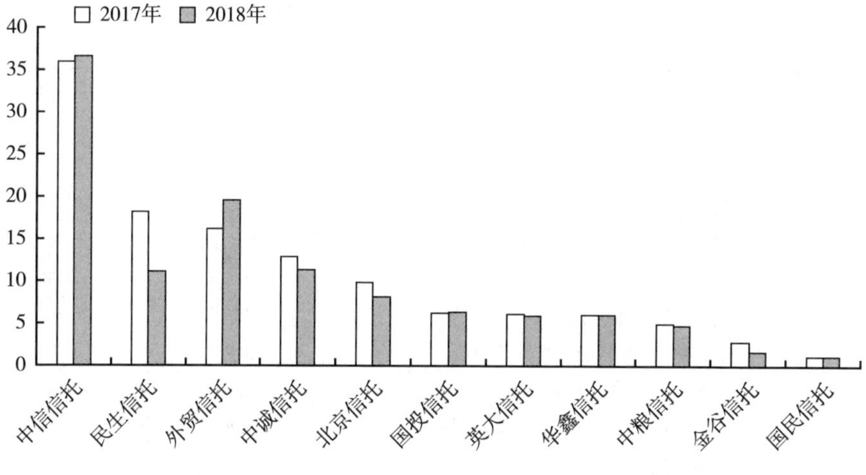

图 11　2018 年北京市信托公司净利润排名（赢利能力）

资料来源：中国信托网。

首次滑坡，业绩下滑的同时也暴露出一些行业问题。未来，北京市信托行业还应回归本源，找准发展定位，努力拓展开展业务的渠道，为机构投资者和高净值客户提供优质的金融服务。

六　北京市融资租赁市场发展状况

截至 2018 年 12 月末，北京市辖内共有融资租赁企业 227 家，从业人员 5204 人，融资租赁企业总资产为 3938.94 亿元，较上年增长 21.72%。分内外资来看，内资融资租赁企业共计 26 家，从业人员有 1279 人，企业总资产合计达 1011.1 亿元，较上年增长 7.39%；外资融资租赁企业有 201 家，从业人员 3925 人，企业总资产合计 2927.83 亿元，较上年增长 27.6%。另外，北京市共有 5 家融资租赁企业上榜全国融资租赁企业 50 强排行榜（以注册资金为序）。据中国融资租赁联盟测算，截至 2018 年末，建信金融租赁有限公司在以注册资金为序的排行榜中居首位（见表 5）。

表 5　2018 年北京市融资租赁企业 10 强（以注册资金为序）

单位：亿元

排名	企业名称	注册时间	注册资金
1	建信金融租赁有限公司	2007 年	80.00
2	中国环球租赁有限公司	1984 年	42.70
3	丰汇租赁有限公司	2009 年	40.00
4	中国外贸金融租赁有限公司	1986 年	35.08
5	北银金融租赁有限公司	2014 年	31.00
6	中建投租赁股份有限公司	1989 年	26.68
7	中国康富国际租赁股份有限公司	1988 年	24.98
8	中车投资租赁有限公司	2008 年	23.00
9	北京市文化科技融资租赁股份有限公司	2014 年	21.90
10	中懋国际融资租赁有限公司	2016 年	20.63

资料来源：融资租赁中国信息网。

从资产规模来看，总资产 400 亿元以上的企业有 1 家，300 亿～400 亿元（含）的企业有 2 家，200 亿～300 亿元（含）的企业有 2 家，100 亿～200 亿元（含）的企业有 7 家，50 亿～100 亿元（含）的企业有 9 家，20 亿～50 亿元（含）的企业有 10 家，10 亿～20 亿元（含）的企业有 17 家，1.7 亿～10 亿元（含）的企业有 34 家，其余企业总资产为 1.7 亿元（含）以下（见图 12）。整体而言，小型融资租赁企业共计 145 家，占北京市融资租赁企业总数的 63.88%。2018 年，北京市融资租赁企业取得快速发展，业务边界不断拓展，创新成为促进行业发展的新引擎；融资渠道朝着更加多元化方向发展，融资结构趋于合理，逐步形成了一批专业水平高、业绩好、国际知名的优质融资租赁企业。

七　北京市股权交易市场（四板市场）发展状况

北京市股权交易所自 2013 年 12 月宣布成立以来，已经累计服务各类企业 5363 家，融资额达 148.26 亿元。截至 2018 年 12 月末，北京市四板市场挂牌展示企业有 4899 家（见表 6），较上年增加 874 家，登记托管企业有

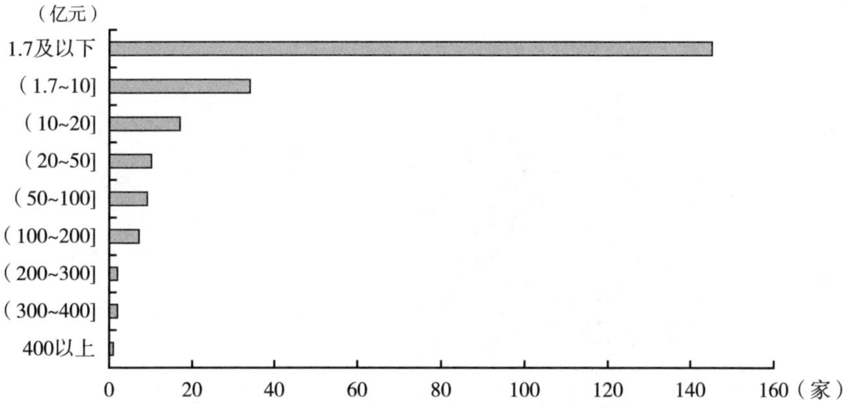

图 12　2018 年北京市融资租赁企业按总资产分类

资料来源：融资租赁中国信息网。

1389 家，主要集中在朝阳、海淀两区。

另外，北京市朝阳区国家文化产业创新实验区管理委员会于 2019 年 2 月 25 日发起 2019 年度国家文化产业创新实验区建设发展引导资金支持项目，旨在为北京四板市场挂牌的文化创意类企业提供资金扶持，为首都文化金融发展和文化创意企业发展贡献力量。

表 6　2018 年北京四板市场概况

指标	数量/金额
挂牌数量(家)	4899
资产合计(万元)	356806. 58
净资产合计(万元)	252092. 50
营业收入合计(万元)	369384. 30
净利润合计(万元)	32731. 73

资料来源：Wind 数据库。

分行业看，软件与服务业、商业和专业服务业以及资本货物业占比最高，分别达到 33. 54%、14. 76% 和 13. 2%（见图 13），与上年排名保持一致。其中属于软件与服务业的挂牌企业有 1643 家，高居榜首。

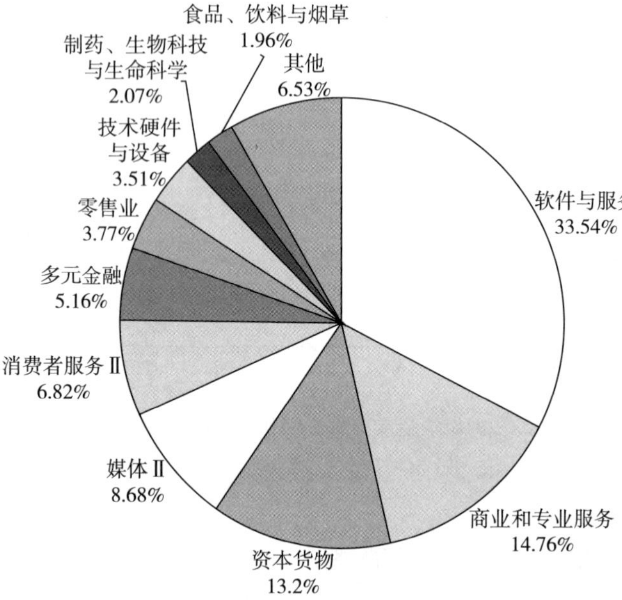

图13　2018年北京市四板市场挂牌企业行业分布

资料来源：Wind数据库。

参考文献

［1］刘辉、申玉铭、邓秀丽：《北京金融服务业空间格局及模式研究》，《人文地理》2013年第5期，第61～68页、第93页。

［2］刘同山：《北京区域金融发展的集聚效应与辐射效应研究》，《区域金融研究》2011年第11期，第63～68页。

［3］王华民：《北京国际金融中心城市建设与首都经济优化发展研究》，《中国发展》2011年第1期，第26～29页。

B.4
2018年北京金融改革创新报告

方云龙*

摘　要： 在深入贯彻落实十九大会议精神，引导金融回归服务实体经济本源的时代背景下，2018年，北京市坚持深化改革、创新引领的工作思路，金融服务首都实体经济的能力和效率大幅度提升，进一步加大对重点领域和薄弱环节的支持力度。本报告首先介绍了北京市在金融改革创新方面所取得的突出成就，然后就北京市金融改革创新前景和发展期趋势作出展望。未来，北京市要进一步扩大金融开放，吸引境外投资者投资内地市场，为内地市场带来先进的管理经验和技术，为金融改革发展提供外部推动力；要加大支持金融人才来京发展的各项政策力度，聚集各类金融人才；争取更多金融开放优惠政策落地北京，把防风险守底线摆在更加突出的位置，让北京市金融发展成为全国标杆。

关键词： 金融开放　运营环境　金融人才　金融创新

一　2018年北京市金融改革创新主要成就

（一）传统金融机构创新步伐加快，运营效率不断提高

1. 金融科技赋能传统金融机构，极大提高金融市场运营效率

为积极推进金融科技在金融市场的实际落地与应用，2018年3月，北

* 方云龙，天津财经大学金融学院博士研究生，研究方向为国际金融。

京银监局牵头，携手中国信托登记有限责任公司以及18家信托企业共同组建信托行业金融科技研究与促进工作组。该工作组成立以来，将信托业务运营平台建设、金融科技在信托行业的运用、信托行业信息化实践研究等信托行业亟须解决的五个理论和现实问题作为2018年重点研究课题。另外，在监管端，金融科技同样发挥高效作用。近年来，北京市全国股份转让公司将科技创新如何应用在公司监管中作为重点攻关方向，旨在实行对新三板挂牌企业财务风险的精准预警与管控，降低监管成本。2019年6月，全国股份转让公司启动自主研发的“ReGo挂牌公司风险画像系统”，该系统基于新一代数字技术，如大数据、人工智能等，以两个层次、三个类别以及九个行业的报告为模板，并结合经过筛选的、超过40项信息披露的数据，协助工作人员快速精准地审查企业递交的各类规范文件、年度报表，检查企业合规经营情况，极大地提升了材料审查效率，实现了企业风险的提早预警和控制。

2. 开放与转型，保险行业创新发展成绩斐然

2018年，北京市保险行业创新发展取得了突出成绩。随着车险服务方式的不断改进，截至2018年初，北京市在全国范围内率先进入车险全流程信息化新时代。截至2018年末，第二批百家车险理赔共享网点公布，200家网点覆盖包括朝阳区、海淀区在内的12个行政区。另外，针对农业保险赔付流程复杂的难题，北京市保险行业在主管部门的领导下，对往年数据进行分析，起草《北京市种植业政策性农业保险保障水平调研报告》，积极探索农业保险电子化改革方向，试点农业保险电子化改革。

3. 北京证监局推动科技监管建设，私募基金监管率先试点

2014年私募基金启动登记备案制度，私募基金管理人也因此呈现井喷式增长的态势，根据中国证券投资基金业协会的数据统计，截至2018年末全国已经有超过20000家私募基金管理人登记备案，其中北京市共有超过4200家私募基金管理人，占全国总数的21%，规模位居全国前列。传统的现场与非现场检查方式面对如此巨大的市场和工作量显然是缺乏效率且容易

出错的，包括大数据、区块链以及人工智能在内的新一代数字技术必须受到应有的关注，实现科技与监管的深度融合。北京证监局高度重视科技监管的研究与运用，2018 年，在原有的机构点名与信息报送系统的基础上，由北京证监局牵头，携手证监会私募部以及证监会信息中心建设私募基金管理人分类分级系统，对北京市私募基金管理人实行差异化监管，有效地降低了监管成本，提高了监管效率，对防范化解重大金融风险具有重要意义。

（二）金融新业态不断涌现，金融市场进一步丰富

1. 中国银行启动智能化网点并融入5G 元素，引领科技融入金融

在科技引领金融业务流程升级方面，中国银行走在前列。2019 年 5 月末，中国银行北京分行将 5G 元素与传统银行业务深度融合，重磅打造智能化网点。该智能化网点充分利用新一代数字技术，将大数据、人工智能、生物识别等技术与传统金融业务相结合，实现网点的无人全自助化，快速、便捷、高效地办理交易、贵金属营销等传统金融业务。除此之外，生物识别技术还可以通过对客户面部的识别，判断出客户的性格特点，然后将理财产品与客户进行完美匹配，让客户体验感倍增，享受特殊的“千人千面”的私人订制服务。这家无人全自助智能化网点实现了科技与人文、线上与线下、普惠与个性订制的多重完美融合，作为近年来中国银行科技创新成果的代表作，已经受到越来越多客户的认可，也成为中国银行科技引领金融创新的“桥头堡”和“试验田”。

2. 多管齐下，绿色金融发展步伐加快

2018 年，为支持大力发展绿色经济、循环经济，北京银保监局从多方面大力支持银行业、保险业金融机构为绿色企业输送贷款、绿色保险。第一，成立专有部门负责绿色信贷相关事宜，引导北京市辖内银行业金融机构建立绿色金融特色网点，重点规划包括兴业银行北京分行、中国邮政储蓄银行北京分行等在内的网点建立绿色信贷业务协同联动机制。第二，将绿色投资定位为金融机构重点投资项目，金融创新要为支持绿色产业发展做出贡献，并探索保险行业支持绿色产业发展的路径，积极开展绿色保险项目的研究，争取让保险行业为绿色产业发展保驾护航，目前已经为崔各庄企业升级

改造提供了700万元的保障金额。第三，作为牵头单位，联手北京市生态环境局、北京市金融监管局、北京银保监局转发生态环境部、中国保监会《关于北京市环境污染强制责任保险试点工作实施意见的通知》，为环境污染责任保险试点提供文件指引。

3. 商业银行开展特色专营网点建设，科学规划网点布局

随着居民金融意识的增强和理财水平的提高，2018年以来，北京银监局对辖内的金融机构网点布局进行了整体规划，指导北京市城市商业银行（简称“城商行”）积极在金融服务的薄弱地带或者国家重大战略区域布局网点，大力支持各类社区银行、小微特色网点建设，对新型网点和传统网点布局进行审慎管理，加大对各家银行业金融机构网点布局的把控。第一，支持国家重大战略建设，合理布局通州城市副中心金融机构。提高通州区金融机构批准建设的工作效率，截至2018年末，共有19家城商行在通州城市副中心设立网点，另有多家金融机构计划在通州区设置子公司。第二，特色专营网点建设进程加快。为减少同质化竞争造成的金融资源的浪费，北京银监局积极引导辖内银行业金融机构做到异质化发展，重点发展特色网点，如科技金融、绿色金融、普惠金融等特色网点建设。北京市城商行目前已经创建的科技支行有14家，文化创意支行有16家，并且截至2018年末已有3家城商行设立了文化金融部。第三，重点支持银行业金融机构布局金融服务薄弱地带。扎实推进普惠金融建设，积极响应国家精准扶贫的政策号召，让商业银行网点进一步下沉到金融服务薄弱地区。截至2018年末，北京市城商行新申请建立的支行有5家，主要布局在延庆、密云等原本金融服务较弱的地区，而金融服务能力较强的海淀、朝阳等地的网点设立速度明显放缓。

4. 进一步完善组织体系，科技金融迅速发展

2018年以来，在“四个中心”的城市发展定位中，科技创新中心建设的步伐明显加快。北京市委市政府、北京银保监局等积极引导辖内银行业金融机构向科技金融方向转型，转型重点落脚在组织体系的完善、人才梯队的健全，科技金融服务效率显著提高。第一，构建完备的科技金融组织体系。截至2018年末，北京市辖内银行业金融机构已有超过28家成立管

理科技金融的专有部门，部门内科技金融人才充沛，结构合理。截至2019年3月末，位于中关村国家自主创新示范区内的营业网点数量超过920家。第二，以制度建设作为推动科技金融发展的重点。面对科创类小微企业“短小频急”的融资特点，北京市辖内银行业金融机构持续完善科技金融的相关制度建设，为缺乏抵押物的小微企业提供便捷、规范的金融支持，推进科技金融业务向专业化、流程化、规范化方向发展。第三，大力支持投贷联动的建设发展。北京市辖内的银行业金融机构不断增加业务模式和拓宽业务范围，开发潜在客户，积极探索行之有效的投贷联动业务的落地模式。

（三）供给侧改革深入推进，金融营商环境持续优化

1. 降低企业综合融资成本，为实体经济发展减负

2018年以来，北京市为了进一步落实中央出台的各类减税降费新举措（降低社保缴费、个税改革、降低增值税等），实施了一揽子降低企业综合融资成本的措施。截至2018年12月末，北京市减税降费总额较年初增加1692亿元，减税降费的举措已经达到地方政府权力的最大限度①，截至2019年1月末，北京市出台的降低增值税税率、个人所得税改革等减税举措，已实现属地减税490亿元，其中涉及地方级减税209亿元。

2. 整治市场乱象，督促金融机构回归本源

2018年以来，北京银保监局积极履行职责，对各类金融机构开展现场检查89项，其中包括对银行业金融机构开展现场检查50项，对保险业金融机构开展现场检查39项。现场检查覆盖范围广，且重点突出。对房地产、同业资管、交叉金融以及各类通道业务进行重点排查。针对问题企业、问题业务绝不手软，处罚警告多家金融机构。处罚25家银行机构，罚款金额达

① 2018年以来，北京市为进一步落实中央减税降费的要求，出台了包括减征小规模纳税人的“六税两费”、扣减从事个体经营的贫困人口等重点群体和招用贫困人口等重点群体的企业的相关税费、停征地方水利建设基金（防洪费）、取消法医检验收费等一系列减税降费新政策措施。

1625 万元；警告 16 家保险机构，处罚 30 家保险机构，罚款金额达 372 万元。除罚款外，还对 29 家银行业金融机构实施了暂停业务、暂停准入等限制性监管措施。另外，将责任落实到人，处罚、警告金融机构相关业务负责人 29 人，罚没金额 120 万元，又督促金融机构对超过 100 名相关业务负责人进行内部问责。顺藤摸瓜，对高层管理人员以及企业总部人员实行“顶层问责”，加大整顿市场乱象的力度。在监管部门的努力下，北京市银行业资产负债结构得到进一步优化，同业资产较年初减少 7.45%，委托贷款较年初减少 12.19%，而事务管理类信托较年初则减少 11.49%。另外，通道业务被及时制止，引导金融服务实体经济，表外业务较年初减少 20.93%。

3. 各类规章制度密集出台，助力北京营商环境建设

为更好地支持小微企业发展，缓解民营企业融资难、融资贵难题，2019 年 2 月，北京银保监局印发了《关于进一步做好小微企业续贷业务支持民营企业发展的指导意见》，该意见明确了商业银行支持小微企业和民营企业融资服务的相关工作，将落地措施进一步细化，可操作性更强。在内控合理以及风险管理可控的前提下，引导商业银行为未融到资的小微企业积极放贷，为已经融到资却依旧缺少资金的企业进一步跟进续贷，及时清理“过桥”或“通道”环节，减少审批流程，降低融资成本，让中小企业和民营企业贷款的占比逐渐提升。2019 年 2 月末，中国人民银行营业管理部中关村中心支行正式上线“工商登记注册信息应用平台”，该平台的目的是通过现代数字技术搭建信息传递的“高速公路”，实现金融市场与北京市市场监督管理局互通互联，共享注册地在北京的工商企业信息，为北京市银行业贷款审批提供企业信息查询服务。运行当天，北京市辖内银行业金融机构通过该平台查询企业信息 10538 家，有效提高了银行账户信息核对、年检、贷款审批等难题的业务效率，为提升北京市地区的营商环境、优化商业银行服务的业务流程、提高商业银行的服务质量，以及提高中国人民银行营业管理部的银行账户管理水平有重要意义。

2018 年北京市经济金融发展大事记见表 1。

表 1　2018 年北京市经济金融发展大事记

时间	事件概述
2018 年 3 月 18 日	“优化营商环境北京在行动”新闻发布会召开，发布会由北京市人民政府和北京市发改委联合举办
2018 年 6 月 12 日	张家口沽源召开党建推进金融扶贫工作座谈会，座谈会与会方为京津冀三地中国人民银行代表
2018 年 6 月 21 日	北京举办第三届京津冀金融科技发展座谈会
2018 年 7 月 30 日	北京市委、市政府印发《北京市关于全面深化改革、扩大对外开放重要举措的行动计划》
2018 年 8 月 25 日	北京市金融工作局发布《关于启动在京注册 P2P 网络借贷机构自查工作的通知》
2018 年 8 月 27 日	北京在全国营商环境评价现场会暨优化营商环境工作推进会中，位列所有试评价城市第一
2018 年 11 月 2 日	中国人民银行营业管理部联合相关部门共同组织召开北京深化民营和小微企业金融服务推进会，并发布《关于进一步深化北京民营和小微企业金融服务的实施意见》
2018 年 11 月 2 日	中国人民银行营业管理部积极引导北京市金融机构回归服务实体经济本源，支持北京民营和小微企业发展，运用了包括设立 70 亿元的再贴现额度等一系列货币政策
2018 年 11 月 9 日	中国人民银行营业管理部联合相关部门共同组织召开北京地区民营企业融资座谈会
2018 年 11 月 19 日	北京市人民政府新闻办公室举办《北京市进一步优化营商环境行动计划（2018 年 ~2020 年）》新闻发布会，确定了近三年北京市营商环境改革的时间表和“施工图”
2018 年 12 月 11 日	中国人民银行京津冀三地分支行党委理论学习中心组在天津滨海新区开展联组学习，同时召开中国人民银行京津冀三地协调机制 2018 年第二次会议

资料来源：中国人民银行营业管理部。

二　北京市金融改革创新前景

2019 年是中华人民共和国成立 70 周年，也是全面建成小康社会、实现第一个百年奋斗目标的关键年。当前国际形势波诡云谲，国内金融风险加剧，复杂多变的国内外形势为经济的高质量发展和百年奋斗目标的顺利实现带来诸多不确定因素。

金融既是现代经济的核心，也是国家重要的核心竞争力，习近平总书记在中共中央政治局第四十次集体学习时强调：金融活，经济活；金融稳，经济稳。而中国金融业的前进发展要依靠改革推进，金融开放又是中国金融改革的核心。北京发展金融业具备四大优势：北京是全国金融管理中心；是全国唯一的服务业扩大开放综合试点城市；是中国创新活力最强的城市；在中国营商环境评价和《财富》杂志对中国城市的商业环境排名中，目前北京的排名均列第一。在打造全面开放新格局的当口，北京或将引领新一轮金融开放。在未来，北京市的金融改革创新至少应有以下几个重点。

（一）加大支持金融人才来京发展的各项政策力度，聚集各类金融人才

未来世界经济博弈就是大国金融的博弈，金融人才是金融行业有效运转的重要保障，也是金融企业实现利润最大化的前提。因此，大到国家间博弈，小到促进区域经济发展，金融人才都是最为关键的因素之一。2019 年，北京市将改善金融人才的发展环境、吸纳金融人才摆在更加突出的位置。在北京市辖内以促进金融人才合理流动为着力点。在北京市以外应当从推动居住证转户籍政策，设立京津冀金融人才基金、援助计划，实行税收优惠政策，鼓励金融企业实施多样化薪酬体制，促进猎头产业发展，提升区域金融集聚程度等方式吸引金融人才来京发展。

（二）在构建全面开放新格局的时代背景下，争取更多金融开放优惠政策落地北京

拉开历史的维度，从 1993 年中国共产党十四届三中全会作出人民币经常项目有条件可兑换的决定开始，中国金融业就进入了开放发展的快车道。

2018 年，银行保险行业出台 15 条开放措施；在此基础上，中国银保监会又于 2019 年 5 月 1 日公布了 12 条金融业对外开放新举措①，由此可见，推动全面开放新格局已经成为推动经济发展的时代主题。在这一宏观背景下，2019 年，北京市要将本辖区的金融行业进行全面彻底的优化升级，无论是业务流程、人才管理，还是投资贸易，北京市都应以“开放”作为关键词，积极引进外资进入北京金融市场，倒逼金融改革，把促进金融开放摆在更加突出的位置。在打造更加优化、对标国际的金融营商环境的基础上，争取更多金融开放政策在北京先行先试，让北京市金融发展成为全国标杆。

（三）金融稳，经济稳，把防风险守底线摆在更加突出的位置

金融稳定是社会经济发展的重要前提，必须把防控金融风险、守住不发生系统性金融风险的底线摆在更加突出的位置。第一，排查各类风险。监管部门要通过现场以及非现场检查等形式，对各类金融机构进行实时监控，排查各类信用风险，摸清风险底线。第二，规范金融业务。出台各类规章制度，让金融行业有章可循，严格处理各类违规违法行为，将金融彻底引到支持实体经济发展的方向上去。第三，完善公司治理。结合中国特殊国情，从“硬件”到“软件”，从基层到高管，企业党委都要发挥重要的领导核心作

① 2019 年 5 月 5 日，中国人民银行党委书记、中国银保监会主席郭树清在接受《人民日报》等媒体采访时表示，金融管理部门坚决贯彻落实党中央、国务院的决策部署，持续推动银行业保险业对外开放。在深入研究评估的基础上，银保监会近期拟推出 12 条对外开放新措施，具体是：（1）按照内外资一致原则，同时取消单家中资银行和单家外资银行对中资商业银行的持股比例上限；（2）取消外国银行来华设立外资法人银行的 100 亿美元总资产要求和外国银行来华设立分行的 200 亿美元总资产要求；（3）取消境外金融机构投资入股信托公司的 10 亿美元总资产要求；（4）允许境外金融机构入股在华外资保险公司；（5）取消外国保险经纪公司在华经营保险经纪业务需满足 30 年经营年限、总资产不少于 2 亿美元的要求；（6）放宽中外合资银行中方股东限制，取消中方唯一或主要股东必须是金融机构的要求；（7）鼓励和支持境外金融机构与民营资本控股的银行业保险业机构开展股权、业务和技术等各类合作；（8）允许外国保险集团公司投资设立保险类机构；（9）允许境内外资保险集团公司参照中资保险集团公司资质要求发起设立保险类机构；（10）按照内外资一致原则，同时放宽中资和外资金融机构投资设立消费金融公司方面的准入政策；（11）取消外资银行开办人民币业务审批，允许外资银行开业时即可经营人民币业务；（12）允许外资银行经营“代理收付款项”业务。

用，把控企业整体战略方向，对股东进行严格监管，杜绝不顾法律后果的、单纯的逐利行为。第四，加强对新一代数字技术的运用。借助大数据、人工智能等技术，对企业数据进行分析整理，为企业提高风控水平和精细业务管理水平提供技术支持。

参考文献

[1] 郭星楠：《北京 CBD 金融服务业开放战略研究》，硕士学位论文，首都经济贸易大学，2017。

[2] 黄森华：《关于北京金融功能区建设的初步探索》，《北京行政学院学报》2006 年第 2 期，第 60 ~ 62 页。

[3] 李嘉晓：《我国区域金融中心发展研究》，博士学位论文，西北农林科技大学，2007。

[4] 李雪、金琦：《京津冀地区金融发展对产业结构调整的影响分析：区市证据》，《四川师范大学学报》（社会科学版）2019 年第 3 期，第 53 ~ 62 页。

[5] 饶淑玲、陈迎、李欣航：《北京发展绿色金融的优势和潜力》，《国际融资》2019 年第 1 期，第 50 ~ 53 页。

[6] 沈浩鹏、李程：《京津冀地区经济与金融发展互动关系的实证检验》，《统计与决策》2018 年第 4 期，第 139 ~ 142 页。

[7] 宋芳秀、宫颖：《发展差异、格局演变与京津冀城市群银行业实态》，《改革》2017 年第 11 期，第 89 ~ 99 页。

[8] 孙健、王保玲：《北京高端金融人才发展环境满意度及其影响因素分析——基于北京市 490 位高端金融人才的调查数据》，《北京社会科学》2019 年第 7 期，第 27 ~ 37 页。

[9] 王新玉、刘淑娥：《京津冀一体化下金融协同发展研究——基于金融发展视角》，《技术经济与管理研究》2017 年第 11 期，第 113 ~ 117 页。

[10] 袁江：《关于金融科技（FinTech）发展状况的调查与思考——以北京辖内金融机构为例》，《北京金融评论》2017 年第 4 期，第 244 ~ 253 页。

[11] 岳瑞波：《京津冀协同背景下科技创新的金融支持政策研究》，《宏观经济管理》2018 年第 4 期，第 64 ~ 71 页。

[12] 张幼林、苏诚、胡靖怡：《关于推动北京金融新发展的思考》，《清华金融评论》2017 年第 7 期，第 57 ~ 59 页。

[13] 张玉柯、胡继成：《京津冀协同视域下金融发展与技术创新的融合效率》，

《河北大学学报》（哲学社会科学版）2016 年第 6 期，第 41 ~48 页。

[14] 赵超月:《北京金融服务贸易国际竞争力研究》，硕士学位论文，兰州财经大学，2019。

[15] 赵光远:《北京科技金融发展的现状、难点与对策》，《北京人大》2018 年第 8 期，第 31 ~33 页。

[16]《中国城乡金融报》特约评论员:《绿色金融：绿色发展的新动力》，《中国城乡金融报》2019 年 5 月 3 日，第 A01 版。

天津金融发展篇

Development of Tianjin Financial Industries

B.5
2018年天津金融机构发展报告

韩立明　王璟怡*

摘　要： 2018年，天津市以习近平新时代中国特色社会主义思想为指导，遵循习总书记对天津工作指示的“三个着力”发展目标，稳中求进，主动担当作为，推进经济结构的持续优化，进一步提升金融市场创造力，为促进形成经济的高质量发展态势作出努力。本报告首先介绍了天津市金融业的总体发展情况，然后根据行业的不同，介绍具体的发展水平。研究发现，天津市整体的经济运行状况保持稳定，金融机构普遍处于发展转型期，天津市银行业的赢利能力略有下降，证券基金的行业规模略有缩小，期货行业一直处于稳步上升的阶段，保险行业的创新能力不断提升，融资租赁与互联网金融等新

* 韩立明，天津财经大学金融学院硕士研究生；王璟怡，天津财经大学金融学院讲师。

兴金融产业的发展趋势日益向好。

关键词： 天津　金融业　银行业　证券业　保险业

2018 年，天津市地区 GDP 达 18809.64 亿元，同比增长 3.6%。其中，三次产业增加值的占比分别为 0.9%、40.5%、58.6%，第三产业增加值最高，为 11027.12 亿元，占比为 58.6%，增长幅度为 5.9%；第一产业增加值最少，为 172.71 亿元，占比仅为 0.9%，增长 0.1%；第二产业增加值为 7609.81 亿元，占比为 40.5%，增长 1%。

2018 年，天津市金融业增加值为 1966.89 亿元（见图 1），增长幅度为 7.2%。较 2017 年的 1951.75 亿元多增 15.14 亿元，但是同比增幅有下降的趋势。近年来天津市的经济增长势头迅猛，金融业已成为天津市发展较为迅猛的行业。金融高端服务业如租赁与互联网金融业得到很大的发展。金融业的品种日益齐全，金融服务功能日趋完善，已经基本形成以银行为主体，包含融资租赁、证券、基金、保险以及保理等各类金融机构在内的多样化、全方位的开放型资本市场体制。

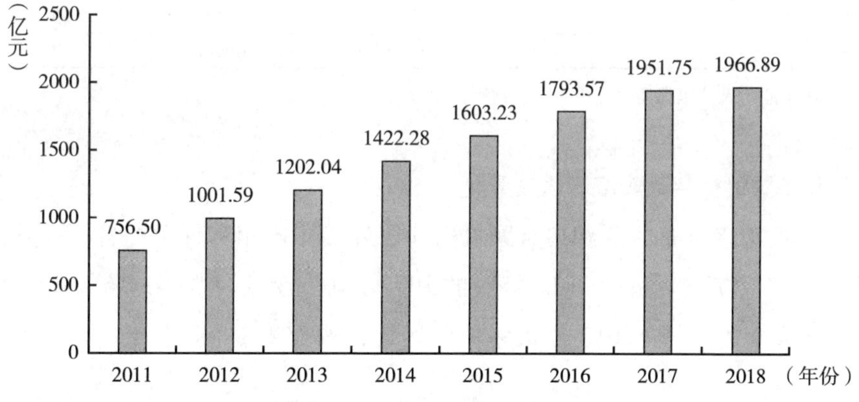

图 1　2011～2018 年天津市金融业增加值

资料来源：天津市统计局。

一 天津市银行业发展状况

截至2018年底，天津市共有3167个金融机构网点（见表1），较2017年的3129个，增加了38个；从业人数达66180人，较2017年的64606人，增加了1574人；资产总额为49441亿元，较2017年的47928.7亿元，增加了1512.3亿元；法人机构较2017年新增2个，分别是国泰金融租赁有限公司与中煤科工金融租赁有限公司。

表1 2018年天津市银行业金融机构情况

机构类别	营业网点			法人机构（个）
	机构数量(个)	从业人数(人)	资产总额(亿元)	
大型商业银行	1270	28498	13213	0
国家开发银行及政策性银行	13	587	3111	0
股份制商业银行	453	10343	8159	1
城市商业银行	316	7694	8854	1
小型农村金融机构	535	8118	4799	2
财务公司	8	236	645	7
信托公司	2	435	125	2
邮政储蓄	399	4554	1019	0
外资银行	45	1503	792	1
新型农村金融机构	108	1424	303	18
其他	18	2788	8421	15
合　计	3167	66180	49441	47

资料来源：天津银保监局、中国人民银行天津分行。

1. 金融机构存款额度增速放缓

截至2018年底，天津市金融机构（含外资）本币和外币的各项存款余额为30983.17亿元，比2017年底的30940.81亿元，增加42.36亿元，增长幅度为0.1%，较2017年2.91%的增幅，减少2.8个百分点，增速略有下降。

具体分析金融机构存款数额各月份的变化情况，如图2所示，2018年1月的数额最大，为31133.04亿元，7月的数额最小，为30097.27亿元，差额为1035.77亿元，各月份的数额增长趋势呈先下降、后上升。12月的存款数额为30983.17亿元，与1月的差额为149.87亿元。分析每月新增的存款情况，每个月的存款数额也是有增有减，并不是一直呈现递增或递减的状态，其中新增存款数额最大的月份是12月，为460.45亿元，新增存款最少的月份是10月，为11.02亿元，存款数额递减数额最大的月份是2月，比1月减少400.42亿元（见图3）。

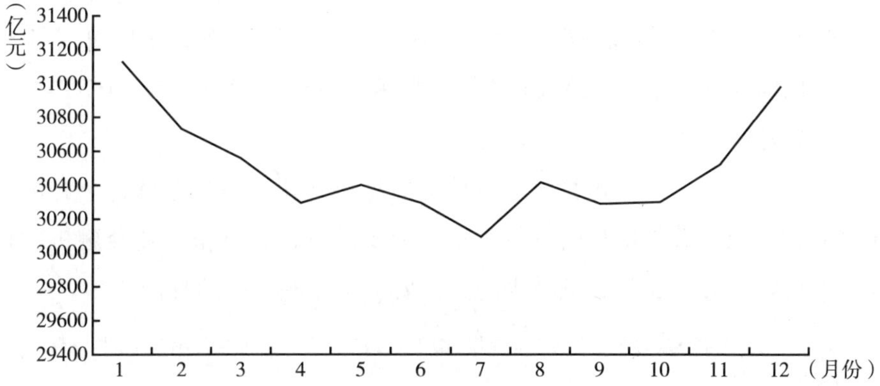

图2　2018年天津市金融机构存款情况

资料来源：中国人民银行天津分行。

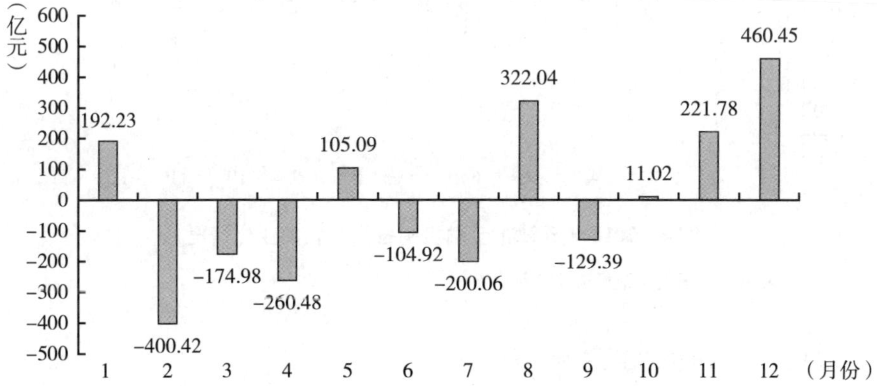

图3　2018年天津市金融机构各月新增存款情况

资料来源：中国人民银行天津分行。

按照金融机构存款的种类来看，总共分为四个类别，截至2018年底，分种类贷款的累计额度变化情况如下。总体来说，与2017年的“一减三增”变化趋势不同，2018年的变化情况演变成了“一增三减”，即非金融企业存款和广义政府存款与2017年相比，都产生了相应数额的减少。2018年住户存款增加1188.62亿元，2017年该项存款增加了414.78亿元，同比多增773.84亿元。另外三项都呈减少的趋势，非金融企业的存款累计减少了516.86亿元，2017年该项存款增加了194.18亿元；广义政府存款减少322.84亿元，2017年该项存款增加的数额为311.75亿元；2018年非银行业金融机构存款仍然维持递减的趋势，数额为198.38亿元，较2017年减少的207.01亿元，少减8.63亿元。

如图4所示，分析各类存款各月份的趋势变化，住户存款每个月的变化趋势较平稳，数额增长的月份要多于减少的月份；非银行业金融机构存款的变化幅度较大，且数额减少的月份要多于数额增多的月份。

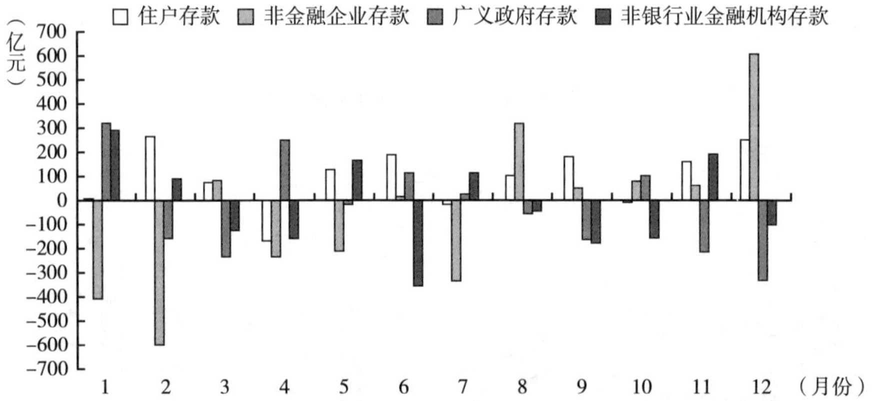

图4 2018年天津市金融机构各类存款的变化情况

资料来源：中国人民银行天津分行。

2. 金融机构贷款数额稳步上升

截至2018年底，天津市金融机构贷款数额累计为34084.90亿元，与2017年的31602.54亿元相比，增加了2482.36亿元，增幅为7.85%，较2017年9.91%的增幅，下降了2.06个百分点。

具体分析每月贷款的变化趋势，如图 5 所示，2018 年天津市贷款的累计数额呈稳步上升的趋势，1 ~ 12 月，数额逐月增加。如图 6 所示，各月份贷款的新增数额都是正数，其中 1 月新增数额最大，为 394. 37 亿元，8 月新增数额最少，为 55. 18 亿元。

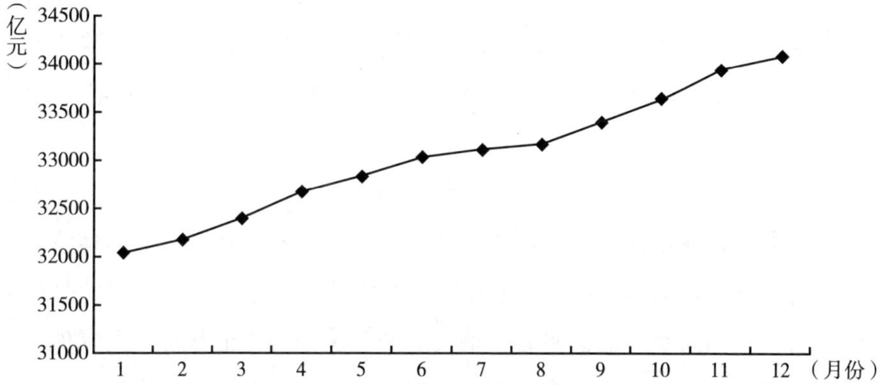

图 5　2018 年天津市金融机构贷款情况

资料来源：中国人民银行天津分行。

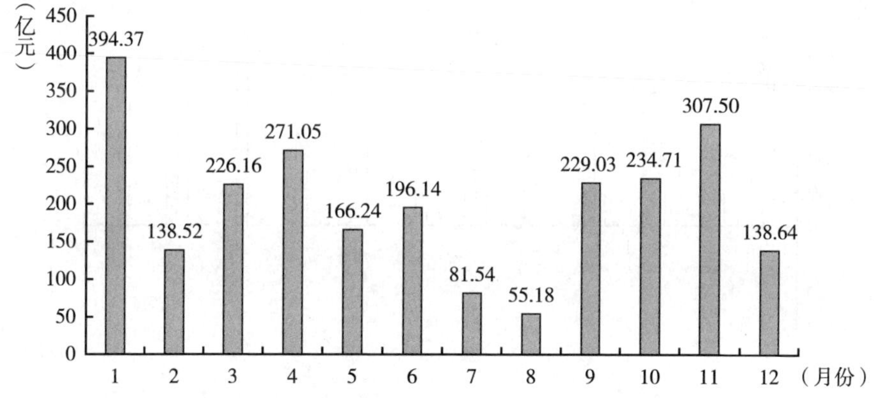

图 6　2018 年天津市金融机构各月新增贷款情况

资料来源：中国人民银行天津分行。

分析天津市对外投放贷款的结构情况，主要分为住户贷款、非金融企业及机关团体贷款和非银行业金融机构贷款这三个种类，其中，住户贷款是三者中增量最多的项目，非金融企业及机关团体贷款次之，非银行业金融机构贷款最少。从2018年的统计数据来看，住户贷款增加1516.59亿元，较2017年增加的1468.86亿元多增47.73亿元，增幅为3.2%；2018年非金融企业及机关团体贷款数额虽然也有增加，但与2017年增加的1319.14亿元相比，2018年少增470.67亿元，只有848.47亿元，增幅明显下降；分析三者之中增加数额最少的非银行业金融机构贷款可以发现，2018年增加的数额是8.41亿元，较2017年的10.66亿元少增2.25亿元，增量下降了21.1%。

分析上述三类贷款每月的变化情况，如图7所示，住户贷款维持着平稳增加的势头，且在第四季度增加的数额最多；非金融企业及机关团体贷款每月增加的数额却呈减少之态，1月增加的数额最多，之后减少，有的月份甚至是负增长，但从总体数额来看，增加的数额大于减少的数额；与其他二者相比，非银行业金融机构贷款的每月变化数额起伏不大，每月数额有增有减，但总体增加的数额要大于减少的数额。

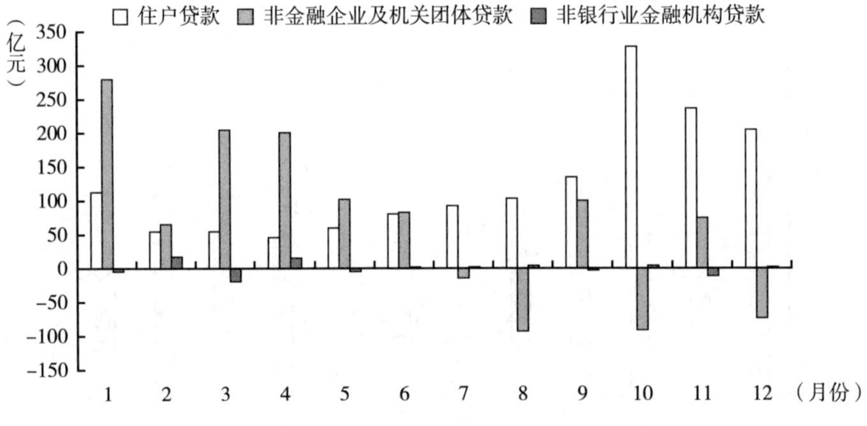

图7　2018年天津市金融机构各分类贷款的变化情况

资料来源：中国人民银行天津分行。

3. 贷款利率

2018年，天津市金融机构人民币企业一般贷款加权平均利率为

5.24%，比上年提高0.36个百分点。但第四季度企业一般贷款利率快速回落，较第三季度下降0.20个百分点，其中小微企业一般贷款加权平均利率下降了0.23个百分点。12月，全市小微企业一般贷款加权平均利率为5.30%，同比回落0.11个百分点，比全部一般贷款加权平均利率低0.26个百分点。2018年天津市金融机构人民币一般贷款各利率浮动区间占比情况见表2。

表2　2018年天津市金融机构人民币一般贷款各利率浮动区间占比情况

月份		1月	2月	3月	4月	5月	6月
合计		100.0	100.0	100.0	100.0	100.0	100.0
下浮		17.7	7.3	13.9	16.2	9.5	10.1
基准		19.2	26.4	16.1	11.8	16.7	21.1
上浮	小计	63.1	66.3	70.0	72.0	73.8	68.8
	(1.0~1.1]	21.6	28.0	22.6	21.8	22.5	23.9
	(1.1~1.3]	18.4	13.8	17.9	22.6	25.0	20.2
	(1.3~1.5]	12.6	12.8	15.2	13.4	10.9	9.6
	(1.5~2.0]	7.7	7.1	12.0	10.1	10.6	11.6
	2.0以上	2.8	4.5	2.3	4.2	4.7	3.4
月份		7月	8月	9月	10月	11月	12月
合计		100.0	100.0	100.0	100.0	100.0	100.0
下浮		14.0	16.8	16.6	23.8	19.2	17.7
基准		15.0	15.8	12.0	13.4	10.8	20.8
上浮	小计	71.0	67.4	71.4	62.8	70.0	61.5
	(1.0~1.1]	20.7	14.3	20.3	17.0	17.7	20.2
	(1.1~1.3]	19.7	21.1	21.0	12.5	19.7	15.5
	(1.3~1.5]	9.9	10.1	10.9	10.4	12.7	10.7
	(1.5~2.0]	13.8	12.3	12.4	16.4	14.9	9.9
	2.0以上	6.8	9.5	7.0	6.4	5.0	5.3

资料来源：中国人民银行天津分行。

4. 表外业务总体下降

2018年底，天津市四种表外业务的总额与2017年相比，下降了12.2%，这四种业务中，只有担保类业务出现了小幅增长，增长幅度为1.6%，其余三者都呈下降态势，金融衍生品类表外业务降幅最大，为

30.1%，金融资产服务类次之，降幅为14%，承诺类表外业务下降的幅度为7.9%。

5. 跨境人民币业务收付量下降，资金净流出增幅明显

2018年，天津市人民币跨境收付2139.8亿元，同比下降10.5%。其中，实收966.0亿元，同比下降14.0%，实付1173.8亿元，同比下降7.5%。实收降幅大于实付降幅，资金净流出207.9亿元，同比增长41.7%。经常项下资金净流出为261.2亿元，同比减少7.8%，资本项下资金净流入为53.3亿元，同比减少61%。与中国香港发生的人民币跨境收付量占比为38.6%，同比提高3.5个百分点；与欧美国家发生的人民币跨境收付量占比为28.9%，同比下降3.5个百分点。

二　天津市证券业发展状况

截至2018年底，8家新的证券公司分公司在天津市成立，目前总共有33家证券公司分公司，1家法人证券公司，同时天津市辖内的证券营业部数量较2017年减少了3家，变成151家；基金管理公司1家，2018年新增加了1家基金管理公司分公司，已登记的私募基金管理人数量为476人，较2017年的447人增加29人，私募基金产品为1597种，较2017年新增加73种；证券投资咨询分公司较2017年的3家，新增2家，变成了5家，独立基金销售机构由2017的4家变成8家，2018年开放式基金为45只，较2017年减少10只；期货公司6家，其中辖区期货分公司新增1家，变成3家，辖区期货营业部新增2家，变成32家（见表3）。

1. 法人证券公司资产规模减少，赢利能力下降

截至2018年底，天津市法人证券公司资产总额为138.50亿元，同比减少25.06亿元，净资产规模为13.32亿元，同比减少1.82亿元，2018年累计实现净利润为－0.28亿元，较2017年的－0.11亿元还要少赢利0.17亿元，赢利能力持续下降。

表3　2017～2018年天津市证券业机构数量同期变化情况

指标名称	2018年	2017年
法人证券公司(家)	1	1
证券公司分公司(家)	33	25
辖区证券营业部(家)	151	154
基金管理公司(家)	1	1
基金管理公司分公司(家)	1	0
私募基金管理人(已登记)(人)	476	447
私募基金产品(已备案)(种)	1597	1524
证券投资咨询公司(家)	1	1
证券投资咨询分公司(家)	5	3
证券信用评级公司(家)	1	1
独立基金销售机构(家)	8	4
开放式基金(只)	45	55
期货公司(家)	6	6
辖区期货营业部(家)	32	30
期货交割库(只)	52	52
辖区期货分公司(家)	3	2

资料来源：天津证监局。

2. 上市公司总股本继续增加，但市值降幅加大

截至2018年底，天津市上市公司总股本数量为644.68亿股，比2017年增加24.34亿股，增长幅度为3.9%，较2017年4.8%的增幅减少了0.9个百分点；天津市上市公司总市值为3853.01亿元，较2017年减少了1392.11亿元，降幅为26.54%，较2017年4.3%的降幅增加了22.24个百分点，上市公司市值有进一步减少的趋势；新三板挂牌公司2018年为194家，较2017年的205家减少了11家（见表4）。

3. 法人基金公司规模缩小

截至2018年末，法人基金公司管理基金数为45只，较2017年减少了10只，基金份额为13452.94亿份，较2017年减少了4431.93亿份，基金净

值为13420.65亿元，同比减少4472.3亿元。与2017年相比，2018年基金规模缩小，基金份额与基金净值规模均有下降趋势（见表5）。

表4　2018年天津上市公司状况

指标	2018年	2017年
上市公司总股本(亿股)	644.68	620.34
上市公司总市值(亿元)	3853.01	5245.12
新三板挂牌公司(家)	194	205

资料来源：天津证监局。

表5　2017～2018年天津市基金公司交易情况

指标	2018年	2017年	变动情况
管理基金数(只)	45	55	减少10只
基金份额(亿份)	13452.94	17884.87	减少4431.93亿份
基金净值(亿元)	13420.65	17892.95	减少4472.3亿元

资料来源：天津证监局。

4.法人期货公司经营状况良好

截至2018年底，天津市6家法人期货公司资产共计76.7亿元，比2017年增加17.32亿元；净资产额度为22.68亿元，比2017年增加了0.57亿元，累计实现净利润731.12亿元，但与2017年同期相比，净利润减少88.84亿元。总体来看，期货公司经营状况良好，其代理交易量与代理交易额都较2017年有很大的提升。其中期货公司代理交易额为4683.85亿元，较2017年增加了2047.27亿元，期货公司代理交易量较2017年也增加了391.51万手，逆转了2017年较2016年减少105.85万手的情况；但期货营业部在2018年的赢利能力下降，2018年实现累计净利润-341.08亿元，较2017年的-174.11亿元，多亏损166.97亿元，期货营业部代理交易量较2017年增加了13.75万手，但是代理交易额较2017年减少了183.08亿元（见表6）。

表6　2017～2018年天津市期货机构交易情况

指标	2018年	2017年	变动情况
期货公司代理交易量(万手)	825.30	433.79	增加391.51
期货公司代理交易额(亿元)	4683.85	2636.58	增加2047.27
期货营业部代理交易量(万手)	304.16	290.41	增加13.75
期货营业部代理交易额(亿元)	1804.75	1987.83	减少183.08

资料来源：天津证监局。

三　天津市保险业发展状况

保险业以习近平新时代中国特色社会主义思想为指导，进一步贯彻落实党中央、国务院关于金融发展的整体部署，依托宏观经济的平稳发展、日益完善的发展环境，不断促进保险业的创新与结构升级，推进回归保障本源，大大增强服务于社会发展的战斗力。截至2018年底，天津市保险从业人员增加到9.86万人，机构数量达3936家，天津市保险业平稳发展。

1. 保费收入略有下降

截至2018年底，天津市保险业共实现保费收入总额559.98亿元（见表7），较2017年下降0.9%。

保险种类主要为财产险和人身险，人身险收入在保险业收入中占主导地位。财产险收入总额达144.44亿元，较2017年增长了2%，增幅较2017年下降了16.2个百分点。

2018年人身险保费收入为415.54亿元，同比下降1.9%，其中寿险的占比最大，寿险收入为329.16亿元，同比减少了23.12亿元，占人身险保费收入的79.2%，较2017年的占比减少了4个百分点；健康险收入为72.08亿元，占比为17.3%，较2017年的2.41%有了很大的提升，同时人身意外伤害险的收入为14.31亿元，占比为3.4%，收入较2017年的60.93亿元减少46.62亿元，减少幅度较大，占比较2017年的19.21%，减少了15.81个百分点。

表 7　2018 年天津保费收入和赔付支出

单位：万元

指标	金额	指标	金额
原保险保费收入	5599842.24	赔款/给付	1641388.33
1. 财产险	1444428.30	1. 财产险	803926.75
2. 人身险	4155413.94	2. 人身险	837461.58
(1)寿险	3291562.51	(1)寿险	591150.91
(2)健康险	720798.51	(2)健康险	222322.78
(3)人身意外伤害险	143052.93	(3)人身意外伤害险	23987.89

资料来源：天津保监局。

2. 赔付额度上升

截至 2018 年底，天津市保险业全年赔付额达 164.14 亿元，比上年增长 5.7%。虽然在保险收入中，人身险的收入额度要多于财产险，但是在保险赔付额度中，人身险和财产险赔付额度的占比相差不多，其中财产险占 48.98%，人身险占 51.02%，二者相差 2.04 个百分点。人身险赔付 83.75 亿元，同比增长 3.1%，寿险支出占人身险赔付额的比重为 70.6%，数额为 59.12 亿元；健康险赔付额为 22.23 亿元，比重为 26.5%；人身意外伤害险赔付额的占比最低，为 2.9%，金额为 2.40 亿元；财产险赔付 80.39 亿元，较 2017 年增加 8.5%。

3. 商业车险改革继续推进

2018 年，对于保险业中的商业车险是一个特殊的年份，有以下两方面原因。一方面，从 2003 年维持至今高速发展的汽车销售市场遇到了转型期，相关数据显示，中国汽车销量数量保持世界第一的位置已经 9 年，由 2003 年的约 100 万辆，到 2017 年的 2888 万辆，汽车销售数量的不断攀升，为保险行业中车险市场的发展起到助力作用。但是，2018 年，我国汽车销售市场的销售情况出现了转折，全年汽车销售数量呈负增长的形势，相关统计数据显示，2018 年 11 月，狭义乘用车零售量为 202.5 万辆，连续第 6 个月出现销量下跌，同比减少 17.9%。1～11 月零售量累计同比下降 4%，新蛋糕的减少意味着存量市场的争夺更加激烈。

另一方面，推进的商业车险定价市场化改革持续进行中，将车险定价权交给市场的范围进一步扩大，但是在推行车险改革的过程中也存在一些问题。一是保费变化频率不断加快，由此带来的难题需要进一步解决。从财险保费收入的贡献程度看，车险业务是其主要的来源，但是与其他的财险业务相比，购买车险发生在特定的环境中，车险业务有其独特的发展渠道，即通过中介，中间的代理商包括车商、4S 店、修理厂等，这些人手里集中了大量的客户资源，不同规模的保险公司不得不通过增加费用来争取客户，为此打起了“费用战”，增加了成本。二是保险独特的业务属性，即先收费后赔偿和股东对公司业务不合理的业绩期望，常常导致保险公司管理层不理性的竞争决策，助推了车险的费用之争。

车险市场改革中出现的问题，总的来说，既有保险公司内部业绩考核机制与治理方面的缺陷问题，又有保险市场不合理的需求刺激问题，建议监管部门进一步规范和统一相关法律文件，加大宣传力度，对目前商业车险的经营模式进行改革，完善保险交易市场，合理调整保险费率，设置更加精细化与差异化的调整系数。

4. 科技创新的发展推动保险行业的转型

改革开放以来，天津市保险业持续进行保险产品的丰富与创新，积极参与政府的社会管理服务，40 年来，天津市保险产品的种类不断丰富，适用范围不断扩大，防范风险类型更加全面，在全国率先推出了覆盖全市的全民意外伤害保险等一系列新制度、新险种。

保险销售的方法经历了多次改革，现在创造性地建立了一种新的机制，即个人营销，这是在传统的销售渠道上，让销售方式更加多元化，让消费者更好地体验到保险产品带来的福利。新零售行业遵循的是以消费者的个性化体验为主，满足客户的要求也是保险业的服务之本，二者在理念上不谋而合，新的零售理念对保险业有新的启发。新时代的产品消费形式和内容千变万化，保险业要紧随新消费的变化而变化，跟随新时代的演变步伐，对保险业进行新科技升级和驱动，强化匹配新消费的保险服务功能。保险业可以参照新时代的零售消费理念，关注保险客户生活中的细枝末节，从中发现客户真正的需求，更好地设计符合需求的保险产品，提高消费者对保险产品的需要，提升客户对保险产品的认识程度和接受程度，为新时代保险企业扩展业务范围提供新的思路。

四　天津市其他金融业机构发展状况

1. 互联网金融

当今社会科技迅速发展，经济社会中不可缺少的重要行业，非互联网金融行业莫属。小的方面我们可以看到第三方支付软件的使用，如可以用来支付花费的额度；大的方面可以追溯到虚拟网络之中上亿元资本的自由输入与输出，我们生活的方方面面都可以体现它的重要性。

2018 年是大数据与实体经济加速融合的关键一年，通过发展人工智能科技产业，实现从制造型城市向创新型城市的转型升级，推动人工智能与实体经济的融合，这是天津市近年来的努力目标，为此天津市密集出台大数据产业政策，滨海新区正借力数字经济，推动大数据产业在本市迅速壮大。滨海新区内有几千家企业从事大数据产业，领域拓展到互联网和人工智能等，《中国制造 2025》重点项目也落户到天津，天津滨海工业云平台得到政府的大力支持，推动装备制造业发展壮大，解决工业企业科学技术创新的问题和促进中小企业更好地发展。

在金融科技飞速发展的今天，为了推进经济体制改革、改善经济增长质量、提升经济发展活力，“产融结合”得到人们的关注，产业资本和金融资本具有更高的互补特性、更高的渗透效率，它是市场经济演进到一定阶段不可避免的产品，也是产业资本和金融资本经营管理全方位的必然趋势，更具备优化社会战略规划的客观特点，其最佳的结合方式就是通过科技途径。产业与金融从来都不是独立存在的，在未来金融一定会摆脱虚拟的身份，而与实体经济完美结合。产融结合更要以实体经济为出发点，从而更好地让金融服务于实体经济，做实信用机制。

金融未来发展的主题会是以合作交流为基础，促进科技与金融完美地结合，广大从业机构要坚持依法合规经营，积极开展金融创新，主动防控风险，迎接互联网金融的新时代。

2. 融资租赁业

2018 年滨海新区的融资租赁业亮点频现，业务总量、租赁企业数量与注册资金数量都居全国首位。据统计，天津市融资租赁业的业务总量占全国融资租赁业的 33. 4%，数额是 21200 亿元，较 2017 年增加了 600 亿元，增长幅度为 2. 91%；融资租赁公司总部设在天津市的有 1827 家，占全国融资租赁公司的 17. 2%，这上千家公司的总部绝大多数聚集在滨海新区；天津市融资租赁总部企业注册资金占全国的 24%，达到 7858 亿元，比上年底增加了 1129 亿元，增长幅度为 16. 78%。

参考文献

［1］耿良：《我国区域金融与区域经济发展的空间分析》，《河北经贸大学学报》2015 年第 6 期，第 104 ~ 108 页。

［2］马勇、田拓、阮卓阳、朱军军：《金融杠杆、经济增长与金融稳定》，《金融研究》2016 年第 6 期，第 37 ~ 51 页。

［3］邱兆祥、王树云：《金融与实体经济关系协调发展研究》，《理论探索》2017 年第 4 期，第 28 ~ 34 页。

［4］宋明顺、张霞、易荣华、朱婷婷：《经济发展质量评价体系研究及应用》，《经济学家》2015 年第 2 期，第 35 ~ 43 页。

［5］张峰、肖文东：《京津冀区域金融一体化测度与评价》，《求索》2016 年第 7 期，第 95 ~ 99 页。

［6］张苏煜、潘涵、管宇：《去杠杆背景下扬州金融支持经济转型研究》，《宏观经济管理》2016 年第 11 期，第 83 ~ 86 页。

B.6 2018年天津金融市场运行报告

韩立明　邱　兰*

摘　要： 我国经济发展进入新时代，“十三五”规划提出了健全金融市场体系的总任务。在我国金融监管趋严的基调上，天津市兼顾内部与外部环境的变化，在发展中稳中求进，有序开放金融市场，服务于供给侧结构性改革，在金融去杠杆的同时，完成实体经济的转型。本报告将天津市金融市场划分成货币市场、股票市场、债券市场、基金市场、期货市场、租赁市场、新型交易市场和外汇市场等8个部分，单独分析每个部分的发展情况，研究发现，2018年，天津市金融市场发展态势稳健，金融业改革创新不断取得新的成就。科技与金融的相互融合，促使天津市形成新的金融市场格局。

关键词： 金融市场　货币市场　证券市场　租赁市场　新型交易市场

2018年，天津市金融市场平稳发展，金融业改革取得新的成就。总体来看，天津市新增境内外上市和新三板挂牌企业18家，累计达到259家。年末证券账户为516.78万户，比上年末增长8.2%。全年各类证券交易额达37183.74亿元，同比减少14.6%。其中，股票交易额为17661.73亿元，同比减少20.8%；债券交易额为16930.48亿元，同比减少13.5%；基金交易额为2526亿元，同比增长58.1%。期货市场成交额为66614.89亿元，同

* 韩立明，天津财经大学金融学院硕士研究生；邱兰，天津财经大学珠江学院讲师。

比增长10.2%。随着科技的迭代升级，科技与金融有深度融合之势，传统金融机构、新金融巨头也将迎来金融市场的新格局。

一　天津市货币市场发展状况

2018年，天津市货币市场总体发展良好，交易活跃，其中银行间的同业拆借市场交易总额为29026.5亿元，较上年有较大幅度增长，增长了126.0%，净融入资金8276.7亿元，同比增加6.0%。

从拆借期限来看，隔夜和7天拆借金额等短期拆借仍然占主导地位，且占比较2017年增加了8个百分点，2018年达到92.0%，同业拆借市场利率却有所下降，其中拆入加权平均利率同比下降22个百分点，拆出下降29个百分点。

在2018年的同业拆借市场上，天津的融入金额和融出金额较2017年都有大幅增长，如表1所示，从每个月的额度来看，融入金额与融出金额的变化幅度都较大，融入金额最小的月份是4月，融入金额最大的月份是10月。与融入金额相比，融出金额虽然较小，市场占比较低，但同比增加的额度也有提升，相较于2017年的小幅度变化数量，2018年的融出金额也有了很大的变化幅度，融出金额最大在11月，最小在1月，市场占比也在11月达到最高，为1.1527%。

表1　2018年天津市同业拆借情况

月份	融入金额(亿元)	市场占比(%)	融出金额(亿元)	市场占比(%)
1月	1682.14	1.5827	276.66	0.2603
2月	1199.20	1.4157	318.19	0.3756
3月	981.55	0.8548	639.78	0.5572
4月	904.56	1.0711	1047.80	1.2407
5月	1359.90	1.1579	713.13	0.6072
6月	1833.80	1.8691	563.20	0.5740
7月	1606.75	1.3258	778.85	0.6427
8月	1979.10	1.2965	1132.37	0.7418
9月	1930.50	1.4435	850.81	0.6362
10月	1981.20	1.6673	1134.77	0.9550
11月	1801.01	1.2959	1602.08	1.1527
12月	1391.87	1.1431	1317.28	1.0818

资料来源：中国外汇交易中心。

债券回购业务稳步增长，其中交易金额较上年增长 48.9%，达到 316912.5 亿元。债券回购业务中，主要类型是质押式回购，占比为 98.6%，但是正逆回购的利率都呈下降态势，正回购下降的幅度大于逆回购，为 30%，逆回购下降的幅度为 7.9%。现券买卖业务同比下降，累计交易金额为 36482.7 亿元，较 2017 年减少了 12.0%。

2018 年末，天津市票据市场发展良好，银行承兑汇票余额达 3645.5 亿元，较年初增加 502.1 亿元，增长 16.0%，票据贴现加权平均利率为 4.78%，较上年下降 30 个基点。据统计，天津市共办理电子商业汇票承兑业务 18.7 万笔，金额为 6237.7 亿元，占全部商业汇票业务的比例分别为 76.1% 和 97.0%，较上年分别提高 40.9 个和 11.7 个百分点。

二　天津市股票市场发展状况

2018 年，天津市上市公司的总股本有所增加，但上市公司的总市值仍呈下降趋势。据统计，2018 年上市公司的总股本为 644.68 亿股，较 2017 年的 620.34 亿股增加了 24.34 亿股；但是上市公司的总市值为 3853.01 亿元，较 2017 年的 5245.12 亿元减少了 1392.11 亿元，下降幅度为 26.54%。

截至 2018 年末，天津市上市公司有 50 家，比 2017 年增加 1 家，其中 A 股公司较 2017 年增加 1 家，为 45 家，AB 股、AH 股、AS 股公司的数量没有变化，与 2017 年相同，分别为 1 家、3 家、1 家。在 50 家上市公司中，上交所上市公司有 26 家，占比为 52%，与 2017 年相比增加 1 家，深交所主板上市公司数量与 2017 年持平，为 7 家，中小板上市公司有 9 家，创业板上市公司有 8 家（见表 4）。

天津市新三板挂牌公司数同比下降，截至 2018 年末，新三板有 194 家挂牌公司上市，较 2017 年减少了 11 家。

2018 年，天津滨海柜台交易市场成为天津市唯一的区域性股权交易市场，天津股权交易所成为其子公司，新增了 1077 家挂牌公司。

表 2　天津上市公司基本情况

单位：家

指标名称	2018 年	2017 年	2016 年
上市公司数	50	49	45
其中：A 股公司数	45	44	40
AB 股公司数	1	1	1
AH 股公司数	3	3	3
AS 股公司数	1	1	1
其中：上交所上市公司数	26	25	23
深交所主板上市公司数	7	7	7
中小板上市公司数	9	9	8
创业板上市公司数	8	8	7
新三板挂牌公司数	194	205	171
天津滨海柜台交易市场（区域性股权市场）挂牌公司数	1077	—	—

资料来源：天津证监局。

三　天津市债券市场发展状况

2018 年天津市发行的债券交易总额为 16930.48 亿元，同比下降了 13.5%。为了保证经济的平稳运行，缓解天津市近年来的财政压力，同时响应国家关于加强地方债务管理的号召，完成存量债务置换的任务，2018 年天津市累计发行 981 亿元地方政府债券，平均利率为 3.92%；发行 2396 亿元置换债券，平均利率为 3.39%，降低了 40% 的政府债务融资成本。

在全国棚改发债领域，天津市为全国推出了“天津模式”，即第一次引入第三方机构，如律师事务所、会计师事务所等，对债券发行的风险等问题进行评估，提出合理的审计意见。为了完成天津市“三年清零”的棚户区域改造计划，获得更多的资金支持，天津市成功发行了第一单棚户区改造专项债券。

从 2017 年开始，天津市积极推进政府债券在上交所、深交所、中央国债公司三个场所的全面发行，截至 2018 年取得了可喜的成绩，债券发行的数量不断增加，认购倍数不断提升，各债券市场对天津市经济的发展更加信赖。在债券发行品种上，天津市不断做出创新，发行了超长期限的政府债券，优化了债券期限结构，拓宽了政府融资渠道。超长期限政府债券的特点是收益稳定和风险低，满足了保险资金的债券投资偏好，为目前天津市经济的转型提供了更多的时间，同时推动了天津市地方政府债券市场健康发展。

四　天津市基金市场发展状况

截至2018年末，天津市共有45只开放式基金，相比2017年的52只，减少了7只。分析每个月的基金数量，发现基金数量呈减少趋势，最高的数量是1月的55只，到12月只有45只（见图1）。2018年天津市开放式基金的份额也呈递减的状态，2018年初，基金份额是19514.35亿份，到12月基金份额缩减到13452.94亿份（见图2）。基金资产净值经历了先上升后下降的走势，由1月的16360.44亿元，增长到4月的20119.97亿元，再下降到12月的13420.65亿元（见图3）。同比2017年开放式基金份额和开放式基金资产净值的稳定增长走势，2018年二者呈下降趋势，天津市基金行业也需要寻找新的突破点。

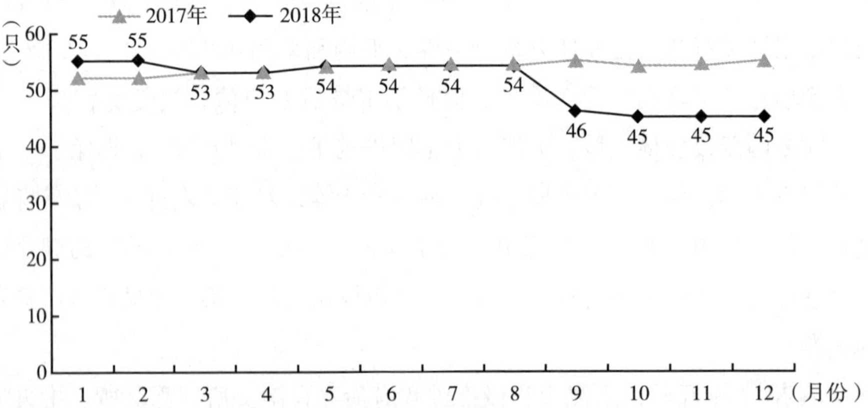

图1　2017年、2018年开放式基金数量

资料来源：天津证监局。

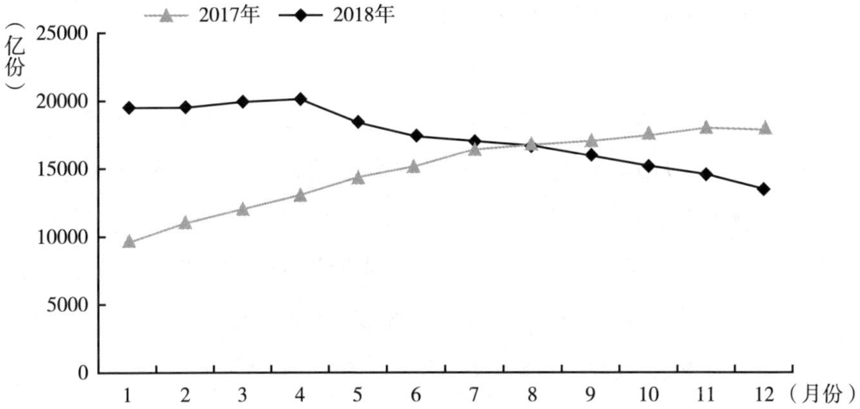

图 2　2017 年、2018 年开放式基金份额走势

资料来源：天津证监局。

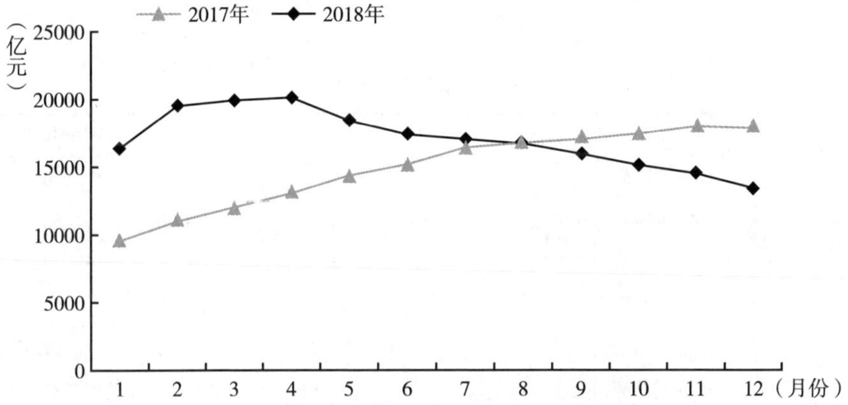

图 3　2017 年、2018 年开放式基金资产净值走势

资料来源：天津证监局。

五　天津市期货市场发展状况

2018 年天津市期货市场运行平稳。期货公司数和期货交割库数与 2017 年相同，分别为 6 家和 52 家，辖区内期货营业部由 2017 年的 30 家增加至32家，辖区内期货分公司数较2017年增加1家，为3家（见表3）。截至2018年12月末，天津市期货公司总资产为93.98亿元，较2017年同期的76.66亿元，增加了17.32亿元，增长幅度为22.59%。营业净利润为731.12万元，较2017年同期减少了88.84万元。同时，期货公司代理交易额大于期货营业部代理交易额。2018年，期货公司的代理交易额为4683.85亿元，较2017年同期增加了2047.27亿元，增长了77.65%，增长幅度较大；期货营业部的代理交易额为1804.75亿元，与2017年同期相比减少了183.08亿元。在代理交易量方面，二者分别为825.30万手和304.16万手，与2017年同期相比，二者均呈增长态势，期货公司增长了391.51万手，增幅为90.25%，期货营业部增长了13.75万手，增幅为4.73%，期货公司代理交易量的增长幅度要远大于期货营业部。

表3　天津期货市场概况

类别	指标名称	2018年	2017年	2016年
基本情况	期货公司数(家)	6	6	6
	辖区内期货营业部数(家)	32	30	30
	辖区内期货分公司数(家)	3	2	0
	期货交割库数(家)	52	52	52
期货公司	总资产(亿元)	93.98	76.66	67.19
	代理交易额(亿元)	4683.85	2636.58	3081.72
	代理交易量(万手)	825.30	433.79	539.64
	净利润(万元)	731.12	819.96	-420.66
期货营业部	代理交易额(亿元)	1804.75	1987.83	1868.07
	代理交易量(万手)	304.16	290.41	302.15
	净利润(万元)	-341.08	-174.11	-56.98

资料来源：天津证监局。

分析天津市2018年各月份期货公司和期货营业部经营净利润的变动情况，可以明显看出，期货营业部净利润在每个月都处于负增长的状态，其中

2月亏损额度最高，达到548.12亿元（见表4），而期货公司的净利润也有两个月的负增长。期货市场作为价格发现、风险管理的市场，一方面，2018年股市震荡下行，市场避险情绪激增；另一方面，《资管新规》的发布与实施对期货资管有着非常重大的影响。从短期来看，期货产品在新的规定之下，可能面临着发售问题，同时期货产品的通道业务也受到影响，这些问题会在短期内影响期货行业的利润；但是从长期来看，天津市经济正处于新旧动能转换、经济结构优化、发展方式改变的关键期，随着市场结构的不断升级，以及回归本源与主业的资管监督之下，天津市期货市场将会有效地防范风险，促进经济更快地发展。

表4　2018年各月份天津期货市场净利润

单位：亿元

月份	期货公司净利润	期货营业部净利润	月份	期货公司净利润	期货营业部净利润
1	520.63	-213.47	7	22.32	-280.60
2	-865.89	-548.12	8	555.31	-199.40
3	615.36	-138.5	9	1481.91	-256.91
4	-681.91	-275.00	10	116.33	-335.99
5	990.92	-207.80	11	686.39	-230.36
6	1860.61	-199.15	12	731.12	-341.08

资料来源：天津证监局。

六　天津市租赁市场发展状况

天津自贸区内数量不断增多的融资租赁企业，以及不断创新的融资租赁模式，让天津自贸区形成了品牌聚集效应，令天津市的融资租赁行业不断加速前进。

众所周知，购买飞机、船舶等大型装备往往需要大量资金，一些企业由于资金有限，一次性拿不出采购款，但分期支付的租金对于它们来说承受得起。融资租赁就可以帮助企业快速获得所需设备，直接融资租赁和出售回租，对于使用装备的企业来说，都可以减少一次性支付的资金压力。

天津自贸区的融资租赁平台的服务模式是“专家 + 管家”专业解读法规政策，提供融资渠道信息，为租赁模式设计税务结构，制定通关模式，信息归集撮合交易帮助融资租赁企业协调解决业务疑难问题等。

据相关统计，融资租赁公司总部的数量已经超过了 1300 家，天津市船舶租赁数是 119 艘，占全国的 80% 左右，飞机租赁数是 1028 架，占全国的 90%。天津市融资租赁行业能取得如此成绩，非一朝一夕可以实现，正所谓“九层之台，起于累土”，追溯融资租赁的起源，可以发现，天津融资租赁始于 2007 年，“银行办租赁”，即首家银行系融资租赁公司——工银租赁获批在天津试点，一直到 2018 年，11 年来，不断有新的融资租赁企业落户天津，逐渐就形成了一条产业链，天津也变成了我国融资租赁产业的聚集地，天津市融资租赁产业在全国处于领先地位，树立了融资租赁的品牌。

七　天津市新型交易市场发展状况

1. 天津滨海柜台交易市场

2018 年 4 月，天津市区域性股权市场的运营机构由原来的天津股权交易所变成了天津滨海柜台交易市场股份公司，且在 2019 年 1 月，两家机构完成了资产重组，天津滨海柜台交易市场（简称“天津 OTC 市场”）是天津市目前唯一的区域性股权市场。

天津 OTC 市场对股权市场的运营进行了创新，将股权市场的业务范围进一步拓宽，着力于发展普惠金融，打好市场基础，响应政府号召，服务好天津市中小企业和实体经济，为企业融资提供助力。

2018 年，天津 OTC 滨海中关村运营中心及滨海中关村板在科技园挂牌，这为科创企业快速发展找到了金融“血液”。为了北京、天津与河北的共同发展，滨海中关村板的目标就是更好地服务于实体经济，具备股权转让和登记与托管等交易所的功能，还将帮助北京和天津更多的企业围绕培训服务、资源对接等方面内容开展业务。

天津滨海新区的政府工作报告指出，天津滨海中关村科技园的注册资金总额为104.3亿元，企业数为941家，其中有200多家企业来自北京。京津冀协同发展的不断深化，让京津两地创新资源不断集聚到天津滨海新区，助推区域经济迈向高质量发展。

2. 天津股权交易所

截至2018年6月底，天津股权交易所（简称“天交所”）累计挂牌企业共1435家（见图4），股份有限公司挂牌企业733家，展示板挂牌企业702家。

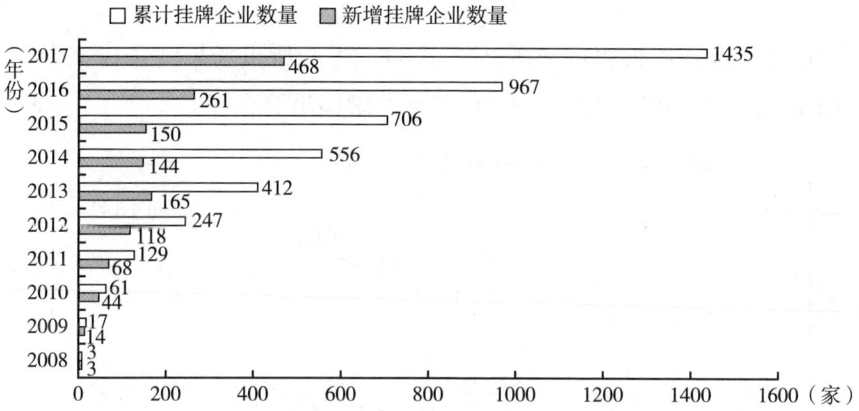

图4　天交所挂牌企业数量

资料来源：天津股权交易所统计月报。

截至2018年6月底，天交所累计融资额度达312.46亿元，累计股权质押融资额度为93.74亿元，累计挂牌前私募金额为42.76亿元，累计挂牌后增发总额为54.32亿元（见图5）。在2013年及之前，天交所主要的融资手段是挂牌前私募方式，从2013年之后，主要的融资方式变为股权质押融资，且融资额度逐年增多。

天交所市场累计成交量为30.58亿股，较2017年同期的30.57亿股增

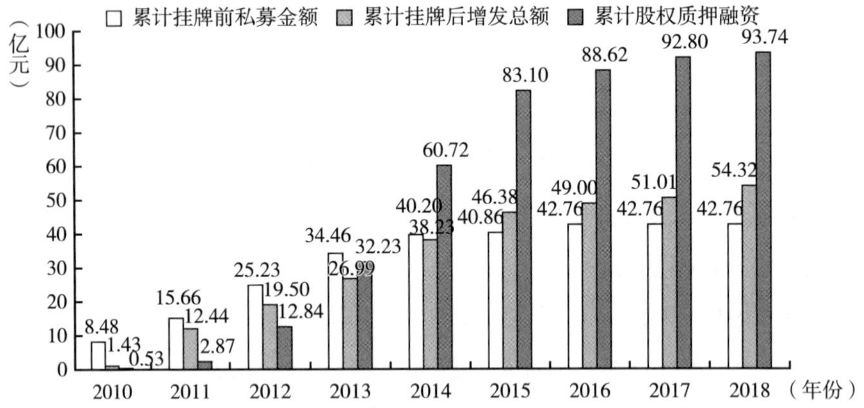

图5 2010～2018年天交所主要融资方式累计融资金额

注：2018年数据截至6月底。

资料来源：天津股权交易所统计月报。

加了0.01亿股，增长幅度趋缓（见图6）。天交所市场累计总成交金额为68.42亿元，较2017年增加了0.02亿元，增幅趋缓。

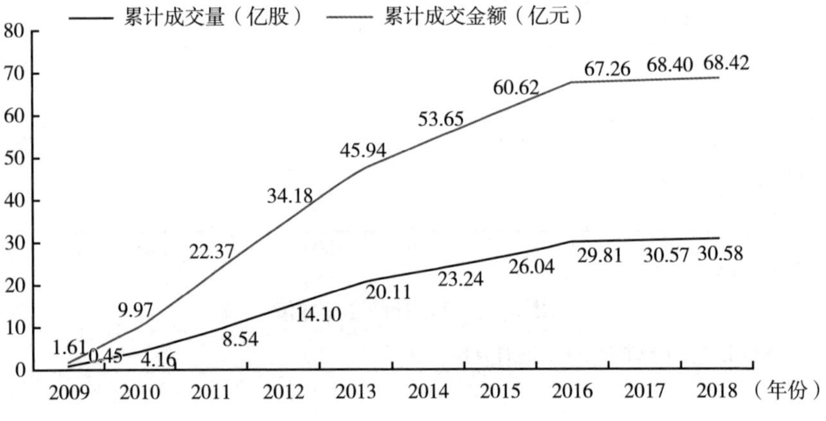

图6 天交所历年累计交易数据

注：2018年数据截至6月底。

资料来源：天津股权交易所统计月报。

天交所累计投资人数量为43640户，其中自然人投资人42647户，机构投资人993户（见图7），从近几年的变化趋势来看，2015年投资人数量变化幅度较大，从2015年开始，数量呈递增状态，但每年的数额变化不大，增幅较稳定。

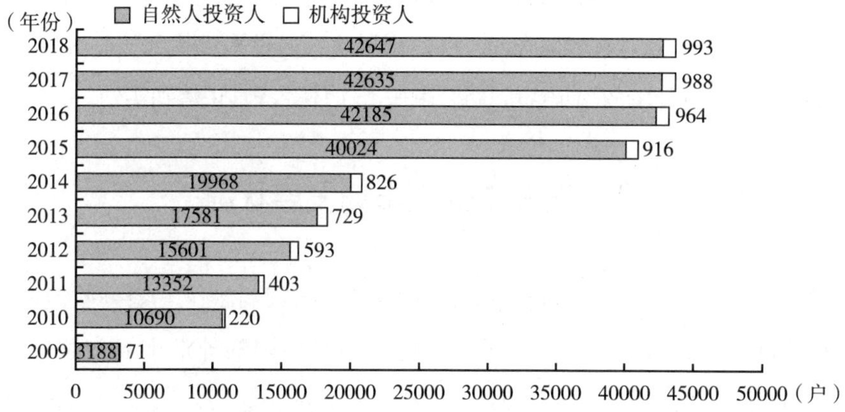

图7　2009～2018年天交所累计投资人数量

注：2018年数据截至6月底。

资料来源：天津股权交易所统计月报。

3. 天津金融资产交易所

天津金融资产交易所（简称“天金所”）一直坚守“直接融资，信用天下”的信条，于是建立了以信用为基础的融资平台，并且通过长期不懈的努力，建立了一条集资金供给、风险处理和多元化服务为一体的信用生态联盟——信联储。

众所周知，PPP项目的融资来源主要是银行贷款，但是由于期限错配等原因，银行贷款的中短期特点并不能满足PPP项目周期长、回报率不高等要求，而且PPP项目的风险识别困难很大，达不到银行贷款的要求。同时PPP项目的资产流动性不高，退出机制也还需进一步完善，这一系列问题都限制了PPP项目的融资渠道。针对以上问题，天金所PPP平台依托天金所PPP七大基础数据库，在规划设计上不仅仅满足定位于“融资”功能，还能提供PPP项目全机构资源对接和从PPP项目全生命周期辅助管理，以帮助PPP项目顺利实施。

针对中小企业的痛点——融资难、融资贵，天金所提供了多样化的金融服务，找到中小企业融资困难的根本原因，包括现金流、抵押物和风险方面的问题，天金所作为一个平台，被赋予了承上启下的功能。通过天金所，中小企业可以在监管平台上及时有效地查询各种信用风险，通过平台找到核心的供应商，节约成本，实现直接有效地融资，将金融服务实体经济真正落到实处。

八　天津市外汇市场发展状况

2018 年，全球监管不断趋紧，欧美等发达国家实施了一系列收紧政策，更有兼并收购及针对 IB 业务的限制措施。但是中国的外汇市场在这样的国际大环境下，得到投资界的青睐，相关数据显示，2018 年 8 月，中国外汇市场总计成交了 12.84 万亿元，银行间市场成交额达到 10.80 万亿元，银行对客户的市场成交额为 2.04 万亿元。

外汇交易成为当今最大的金融投资市场和它本身的特点有关系。一方面，从中国居民的收入水平来看，改革开放 40 年，国民收入水平不断提高，收入除了满足人们日常的生活必须开支，投资需求也在不断提高，再加上出境越来越便利，外汇零售市场也越来越受到人们的欢迎。另一方面，我国股市投资者的平均收入水平并不能赶上发达国家的人均收入水平，但是总的投资规模不低，而且七成以上的投资者都是依靠股票的差价来得到利益，我国零售的外汇市场开放程度越高，就会有越来越多的客户到我国来投资。

2018 年，为了更好地推动形成全面开放新格局，服务国家重大战略，真正做到金融服务实体经济，并且进一步促进天津自贸区的发展，实现自贸区内的投资便利化，国家外汇管理局天津分局实施了一项重要举措，即推出了《进一步推进中国（天津）自由贸易试验区外汇管理改革试点实施细则》。

参考文献

[1] 李荣林：《东疆保税港区启动离岸金融业务》，《港口经济》2011 年第 8 期，第 25 页。

［2］李文增：《突破政策框架促进东疆保税港区离岸金融业务向纵深发展》，《港口经济》2013 年第 10 期，第 17 ~ 19 页。

［3］王芬芬、刘春华：《天津自贸区金融发展模式研究——基于与上海自贸区的比较》，《华北金融》2017 年第 3 期，第 62 ~ 66 页。

［4］王伟亮、白新宇、吴炎芳：《天津东疆保税港区离岸金融发展研究》，《中国货币市场》2009 年第 4 期，第 39 ~ 45 页。

［5］武传东：《充分利用航运金融试点政策大力发展东疆保税港区航运金融》，《港口经济》2011 年第 8 期，第 33 ~ 34 页。

［6］武传东：《东疆保税港区航运金融试点政策的机遇及建议》，《中国港口》2011 年第 11 期，第 5 页、第 11 页。

［7］张忠东：《加快国家租赁示范区建设，引领融资租赁业创新发展》，《中国金融家》2016 年第 6 期，第 48 页。

B.7

2018年天津金融改革创新报告

韩立明*

摘　要： 2018年，在新旧产业转型升级动能不断增加的背景下，天津市在促进传统产业不断升级、实体经济结合智能科技发展、绿色金融与智能相结合以及解决中小企业融资难题等方面获得新的成就。本报告首先总结了天津市金融改革创新所取得的成就，主要分析了金融机构业务改革、金融市场创新发展和产业金融的发展现状，其次，对天津市金融改革创新未来的发展前景进行了展望。研究发现，作为天津市的特色产业和金融与实体经济的融合剂，融资租赁产业在服务经济发展方面发挥的作用越来越重要。天津自贸区实现了实体产业与虚拟金融的无缝链接，为企业与金融机构的交流搭建了平台，为经济的发展提供多元化的金融服务。

关键词： 天津金融　改革创新　金融便利化　产业金融

一　天津金融改革创新的主要成就

（一）金融机构业务改革不断深入

1. 银行业务改革不断深入

（1）服务设施智能化

为了顺应当今智能化服务的大趋势，天津市银行业不断进行改革与创

---

* 韩立明，天津财经大学金融学院硕士研究生。

新，运用大数据及人工智能技术，整合多个平台资源，涵盖 CSR 座席应用、多媒体在线客服、外呼应用等功能，为客户提供标准化、人性化、智能化的一站式金融服务体验，有效地提高了银行办业务的效率，优化了原有的柜面烦琐的操作流程，同时有效保证了银行客户的资金安全，降低了风险。

据统计，2018 年，为了将智能化真正落到实处，各家银行纷纷做出创新型产品，例如，共有 312 家工商银行网点将人脸智能识别功能运用到柜面服务之中；智能客户系统也在 2018 年 1 月成功地在天津滨海农商银行上线；建设银行天津市分行研发了智慧柜员机，并且将其投放到各银行网点，总共有 948 台，每个网点投放的数量都超过 3 台，其便捷的服务功能得到银行众多客户的称赞。

建设银行自从投放了智慧柜员机，有将近一半的业务都可以在智慧柜员机上办理，具体业务包含 19 个大类，公司业务、个人业务等共 276 项。智慧柜员机最大的特点就是能节约办理业务的时间，例如，在智慧柜员机上开户平均仅需 3 分钟 56 秒；在智慧柜员机上办理电子银行的时间是 1 分 25 秒，比原来的 3 分钟缩短 1 分钟 35 秒；原来需要十几分钟或者 20 多分钟的结汇和售汇业务，现在仅仅不到 1 分钟就可以办完，速度提升非常明显。总体来说，智慧柜员机的研发与投用，在很大程度上提高了银行客户的满意度。

交通银行天津市分行通过投放纸硬币兑换一体机解决了市民小面额货币兑换的难题，同时很大程度上减轻了柜面人员的压力，缩短了零钞的清点时间以及客户等候时间，极大方便了周边商铺、超市、医院等。

（2）业务便利化

2018 年，天津市水务集团公司推出了新的项目，即网上缴费大厅，该项目是工商银行天津市分行与第三方企业合作，从而为银行客户提供便利的活动，是一项积累宝贵经验的创新活动，为银行进一步扩大业务范围打下基础。水务集团缴费大厅项目，顾名思义，就是用户申请了工商银行的银行卡后，通过工商银行的网上缴费平台完成缴费业务。在该平台上，工商银行已经与水务集团的缴费系统直接相连，自来水公司的客户足不出户，通过手机就可以操作，自主缴费，非常方便，这个创新也是银行与企业集团的第一次合作。

2018 年，在科学技术的领航下，为了进一步推进智能化城市的发展，增加我国经济社会的发展动力，中国银行天津市分行持续对传统的业务系统进行大改造，优化银行办理业务的整个流程，节省银行客户办理业务的时间，同时跟随科技创新的大潮流，创新了一系列智慧服务。中国银行在电子营业执照方面做出创新，开通了 E 线通，东疆保税港首先接受了该业务的服务，该项创新业务服务也让中国银行在电子营业执照方面做出新的突破，该服务的产生，真正做到了“让数据多跑，让企业少跑”，作为天津市电子政务改革的成果，体现了天津市建设智慧城市的发展方向；为了构建现代化综合交通体系，“智慧出行”是中国银行与企业合作的另一个项目，通过与天津轨道交通集团合作，方便了广大市民的出行；为实现客户快捷结算的要求，中国银行提出了智慧港口的业务，成功实现了与天津港的合作；中国银行推出的智能化服务还包括智慧医疗等服务，通过和十几家三甲医院的合作，促进了项目的顺利实施。

（3）普惠金融广泛化

天津市银行业为了贯彻经济创新发展与金融转型的战略，更好地为实体经济服务，将普惠金融的理念彻底落到实处，依托新时代金融科技的发展，将互联网技术与金融相结合，加大产品组合的力度，进一步丰富金融产品的种类，金融机构不断在产品上做出创新。

2018 年，天津银行借助互联网技术大力发展普惠金融，例如，研发互联网银行个人业务贷款系统，顺利进行消费贷款的发放，该业务的操作步骤全部都是在线上完成的；“新网 e 经营贷”丰富了天津银行的小微金融产品，该产品能在 7×24 小时之内实现客户的借款申请，对于那些需求资金少、用钱期限短、借款次数多的客户，该产品非常适合。

交通银行天津市分行在 2018 年首次实现了在“三农”领域金融产品的创新，即农户特色贷款，积极响应了国家号召，推进金融扶贫，针对农户贷款的特殊性，制定不同于一般客户贷款的管理办法，将贷款流程进一步优化。

大连银行天津市分行为了进一步丰富业务类型，扩大业务范围，采取了与企业合作的模式，即与捷信消费金融有限公司合作，将现金操作管理系统与企业的账务系统直接连接，通过企业的 ERP 运行操作系统，使企业直接享受交易查询、转账汇款、账户管理等便捷服务，为企业节约成本。

2. 证券基金业创新步伐加快

2018 年，全球资本市场发展得很迅速，跨境基金销售活动与跨境资金投融资行为变得越来越活跃，香港和内地在金融产品、金融服务方面的合作不断加强，由此推动了陆港互认基金的市场。该市场的推出有三方面的益处：首先，两个市场的结合增加了投资渠道，丰富了两岸投资者的投资种类，共享金融服务与金融产品；其次，引入发展较为成熟的香港基金市场可以帮助内地基金市场完成结构转型，激发内地优秀基金管理企业的内在优秀潜质；最后，引入香港基金市场，可以为境外资本流入内地提供通道，同时，将内地的金融产品销往境外金融市场。

作为我国首批获得政府机关认证的、准许发行的互认基金——天弘基金，其销售渠道主要包括互联网、券商以及传统银行等平台，其主要目的是通过低门槛和更便捷的方式提供给境内投资者更多的投资机会，该基金受到普遍认可，取得了显著成果。2017 年 12 月，中国证监会批准了天弘基金代理的债券和货币基金，并且成功于 2018 年 3 月在内地发售。截至 2018 年末，东亚联丰亚洲债券及货币基金共发售 4 类份额（人民币累积、人民币分派、美元累积、美元分派），规模为 5. 19 亿元；行健宏扬中国基金共发售 1 类份额（人民币对冲），规模为 2. 61 亿元。

3. 保险业创新服务实体经济

（1）推出第一只化解风险的产品

中国银保监会执行党中央、国务院的“六稳”要求，促进保险专项产品的发展，推进金融服务中小微企业和民营企业的发展，提升保险资本对实体经济发展的质效，让那些符合资金支持的项目得到更有力的支持。保险业推出第一只落地的风险专项产品——国寿资产 - 凤凰系列，该产品主要是用来降低股票和质押等业务带来的流动性风险，其发起和设立机构是中国人寿，通过中保保险资产登记交易系统有限公司进行登记，筹资规模为200亿元，以市场化规范为准则，通过投资方式多样化的特点，如债权和股权等，再加上管理机构的专业能力，向短时间内资金出现流动困难，受到金融市场波动以及股票债权质押的影响，但有好的发展前景、优越的技术水平以及广阔的发展市场的上市优质公司和众多股东提供资金方面的全力支持。

（2）推动实体经济大发展

天津保监局积极响应国家的号召，促进经济结构的转变，为实体经济提供高质量的保险服务，从以下四个方面进行了改革。

一是天津市推出了双轮共驱动模式，即政府和保险两方协同合作，且该模式日渐成熟，天津市保险业推出了民生保险与责任保险等项目，在天津市经济开发区提供价值322亿元的保险保障，保障范围包括企事业单位、供餐单位和居民住宅等，充分发挥保险的准公共性。

二是参与“一带一路”互联互通。天津保险中介机构持续服务“一带一路”建设，服务领域不断变大，覆盖范围不断变广，引导行业扩大短期出口信用保险覆盖面，为沿线大型项目提供保险办理服务和风险咨询管理服务，建设多功能的综合服务平台，如津贸通与自贸通，加强中期与长期对外出口的信用保险业务与海外保险等服务。

三是深度参与社会保障体系建设。天津市积极参与医疗纠纷处置工作，对医疗的风险保障体系不断改进。相关数据显示，天津市2018年责任保险较2017年增长34.26%，累计提供风险保障8910.22亿元。天津不断优化大病保险运行机制，城乡居民大病保险项目支出赔付额度达2211万元，参保人员达到534万人。对全民的意外伤害保险机制不断改进，实现保费收入大于支出，其中赔付额度是3.1亿元，收入达到3.6亿元。为了促进税优健康保险稳步发展，目前共有15家保险分公司取得销售资格，总共为1143人提供服务，风险保障额度为2.63亿元，保费收入达373.23万元。

四是天津保监局对传统的行政审批制度进行了大力改进，对审批的流程进行优化，将审批的材料进一步简单化，加快审批速度，提高效率，将

“应放尽放”的口号落到实处。目前自贸区内的保险机构已经享受到了政策红利，全面取消了机构的事前审批，将事前审批改为备案管理，并且持续推进备案管理的健全发展。

4. 融资租赁迎来发展大时代

为了加快深化改革中租赁行业创新政策的落地，天津市滨海新区将融资租赁行业的集聚效应进一步扩大，倡导该行业的制度创新，创造与国际租赁行业接轨的适宜大环境，进一步扩大该行业的业务范围。2018 年，天津市滨海新区的租赁业务和融资业务的全覆盖程度已经基本完成，标的物包含新能源、医疗器械、装备设备、汽车、文化无形资产、轨道交通等。

（1）成立首个外债便利化试点

东疆保税港区一直是天津市金融创新政策的主要实施地，继 2017 年推出外币租金政策，即对租赁企业的经营性业务收取租金之后，2018 年，另一项新的外汇创新政策再次在东疆保税港区落地，即外资融资租赁公司外债便利化，天津市成为全国第一个试点。该项创新政策是国家外汇管理局与东疆保税港区推进“双万双服”活动、解决企业融资难题的成果之一，便利了企业跨境融资，方便了区内企业借用外债，同时还将利用其优惠条件吸引飞机与船舶行业的租赁业务进一步向天津聚焦。

此项政策实施以前，飞机项目子公司（SPV）并不能够分享母公司的外债额度，许多租赁公司，如中飞租，都希望子公司对其额度进行分享，以增加项目公司的融资来源。中飞租之所以有这种需求，主要是因为子公司在境外融资时，需要承担购买飞机这种大额费用，与此同时，母公司作为一个外商投资企业，其外资渠道虽然很多，但是同样受到法规的限制，不能参与子公司的经营业务，资金使用效率受到限制，子公司不能享受母公司的资金便利，母公司的资金使用效率低下，这种情况不利于企业的发展。通过此次外汇政策的创新，在最大限度上减少了公司的资金运营成本。

（2）对租赁的业态和模式进行创新

2018 年，国家税务总局、海关总署发布《关于进口租赁飞机有关增值税问题的公告》，表明天津市租赁行业迎来新的租赁模式，即进口租赁飞机海关跨关区联动监管新模式。该公告明确规定，对申报进口监管方式为租赁时间短于一年、租赁征税和贸易的租赁飞机，海关停止代征进口环节增值税。该项监管模式的创新，是为了解决租赁行业重复征税的问题，简化进口租赁飞机的通关手续，提高效率，促使我们国家的租赁行业与融资行业的快速发展。

2018 年全球知名私人企业集团 Libra 集团旗下飞机租赁公司 LCI 与全球最大的独立直升机出租企业 Waypoint 在东疆保税港区设立了地区租赁总部。LCI 和 Waypoint 作为两家主要的通航飞机租赁企业，其行为代表了对天津市经济发展的认可，据相关统计，通航领域的融资租赁业务与 2017 年相比，增长了 120% 的业务量，其中公务机与直升机租赁业务增长最为迅速。

（3）新的内资融资租赁试点获得批准

东疆保税港区一直具备全国融资租赁产业的示范效应与品牌效应，可以引领大批央企、国企及行业龙头企业来此落户，满足法规和监管规定的企业一经确认，可到企业注册地点的工商管理地将经营范围进行增项，并且在增值税方面得到差额相互抵补的优惠政策。2018 年，东疆保税港区内资融资租赁试点企业的注资规模与企业成立数量在我国所有自贸区中居第一位，有关资料显示，全国共有 325 家内资融资租赁试点企业，其中 34.5%（112 家）落户在天津自贸区，其中 85 家在东疆保税港区注册，全国内资融资租赁试点企业的注册资金是 2500 亿元，天津自贸区企业的注册资金为 888.8 亿元，占比为 35.6%。

（二）金融市场创新显著

2018 年，天津滨海新区进一步推动金融改革创新，积极落实新发展理念，指引创建丰富多彩的高水平金融的革新框架，建立“科技型企业—高新技术企业—标志性领军企业”的发展体系，相关数据显示，2018 年 9 月，滨海新区拥有科技型企业 30000 余家，其中国家级高新技术企业近 2000 家，下一步计划就是培育标志性领军企业。天津滨海新区没有囿于目前的主要成就，寻求对科技金融服务体系再升级，主要从下述四个方面来筹划。

第一，要做好平台的搭建。滨海新区通过对目前掌握的金融资源进行整合重构与进一步的深度挖掘，构建滨海新区科技金融体系，该体系实现了政府、企业、社会组织、金融机构等互动和日常经营活动的交流与完善，该体系的互动模式是多种多样的，包含的形式也很丰富，主要有路演、沙龙与论坛等。该体系可以增加企业之间的交流机会，提升企业之间的合作氛围，达到信息共享，加强企业之间对资本需求的不同等级和资源供需信息的公开化与便利化。

第二，加强对内容方面的构建，企业资本的增加与提升是新区内容建设的重要核心，在形式体系上，构造内容包含基础的服务，如主板、四板、三板等，培训体系以科技和金融的发展为主题，常态化活动的创新形式是线上线下同时进行路演，通过该形式，可以掌握天津滨海新区的优质项目信息，将其传达给全国的高质量企业，使信息公开化，并同步答疑解惑，吸引企业到天津落户和投资，为天津的发展提供新的动力。

第三，将产业与研究相结合，滨海新区将进一步发挥金融资本的优势，集聚科技创新要素，打好二者良好合作的基础，保证二者相互转化链条的正常运转，得到二者相结合的成果。产业主要包含科技金融创新方面的企业，涉及生物制药与电子信息技术等，学术研究主要是与天津市各大高校紧密合作，利用企业间的信息与资源平台，结合高校内部的知识研究体系，以当今高效运转的金融市场为向导，构建新的科技金融体系。

第四，促进产业和金融的不断发展，天津市适时调整经济结构，构建金融和实体经济相结合与相互促进的模式。将科技的引导作为模式发展的良好动力，以产业发展的资源来促进产融升级，合理使用政策性质的国家引导基金，对于落户于新区或即将来到新区落户的高质量企业，甄选具有技术优势同时能够在市场上有发展潜力的企业，进行相应的资本投入，促进产业的结构升级，将滨海新区内部的现代化金融产业发展落到实处。

（三）产业金融不断发展

1. 科技金融

区域经济的进一步发展离不开现代科技金融的大力支持，2018 年，天津高新区针对目前困扰科技型中小企业的发展难题，为了促进传统科技公司的结构升级，将天津科技金融中心作为新的合作平台，重构多元化资金服务体制，建设国际国内一流的科技金融平台，创新科技金融产品，同时采用政策上的创新，将政策资本作为引子，来鼓励社会资金加大对企业的投入，利用金融政策的创新，使中小企业得到资本市场的关注，通过改善企业融资环境，发现并培育优质企业。

天津科技金融中心广泛结合了大量金融资源，吸引优质企业、投资机构、银行、证券交易所、股转系统、区域股权市场与资本逐步进入中心平台。截至 2018 年末，天津科技金融中心已举办各类活动 326 场次，参加活动的企业和金融机构达 2000 多家，其中建立紧密联系的企业 1000 家，汇聚各种服务型公司 200 多家，签订战略合作协议的高质量券商 10 家，实现了企业筹资与投资之间 300 多次对接，至于常态化活动的对接银行也增加至 20 家，融资额度达到 18 亿元。天津高新区还与天津市中小企业信用担保中心签署协议，共同构建中型、小型、微型企业和资本供应方之间的合作平台，合作方式主要是信用担保等金融方式，为华翼蓝天等多家企业争取到运营资金。

天津市东丽区为了完成科技金融创新示范区的建设，从以下几个方面做出了努力：一是积极防范与化解金融风险，探索建立全区金融投资业统计分析评价系统，利用多样化的方法在金融机构，特别是投资类机构进行督查；二是推进东丽湖科创金融小镇的建造，立项的起步区 19 万平方米的目标已经完工，10 万平方米的核心区域业已达到了出让的标准；三是线上和线下的组合筹集资本的项目已经得到发展，科技和金融相结合的工作服务平台得到构建，利用该平台可以使金融机构提升服务质量，信用贷款的额度得到大幅提升，2018 年以来中小微企业通过该平台申请贷款 5274 万元，超过 2017 年的 3014 万元；四是提高上市企业的挂牌培养速度，通过知名券商、上海证券交易所以及深圳证券交易所等机构给企业的发展做出合理评估，将战略性投资引导到天津，截至2018年底，以文创智库为代表的6家新的企业进行了股制改革，那些早就启动股份改革的企业，在2018年也有7家完成改造；五是进一步试行金融招标，2018年，招标企业的注资数额总计是76亿元，其中平安消费科技投资和海创群岛投资管理等10家企业先后落地。

2. 绿色金融

绿色信贷作为绿色金融事业的开端，是我国绿色金融发展的推动力，发展环保与节能相统一的服务，同时拓宽绿色金融产品的广度是推进绿色金融发展的必要途径。

目前环保产业发展势头良好，特别是政府对改善乡村的生态环境、推行美丽乡村建设的号召，要求洁、净、清、整、绿是新农村的精神面貌，以及2020年的污水治理任务迫在眉睫等，都促使天津市银行业不断加强对该行业的投资。2018年，工商银行再次在绿色信贷的发放道路上做出创新，完成了第一笔PPP项目，即农村生活污水处理工程，以“建设－运营－移交”的BOT模式进行资本的运作，对农村的基建设施进行完善，同时可减少污水污染，补足农村生态环境短板。

由建设银行天津市分行牵头给予信贷支持的中电建（天津）新能源开发有限公司（简称“天津中电建”）负责开发建设的“中国水电天津南港海上风电场一期工程项目”首批5台风力发电机正式并网发电。2015年12月，天津中电建对该项目做出规划，2016年，建设银行天津市分行作为该项目的牵头银行，为该项目提供了9亿多元的基建贷款额度，用以建设5MW风电机组，该电子组的数量是18台，每年节约标准煤5.7万吨，供给8万户居民的年用电量，减排的二氧化碳量达13.4万吨。

二　天津金融改革创新发展前景

（一）自贸区金融改革创新的能效进一步发挥

从2015年建立以来，天津自贸区作为北京、天津、河北三地的第一个也是唯一一个自贸区，就承担着三地共同发展的重要任务。天津市处于三者的连接之地，负责对接承办北京非首都的机构与功能，对河北省的经济发展起着辐射作用，促进经济转型与发展，产融结合更加显著。截至2018年，天津滨海新区内新增加的企业中，一半以上是京津冀企业，企业类型包括大批央企以及大量优秀的名企，这些企业在自贸区设立的总部的功能包含物流、租赁、航运以及贸易等。

在京津冀协同发展中，天津自贸区是改革的受益者。天津市享受着开放的政策红利，同时也要成为改革开放的推动者，承担相应的责任。国务院发布的《进一步深化中国（天津）自由贸易试验区改革开放方案》提出三项要求：天津市首先要借鉴国际先进经验，促进金融改革创新，建构开放的经济体制；其次要促进建成全面的服务开放经济区，对经济发展的动能进行创新，提高自贸区的便利化水平，增强我国在国际上的经济竞争力；最后在自贸区内形成在国内可以推广和复制的经济发展经验，可以将该经验推广复制到京津冀其他地区，为三地的协同发展做出贡献，为我国的经济发展做出更好的示范。

（二）努力建成自由贸易港

2018年，为了进一步落实国家重要发展战略，在京津冀协同发展的重要机遇下，天津市将打造自贸区的升级版，积极申报建设自由贸易港。一线放开，二线管住，确立经营自由基本原则，将在自由贸易港的建设中得到更充分的落实。自由贸易港的建设将进一步发挥天津的资源积聚作用，更好地服务京津冀协同发展，同时助推雄安新区的建设。

2018年是改革开放四十周年，我国的自由开放区域逐渐扩大，形态种类日趋完善，最高级的发展阶段是自由贸易港。作为一个国家、一个地区开放的最高阶段，它允许境外的交通运输工具，如飞机、船只等自由出入，同时境内外的资金与货物等也可以自由输出。天津目前已经设立了自贸区，众所周知，开放区域需要经过初级阶段、中级阶段和高级阶段，而天津市现在同时具备了出口加工、综合保税港区的优势，具备申报自由贸易港的条件，在积极申报的同时，要充分利用现在自贸区的政策优势，提高管理效率和金融创新水平。

参考文献

[1] 陈欣烨：《天津自贸区金融改革的“环渤海”辐射效应分析》，《环渤海经济瞭望》2017年第2期，第26~30页。

[2] 陈志强等：《融资租赁业融资方式调查及思考》，《华北金融》2018年第3期，第63~68页、第80页。

[3] 桂凤莲：《天津自贸区融资租赁业对经济增长影响研究》，硕士学位论文，河北大学，2018。

[4] 李文增：《京津冀协同发展背景下的天津金融创新运营示范区建设（上）》，《求知》2016年第6期，第51~53页。

[5] 王超、刘菲菲、王路军：《金融新动能“融资租赁”的培育与发展——以天津东疆保税港区为例》，《天津经济》2018年第10期，第14~18页。

[6] 杨成：《依托自贸试验区的融资租赁业务创新及启示——以天津自贸试验区东疆保税港区为例》，《福建金融》2018年第2期，第47~52页。

[7] 杨海田：《京津冀发挥融资租赁优势　建最大金融聚集区》，《滨海时报》2018年7月3日，第8版。

[8] 袁辛、熊熊、王晓宇：《天津自贸区利用融资租赁发展资本市场的思路与建议》，《经济研究导刊》2018年第30期，第76~81页。

[9] 周振海：《应对自贸区金融改革挑战》，《中国金融》2016年第14期，第41~43页。

河北金融发展篇

Development of Hebei Financial Industries

B.8

2018年河北金融机构发展报告

何 楠 刘习习*

摘 要： 2018年，河北省金融业紧紧围绕金融服务京津冀协同发展、雄安新区规划建设和冬奥运筹办等历史机遇，不断优化自身发展规划。本报告首先介绍了河北省2018年经济运行状况，其次通过分析2018年河北省银行业、证券业、保险业等金融机构的发展运行状况。研究发现，河北省银行业资产结构不断调整趋于合理，存款增速回升，贷款增速稳定，银行承兑汇票整体下滑，社会融资规模有所下降，银行间债券市场健康发展，跨境人民币业务稳步推进等；证券机构、期货机构发展平稳；保险规模持续增长，保险业务结构不断优化，风险承担能力进一步提高；小额贷款公司数量和贷款余额均有所下降。

关键词： 河北 银行业 证券业 保险业

* 何楠，天津财经大学金融学院博士研究生；刘习习，天津财经大学金融学院博士研究生。

2018 年河北省始终保持着稳中求进的工作总基调，践行新发展理念，遵照“三六八九”的工作思路，按照经济高质量发展要求，深化供给侧结构性改革，推动京津冀协同发展、雄安新区规划建设等重大战略全面顺利进行，循序渐进地从高速增长阶段转变到高质量发展阶段，经济发展稳中有进、产业结构更趋优化、生态环境明显好转、人民生活持续改善、社会事业全面发展。

2018 年，河北省 GDP 为 3.6 万亿元，较 2017 年增长了 6.6%（见图 1），而且其占我国 GDP 的 4%；实现财政收入 5585.1 亿元，较 2017 年增长了 9.8%，占全国财政收入的近 3%。

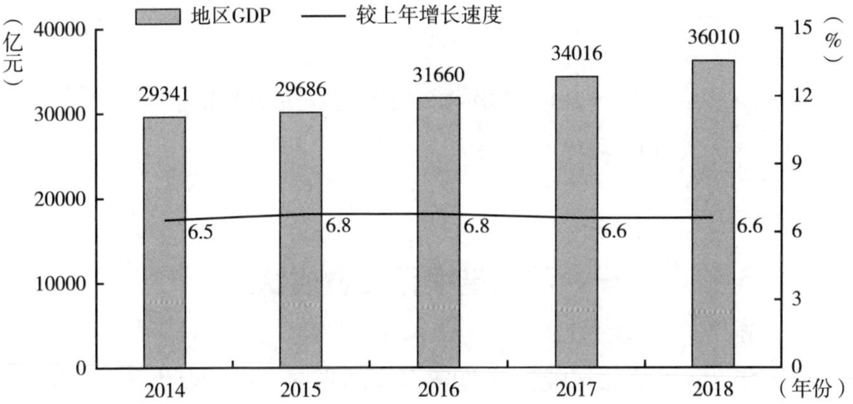

图 1　2014 ~ 2018 年河北省 GDP 及其增长速度

资料来源：河北省统计局。

在经济总量平稳增长的同时，河北省的产业结构也处在不断优化发展之中，2018 年河北省三次产业结构占比为 9.3∶44.5∶46.2。2014 ~ 2018 年，第三产业的占比逐年提升，从 2014 年的 37.5% 不断提升到 46.2%，同时 2018 年河北省第三产业生产总值的占比也首次超过第二产业（见图 2）。但是我们应该意识到，河北省的产业发展还处在工业化中期阶段，仍然以资源型重工业为主。2018 年河北省三次产业的生产总值分别是 3338.0 亿元、16040.1 亿元和 16632.2 亿元，同 2017 年相比分别增长了 3.0%、4.3% 和

9.8%，在全国产业生产总值中的占比分别为5.2%、4.4%和3.5%。其中第三产业生产总值的增速比全省GDP的增速高3.2个百分点。

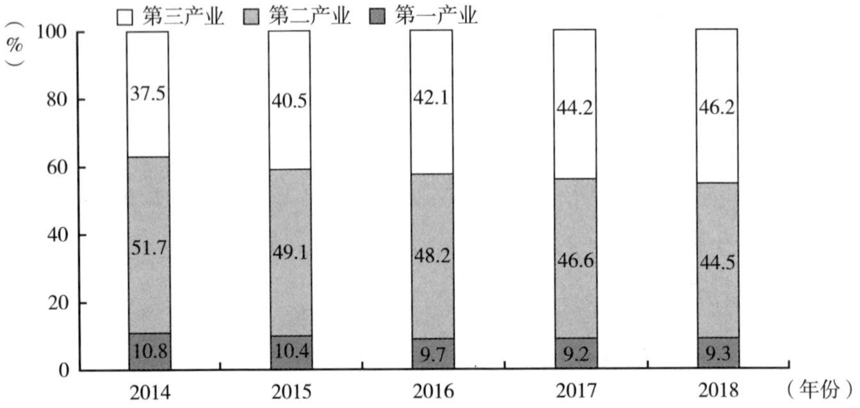

图2　2014～2018年三次产业生产总值占比

资料来源：河北省统计局。

一　河北省银行业发展状况

2018年，河北省银行业面对复杂多变的形势，主动落实宏观调控政策和金融监管要求，持续为供给侧结构性改革提供相应的助力，在支持实体经济发展方面不断发力，银行业的机构改革进程也在不断推进之中，信贷结构逐渐趋于合理，在发展的道路上更加注重风险管理的作用。总之，河北省在金融服务实体经济方面不断进步，为经济强省、美丽河北的建设提供了有力的金融支撑。

1. 资产负债结构持续调整

2018年，河北省银行业资产总额达79936.80亿元（见表1），相较于年初增加了5906.12亿元，同比多增292.22亿元；同比增长7.98%，增速较2017年下降了0.23个百分点。负债总额为76688.36亿元，相较于年初增加了5547.54亿元，同比多增589.60亿元；同比增长7.80%，增速较2017年提高了0.31个百分点。截至2018年末，河北省共有11879个银行业金融机构，而其相应的从业人员有184554人，相比2017年来说，增加了4000多人。

表1　2018年河北省银行业金融机构情况

机构类别	营业网点			法人机构（个）
	机构个数(个)	从业人数(人)	资产总额(亿元)	
一、大型商业银行	3357	74323	30447.2	0
二、国家开发银行和政策性银行	165	3505	5107.0	0
三、股份制商业银行	504	11534	5214.0	0
四、城市商业银行	1199	24066	17200.7	11
五、小型农业金融机构	4896	47920	16098.2	147
六、财务公司	7	246	1024.3	7
七、信托公司	1	240	139.7	1
八、邮政储蓄银行	1456	17816	3512.4	0
九、外资银行	2	60	25.7	0
十、新型农村金融机构	289	4487	524.9	106
十一、其他	3	357	642.7	3
合　计	11879	184554	79936.8	275

资料来源：河北银监局。

2.社会融资规模萎缩

截至2018年末，河北省社会融资规模的增量仅为6160.5亿元，相较于上年减少3273.6亿元。与此同时，银行表内融资额为4761亿元，相较于上年减少811.9亿元，在全省社会融资规模中的占比为77.3%，这一占比相较于上年提高了18.2个百分点。受政策和形势如金融去杠杆、金融监管力度不断加大等因素的影响，委托贷款、信托贷款、未贴现银行承兑汇票这三项表外融资的规模减少了872.4亿元，相较于2017年多减2911.8亿元。

3.存款增速回升

如表2所示，截至2018年12月末，河北省金融机构本外币各项存款余额达66245.21亿元，在全国排第8名；相较于2017年增长了9.6%，增长速度在全国排第2名，相较于上年同期提升1.5个百分点，比全国平均水平还高出1.8个百分点；对比2018年初的水平，增量为5793.95亿元，在全国排第6名，相较于2017年的增量水平增加了1271.55亿元。在存款规模增加的形势之下是存款不断向定期化转变的趋势。2018年末，住户和非金融企业活期存款的余额达18360.77亿元，相比2017年末增长了4.2%；住户和非金融企业定期及其他存款的余额达36033.78亿元，相较于2017年末增长了12%。增速剪刀差由2017年末的2.5个百分点扩大为7.8个百分点。按照增量来对比，住户和非金融企业活期存款相较于2018年初增加了740.34亿元，同比少增158.55亿元；住户和非金融企业定期存款相较于2018年初增加了3861.53亿元，同比多增1499.51亿元。

表2　河北省金融机构本外币存贷款主要项目统计表

单位：亿元，%

项目名称	余额		较上月增加额		较年初增加额		年增量占比	
	2018年12月	同比增长	2018年	2017年	2018年	2017年	2018年	2017年
各项存款	66245.21	9.6	454.05	-8.46	5793.95	4522.40	—	—
一．境内存款	66228.26	9.6	460.11	5.29	5814.45	4495.65	100.35	99.41
1. 住户存款	40497.87	13.4	545.69	281.47	4778.72	2848.18	82.19	63.35
(1)活期存款	11708.14	8.3	248.38	133.16	901.33	657.87	18.86	23.10
(2)定期及其他存款	28789.73	15.6	297.31	148.31	3877.39	2190.30	81.14	332.94
2. 非金融企业存款	13896.67	-1.3	318.15	395.84	-176.85	412.75	-3.04	18.84
(1)活期存款	6652.62	-2.4	251.25	234.06	-161.00	241.02	91.03	58.39
(2)定期及其他存款	7244.05	-0.2	66.90	161.78	-15.86	171.73	8.97	71.25
3. 政府存款	10964.45	11.2	-403.19	-578.12	1107.67	1455.17	19.05	847.38
(1)财政性存款	1659.89	4.4	-327.58	-435.26	69.92	396.72	6.31	27.26
(2)机关团体存款	9304.55	12.6	-75.61	-142.86	1037.75	1058.45	93.69	266.80
4. 非银金融机构存款	869.27	13.7	-0.53	-93.90	104.91	-220.45	1.80	-20.83
二．境外存款	16.96	-54.7	-6.06	-13.75	-20.50	26.75	-0.35	-12.13
各项贷款	48115.34	11.1	267.74	173.75	4800.06	5569.43	—	—
一．境内贷款	48065.39	11.1	270.29	169.12	4819.54	5551.77	100.41	99.68
1. 住户贷款	16614.24	12.3	119.36	37.62	1823.60	2944.35	37.84	53.03

续表

项目名称	余额		较上月增加额		较年初增加额		年增量占比	
	2018 年 12 月	同比增长	2018 年	2017 年	2018 年	2017 年	2018 年	2017 年
(1)短期贷款	3138.61	8.8	-17.30	-36.84	253.70	387.93	13.91	13.18
消费贷款	1027.29	17.9	9.73	-1.15	155.66	270.01	61.35	69.60
经营贷款	2111.32	4.9	-27.03	-35.68	98.04	117.93	38.65	30.40
(2)中长期贷款	13475.64	13.2	136.66	74.46	1569.90	2556.41	86.09	86.82
消费贷款	11746.99	12.9	115.69	56.99	1341.44	2267.10	85.45	88.68
经营贷款	1728.65	15.2	20.97	17.47	228.46	289.31	14.55	11.32
2. 非金融企业及机关团体贷款	31417.84	10.4	133.13	131.50	2962.64	2607.42	61.47	46.97
(1)短期贷款	12170.64	6.4	-28.51	181.54	727.32	1191.83	24.55	45.71
(2)中长期贷款	16805.88	15.2	48.87	87.07	2218.86	1717.79	74.89	65.88
(3)票据融资	1829.49	-6.5	73.69	-126.92	-127.88	-451.43	-4.32	-17.31
(4)融资租赁	555.69	35.2	46.69	1.51	144.60	163.38	4.88	6.27
(5)各项垫款	56.14	-0.5	-7.60	-11.70	-0.26	-14.16	-0.01	-0.54
3. 非银行业金融机构贷款	33.30	0.0	17.80	0.00	33.30	0.00	0.69	0.00
二. 境外贷款	49.96	-28.1	-2.55	4.63	-19.48	17.66	-0.41	0.32

资料来源：中国人民银行石家庄中心支行。

4. 贷款增速趋稳

截至 2018 年 12 月末，天津辖区内本外币各项贷款的余额达 48115.34 亿元，在全国排第 9 名；相较于 2017 年同期增长了 11.1%，增速在全国排第 16 名，比全国平均水平低 1.8 个百分点，和 2017 年相比低 3.7 个百分点；从增加规模来看，比 2018 年初增加了 4800.06 亿元，在全国排第 10 名，相较于 2017 年少增 769.37 亿元。

住户贷款增速大幅下滑。2018 年末，全省住户贷款的增长速度仅为 12.3%，相比 2017 年末降低 12.6 个百分点；增加规模方面，比 2018 年初增加 1823.60 亿元，同比少增 1120.75 亿元。其中，住户中长期贷款增速为 13.2%，和 2017 年同时期相比回落了 14.1 个百分点；与 2017 年末相比增加了 1569.90 亿元，同比少增 986.51 亿元。

就非金融企业及机关团体贷款规模来说，基本上维持了稳定的增长，达到了与上期相比增量增加的目标。截至2018年末，其贷款规模相比年初来说增加了2962.64亿元，相比2017年同期多增355.22亿元，其中中长期贷款同比多增501.07亿元。在当下不断缩小信贷投放和金融去杠杆趋势不断增强的局势下，这些部门的贷款规模仍然出现增长的趋势，足以看出河北省金融服务实体经济的力度在不断加强。

如表3所示，分地区来看，可以看出存款余额排前三位的分别是石家庄、唐山和保定，存款余额分别为13315.8亿元、9420.0亿元和8028.0亿元；增长率排前三位的分别是保定、秦皇岛和石家庄，增长率分别为15.9%、13.1%和12.8%；全年存款增加额排前三位的分别是石家庄、保定和邯郸，分别增加了1506.9亿元、1099.5亿元和614.7亿元。单独看雄安新区，截至2018年末，其存款余额高达915.0亿元，相较于2017年来说增长了91.7%，相较于2018年初增加了437.6亿元。

表3　2018年12月河北省金融机构本外币存贷款分地区统计表

单位：亿元，%

项目	地区	余额		同比增长		比年初	
		余额	排序	增长率	排序	增加额	排序
存款	石家庄	13315.8	1	12.8	3	1506.9	1
	唐　山	9420.0	2	6.8	9	599.9	4
	秦皇岛	3260.6	9	13.1	2	376.3	7
	邯　郸	5668.4	5	12.2	5	614.7	3
	邢　台	4187.6	7	11.4	6	428.8	6
	保　定	8028.0	3	15.9	1	1099.5	2
	张家口	3793.8	8	9.2	8	318.5	9
	承　德	2675.9	11	6.6	10	166.7	10
	沧　州	5116.2	6	9.8	7	458.0	5
	廊　坊	6171.4	4	0.0	11	0.8	11
	衡　水	3153.9	10	12.2	4	343.4	8

续表

项目	地　区	余　额		同比增长		比年初	
		余额	排序	增长率	排序	增加额	排序
贷款	石家庄	10171. 7	1	12. 8	6	1148. 9	1
	唐　山	5552. 5	3	5. 8	11	305. 3	6
	秦皇岛	1947. 5	10	13. 2	5	227. 2	9
	邯　郸	3683. 9	5	8. 2	8	277. 5	8
	邢　台	2776. 3	8	19. 1	2	444. 8	4
	保　定	4305. 2	4	16. 9	3	622. 7	2
	张家口	2895. 9	7	20. 6	1	494. 2	3
	承　德	2204. 0	9	15. 0	4	287. 3	7
	沧　州	3003. 0	6	6. 8	10	190. 0	11
	廊　坊	6280. 9	2	7. 0	9	411. 7	5
	衡　水	1904. 0	11	11. 3	7	192. 6	10

资料来源：中国人民银行石家庄中心支行。

5. 银行承兑汇票整体下滑

截至2018年末，整个河北省的银行承兑汇票余额仅为2950亿元，和2017年末相比减少了20%。其中，绝大部分是承兑境内企业的商业汇票，其余额高达2934亿元，占银行承兑汇票业务的99. 4%。

在承兑境内企业签发的商业汇票中存在着大型企业占比升温，而小微企业占比逐渐回落的趋势。其中承兑境内大型、中型和小微型企业签发商业汇票的规模分别是1614亿元、754亿元和566亿元，在全部承兑汇票中的占比分别为55%、25. 7%和19. 3%。

承兑境内企业签发银行承兑汇票还有一个较为明显的特点就是其行业分布相对来说比较密集，最为密集的是制造业、批发和零售业。截至2018年末，承兑制造业企业签发商业汇票1553亿元，占比为52. 9%；承兑批发和零售业企业签发商业汇票1019亿元，占比为34. 7%。承兑制造业和零售业企业签发商业汇票占比共计87. 6%，与2017年同期持平，占比保持了较高的稳定性。

6. 信贷投放重点突出

2018年河北省信贷投放进程条理分明，着重在助力京津冀协同发展、协助雄安新区规划建设、推进冬奥会筹办等方面进行投放。其中在石家庄、保定、张家口三个地区投放的贷款数额最多，新增贷款分别高达 1148.9 亿元、622.7 亿元和 494.2 亿元，居全省前 3 名，这三个地区新增贷款占全省贷款增量的 47.3%；同时三个地区贷款余额和 2017 年相比分别增长 12.8%、16.9%和 20.6%，都比全省的平均水平要高。伴随着雄安新区京雄城际铁路、千年秀林、市民服务中心这一系列项目逐渐正式投入建设，对新区基建等信贷投资有明显增多的趋势。根据相关数据，截至 2018 年末，投放到雄安新区的贷款规模达到了 254.2 亿元，同比增长 43.5%，较 2017 年同期提高了 41.3 个百分点；与 2018 年初相比增加了 77.0 亿元，同比多增 73.3 亿元。

7. 房地产贷款持续回落

“因城施策”“有扶有控”信贷调控取得成效。2018 年末，房地产贷款余额达到了 14659.4 亿元，和 2017 年相比增长了 13.9%；同 2018 年初相比增加了 1788.9 亿元，但是相比 2017 年同期少增 913.9 亿元。其中，个人住房贷款余额占到了 75.6%，金额达到 11081.3 亿元，同比增长 12.7%，较上年同期下降 14.4 个百分点；比年初增加 1251.9 亿元，同比少增 847.0 亿元。

8. 对薄弱环节支持力度加大

为了加大金融对小微企业和民营企业的扶持力度，河北省金融机构做出了不懈的努力。截至 2018 年末，普惠小微贷款余额达到了 2570.1 亿元，相比 2017 年同期增长了 10.4%，同 2018 年初相比增加了 242.8 亿元。同时民营企业的贷款规模也在快速增长。据统计，2018 年河北省集体控股企业与私人控股企业的贷款余额合计达 14125.0 亿元，同比增长 14.3%，相比 2018 年初增加了 1769.4 亿元。与此同时，持续进行的四次定向降准流动性释放起到了很大的作用，一共为河北省释放流动性资金 381 亿元，在信贷支持上加强了金融对小微企业的扶持力度；2018 年办理再贴现业务的规模达到了 231 亿元，其中 69% 是为小微企业办理的业务。同时，通过加强小微企业信贷政策导向评估和正向激励、鼓励金融产品创新和服务创新、推动专项金融债券发行、开展“七个一”专项行动等举措，促进小微企业金融服务不断深化。

9. 银行间债券市场健康发展

一是扩大直接融资规模，提高服务实体经济能力。支持河北省优质企业提高直接融资能力，拓宽融资渠道。2018 年末，河北省非金融企业债务融资工具余额首次突破 2000 亿元，达到 2079. 8 亿元，较年初增加 247. 2 亿元。二是加强债券市场监测分析，强化风险防范。建立针对债券市场运行情况的监测体系和债务融资工具兑付风险监测与处置机制，动态关注金融市场运行过程中出现的新情况、新问题、新风险，综合运用各种方式化解债务融资工具风险，共同降低企业债务融资工具发行难度。2018 年，河北省债务融资工具全部实现按时、全额兑付，实现了债务融资工具零违约，维护了河北省金融生态环境与市场声誉，为进一步扩大债券发行规模打下坚实基础。三是鼓励专项金融债券发行，推动绿色金融加快发展。开展河北省金融债券业务培训会，做好政策解读与传导；协调省财政厅出台针对专项金融债券发行工作的财政奖励措施；优化审批流程，提升审批效率，鼓励金融机构发行二级资本债券、专项金融债券等。2018 年，河北银行和邢台农商行分别成功发行 50 亿元和 2. 5 亿元绿色金融债券。

10. 银行赢利能力下降

截至 2018 年末，全省银行业金融机构的营业收入为 2101. 6 亿元，相较于 2017 年的收入规模增长了 4. 6%，增速相比 2017 年同期降低了 7. 5 个百分点；营业支出的规模达到了 1298. 9 亿元，相较于 2017 年同期增长了 6. 8%，增速比上年同期降低了 3. 6 个百分点；税后净利润有所下滑，其规模为 660. 5 亿元，同比增长 2. 5%，增速较上年同期降低了 10. 9 个百分点。

从收入结构来看，利息净收入做出了最大的贡献，占营业收入的比例最高。据悉，所有营业收入的 76. 5% 来自利息净收入，和 2017 年相比提高了 2. 5 个百分点；投资收益对收入的贡献力度次于利息净收入，只有 12. 9%；而手续费及佣金收入只占所有营业收入的 8. 3%，比例较上年同期下降 2. 4 个百分点。

从支出结构来看，业务和管理费是最大的消耗项目。其中业务及管理费高达 688.7 亿元，与 2017 年同期相比增加了 21.3 亿元，占营业支出的比例超过了一半，为 53%，较上年同期低 1.9 个百分点；税金及附加费用共 20 亿元，在营业支出中只占 1.5%。2018 年河北省全部金融机构净嬴利余额为 660.5 亿元，同比增长 2.5%，增速较上年同期降低 10.9 个百分点。

11. 中间业务增速下滑

2018 年，河北省金融机构中间业务的增长速度出现了一定的回落。截至 2018 年末，全省所有金融机构的本外币中间业务收入共计 184.8 亿元，较上年同期减少了近 35.5 亿元，下降了 16.1%，增速比 2017 年同期降低了 14 个百分点。

所有类别的中间业务收入规模都有不同程度的减少。其中，管理类、结算类、投资银行和担保类中间业务的收入相较于 2017 年分别减少了 22.7%、10%、37.4% 和 5.2%。传统结算类、管理类中间业务收入仍然是中间业务的主要来源。

2018 年，河北省银行业金融机构银行卡业务收入为 45 亿元，同比增长 4.4%，增速较上年同期下降 2.1 个百分点；电子银行业务收入为 20 亿元，同比增长 24%，增速较上年同期下降 13.8 个百分点。

12. 跨境人民币业务稳步推进

中国人民银行石家庄中心支行一贯坚持本币优先的原则，主动配合做好跨境人民币业务工作。制定了《加强跨境贸易人民币工作指导意见》，提出 14 条举措，引导企业在对外贸易和投资中使用人民币计价结算，进一步促进贸易投资便利化。组织开展“送政策，摸实情，促发展”专项调研活动，召开座谈会 15 场，调研企业 130 余家，为企业出实招、解难题。加强业务督导，对工、中、建、交四家银行主管行领导进行约见谈话。科学部署，高效完成全省 15 家资金池风险评估，助力企业优化资金配置。加强非现场监测和现场检查，及时核查异常违规线索，对违规银行进行约谈。开展多轮次执法检查，涉及 11 家银行、9477 笔业务、金额 260 亿元，发现业务违规、真实性审核不严等六大类问题，督导银行整改落实。2018 年全省人民币跨境收支 498 亿元，同比增长 34%，占同期本外币跨境收支总额的 11%，较上年提高 2.5 个百分点。

二　河北省证券业发展状况

2018年，我国证券市场出现了大幅度调整，三大股指年线出现了全面收跌的局面。相关数据显示，上证指数、深证成指和创业板指数的年末报收分别是2493.9点、7239.8点和1250.5点，全年下跌幅度依次是24.59%、34.42%和28.65%。从河北省的情况看，证券业发展基本平稳，多层次资本市场体系逐步完善。

1. 证券机构平稳发展

截至2018年末，河北省法人证券公司只有1家（见表4）；证券公司分支机构一共有293家，其中分公司和证券营业部分别为37家和256家，分别较年初增加11家、1家。

2018年末，全省拥有的投资者证券账户数目达到了1120.1万户，和2017年相比基本没有太大变化，全年实现证券交易额3.8万亿元，同比下降11%。

表4　2018年河北省证券业基本情况

项　目	数量
总部设在辖内的证券公司数（家）	1
总部设在辖内的基金公司数（家）	0
总部设在辖内的期货公司数（家）	1
年末国内上市公司数（家）	56
国内股票（A股）筹资（亿元）	33.89
新三板融资（亿元）	16.27
国内债券筹资（亿元）	464.92
其中：上市公司债权融资（亿元）	228
非上市债权融资（亿元）	215.35
股权市场融资（亿元）	1.57
资产证券化融资（亿元）	20

资料来源：河北证监局。

2. 期货机构稳健运行

截至2018年12月31日，全省共有1家期货公司，分支机构共计43家，其中分公司3家、期货营业部40家，相比年初来说分别增加了2家、4家。截至2018年12月31日，河北省证券投资公司和分支机构的数量并没有发生变化，仍然分别是1家和6家。

3. 辖区私募机构情况

截至2018年12月31日，在河北管辖区域之内共有137家登记私募基金管理人和254只备案私募基金，基金的规模达到了415.86亿元，较年初分别增加9家、12只、50.86亿元。

三　河北省保险业发展状况

1. 保险规模持续增长，风险承担能力进一步提高

河北省保险业在2018年得到了一定的发展，其分支机构数不断增加，营业网点覆盖面更加广泛。2018年新增加4家省级分公司和190家省级以下分支机构。保险业的总资产规模高达3639.36亿元，在全国的排名已经位居第9，和2017年同期相比增长了9.69%，高于全国增速0.24个百分点。全年累计实现原保险保费收入1790.63亿元（见表5），居全国第8位，同比增长4.44%。

表5　2018年河北省保险业基本情况

项　目	数量
总部设在辖内的保险公司数(家)	1
其中:财产险经营主体(家)	1
寿险经营主体(家)	0
保险公司分支机构(家)	72
其中:财产险公司分支机构(家)	33
寿险公司分支机构(家)	39
保费收入(中外资,亿元)	1790.6
其中:财产险保费收入(中外资,亿元)	529.8
人身险保费收入(中外资,亿元)	1260.9

续表

项　目	数量
各类赔款给付(中外资,亿元)	541.2
保险密度(元/人)	2375.5
保险深度(%)	5.0

资料来源：河北省保监局。

2. 保险保障功能充分发挥，保险业务结构显著优化

从保险业业务结构方面来看，车险保费收入占比同2017年相比下降了4.15个百分点，作为对比的重点险种却出现了较快增长的趋势，保证保险、家财险和信用保险保费收入同比分别增长81.96%、24.31%和19.19%。与此同时，保险深度和密度也在不同程度上有不小的突破，保险保障功能充分发挥，其中保险密度为每人2375.50元，相较于2017年每人增加了88.0元；保险深度为5.0%，同2017年相比提高了0.2个百分点；保险业累计承担风险总额高达72.2万亿元，同比增长34.86%；而赔付支出方面一共为541.2亿元，同比下降1.2%。

四　其他金融业发展

2018年，河北省小额贷款公司共有430家，相较于2017年减少了7家公司；实收资本共计244.19亿元，从业人员5051人（见表6）。截至2018年末，河北省小额贷款公司贷款余额为244.35亿元，累计收回贷款108.4亿元。共实现利润总额2.3亿元，同比下降13.3%。

表6　2012～2018年河北省小额贷款公司发展情况

指标	2012年	2013年	2014年	2015年	2016年	2017年	2018年
机构数量(家)	325	439	479	480	450	437	430
从业人员(人)	3766	5093	5524	6454	6134	5894	5051
实收资本(亿元)	194.76	256.33	270.92	271.62	255.40	247.74	244.19
贷款余额(亿元)	205.43	273.10	288.97	281.47	254.70	245.60	244.35

资料来源：中国人民银行石家庄中心支行。

如果按贷款对象来进行划分，可以看出个人贷款所占比例最大。截至2018年末，在所有贷款中，个人贷款余额高达223.9亿元，占全部贷款的91.7%；而企业和其他组织贷款余额为20.4亿元，所占比例为8.3%。

如果按贷款额度来进行划分，大多数贷款投放到了“10万~50万元”区间，其余额为210.9亿元，占所有贷款的比例高达86.3%；剩下的“大于50万元”的贷款余额为29.4亿元，占所有贷款的比例为12%；“小于10万元”的贷款余额仅4.1亿元，占所有贷款的比例只有1.6%。由此可以看出，贷款投放额度稳定在“10万~50万元”区间，“小额”“分散”的放款特点突出。

如果按贷款期限来进行划分，短息贷款更受到贷款者的喜爱。在所有贷款之中，短期贷款余额、中长期贷款余额分别为236.9亿元和7.4亿元，两者之比为97:3。在短期贷款中还要以大于半年的贷款为重，期限在“6~12个月”贷款余额为164.8亿元，占全部贷款的67.5%。

参考文献

[1] 河北省人民政府：《河北省经济年鉴（2018）》，中国统计出版社，2018。

[2]《2018年12月河北省金融机构（含外资）存贷款表》，中国人民银行石家庄中心支行网站，http://shijiazhuang.pbc.gov.cn/shijiazhuang/131438/3747163/index.html，2019年1月17日。

[3]《2017年12月河北省金融机构（含外资）存贷款表》，中国人民银行石家庄中心支行，http://shijiazhuang.pbc.gov.cn/shijiazhuang/131438/3470625/index.html，2018年1月26日。

[4] 中国人民银行石家庄中心支行货币政策分析小组：《河北省金融运行报告（2018）》，2019。

B.9

2018年河北金融市场运行报告

何 楠 张立乐*

摘 要： 本报告对2018年河北省证券市场、基金市场、股权交易市场、信托市场及融资租赁市场进行了详细的分析，发现河北省各种类型的金融市场运行基本稳定，这在一定程度上帮助河北省经济快速发展。河北省金融市场充分借助股票、债券和信托等市场展开了新一轮的共同发展，增加了有效金融供给，更好地推动了河北省创新型、成长型企业的快速壮大，在助力京津冀一体化进程方面发挥了举足轻重的作用，构成了推动全省经济社会发展的不懈动力。

关键词： 金融市场 证券市场 股权交易市场 信托市场 融资租赁市场

一 河北省证券市场发展状况

截至2018年末，河北省相较于年初的56家上市公司增加了1家。在这57家上市公司中，有23家在上海证券交易所上市，有34家在深圳证券交易所上市；主板有37家上市公司，中小板和创业板分别有10家上市公司。

截至2018年末，河北省辖内一共有243家企业在新三板挂牌（见表

* 何楠，天津财经大学金融学院博士研究生；张立乐，天津财经大学金融学院博士研究生。

1)，比2018年初增加了2家（新增22家挂牌企业，但是有21家企业摘牌，同时有1家企业是异地转入)，占全国挂牌数量的2.27%。

表1　2018年河北省资本市场概况

地　区	上市公司数量(家)	拟上市公司数量(家)	新三板挂牌公司数量(家)	2018年直接融资合计(亿元)
石家庄	16	7	70	239
唐　山	10	2	35	43
保　定	10	1	30	14
邯　郸	2	1	9	9
秦皇岛	3	2	15	14
沧　州	5	3	24	2
廊　坊	4	1	23	205
承　德	2	—	5	—
邢　台	2	1	13	7
张家口	1	2	9	1
衡　水	2	—	10	44
全　省	57	20	243	578

资料来源：Wind数据库。

截至2018年末，河北省辖内一共有2家拟上市企业过会尚未发行（北大青鸟消防、新诺威)；共有3家公司已向证监会提交了申请材料而且得到了受理，分别是北洋传媒、新天绿色能源和康泰医学，现在都处在反馈意见阶段；1家企业（财达证券）已完成辅导验收工作；另外还有14家企业处于辅导期。

2018年，河北省辖内直接融资总额为578亿元，相比2017年有所下滑，下降了13.76%。在这些融资中，股权融资和债券融资之比为19.6∶80.4，融资额度分别是113.31亿元和464.92亿元，具体融资类别和额度见表2。

表 2　2018 年河北省证券市场融资情况

融资类别	具体项目	融资额度(亿元)	占比(%)
股权融资	首次公开发行 IPO	33.89	29.91
	上市公司股权再融资	52.20	46.07
	新三板挂牌公司股权融资	16.27	14.36
	区域性股权市场股权融资	10.95	9.66
	合　计	113.31	100
债券融资	上市公司债权融资	228	49.04
	非上市公司债券融资	215.35	46.32
	区域性股权市场债权融资	1.57	0.34
	资产证券化融资	20	4.30
	合　计	464.92	100

资料来源：Wind 数据库。

二　河北省基金市场发展状况

河北省私募基金发展形势良好。截至 2018 年 12 月 31 日，在河北省辖区之内一共有 137 家私募基金经理人，同时有 254 只备案私募基金，私募基金规模高达 415.90 亿元（见表 3），同 2018 年初进行比较，依次增加了 9 家、12 只和 50.86 亿元。其中石家庄私募基金经理人最多，为 91 家，廊坊私募基金规模最为庞大，为 124.7 亿元。

表 3　河北省各地区私募股权基金情况

地 区	私募基金经理人(家)	私募基金(只)	私募基金规模(亿元)
石家庄	91	156	86.1
唐　山	11	31	86.9
保　定	10	8	6.3
邯　郸	3	5	1.9
秦皇岛	3	31	63.2
沧　州	2	2	0.3
廊　坊	6	11	124.7
承　德	1	—	—

续表

地 区	私募基金经理人(家)	私募基金(只)	私募基金规模(亿元)
邢 台	—	—	—
张家口	5	5	43.1
衡 水	5	5	3.4
全 省	137	254	415.9

三 河北省股权交易市场发展状况

2018 年河北省股权交易市场发展状况良好，挂牌企业有不小的增量（见表4），融资额度也有所增加。累计实现融资 214.28 亿元，比年初新增 76.68 亿元。作为河北省唯一一个股权交易中心的石家庄股权交易所（简称“石交所”），始终遵从“河北省优质中小微企业集聚地”和“河北省企业上市孵化基地”的战略定位，通过不懈的努力成为河北省融资、信用、服务、信息和创新的中心。与此同时，作为一个服务平台，石交所开展多种多样的服务，如挂牌展示、股权转让、登记托管、培训路演等，为支持中小微企业发展和全省多层次资本市场建设做出了积极贡献。

表 4 2018 年石家庄股权交易所挂牌企业与托管企业数量

单位：家

类别		年初	年末	2018 年新增数量
挂牌企业	主板、成长板	518	597	79
	孵化板	1194	1321	127
托管企业		1950	2246	296

资料来源：石家庄股权交易所。

四 河北省信托市场发展状况

河北省仅有的一家经营信托业务的机构——渤海国际信托有限公司

（简称“渤海信托”）在近年来连续维持着稳健的发展趋势，在信托行业评级中连续多年获 A 级评级。自 2014 年来，渤海信托总资产、净资产一直不断上升，截至2018 年末，渤海信托总资产为140. 37 亿元，净资产为120. 33 亿元，管理信托资产达6203. 32 亿元（见表5）。其中信托资产分为集合类、单一类和财产权类三个类别，其规模均较 2018 年初有不同程度的减少，总额由7549. 75 亿元减少为6203. 32 亿元（见表6）。截至2018 年末已经清算的信托项目共653 项，其中，集合类、单一类和财产权类分别为 64 项、465 项和 124 项。

表5　2014～2018 年渤海信托资产状况

单位：亿元

年份	总资产	净资产	信托资产
2014	37. 70	36. 84	2166. 17
2015	48. 48	42. 34	2161. 73
2016	85. 62	70. 46	3463. 77
2017	140. 14	115. 44	7549. 75
2018	140. 37	120. 33	6203. 32

资料来源：《渤海国际信托股份有限公司年报》，渤海国际信托股份有限公司网站，https：//www. bohaitrust. com/Other/annual/cid/46/lid/48. html。

表6　2018 年渤海信托资产变化

单位：亿元

资产类型/指标	年初	年末
集合类	1686. 74	1157. 11
单一类	4863. 82	4577. 50
财产权类	999. 19	468. 71
合计	7549. 75	6203. 32

资料来源：《渤海国际信托股份有限公司年报》，渤海国际信托股份有限公司网站，https：//www. bohaitrust. com/Other/annual/cid/46/lid/48. html。

2018 年，渤海信托为了更好地发挥债券市场直接融资的功能，充分发挥多层次市场运作的优势，在债券市场上积极进行投标和交易，全年共交易金额高达100亿元，参与投资的债券项目超过200项，投资品种全部覆盖，投资的去向集中在能源、公共事业、地产、信息技术等行业，债券发行人分布在全国24个省级行政区域，多元助力实体经济发展。

五　河北省融贸租赁市场发展状况

近年来，河北省融资租赁业不论是领域覆盖面还是市场渗透度都有较大程度的发展，许多融资租赁企业在河北省不断壮大规模，管理更加趋于合理，形成了各自的特色，具备了较强的竞争力。统计数据显示，2018年末河北省共拥有28家融资租赁公司，和2017年末相比增加了5家。其中，金融、内资和外资租赁公司的数量分别是2家、5家和21家。

参考文献

[1]《渤海国际信托股份有限公司年报》，渤海国际信托股份有限公司网站，https：//www. bohaitrust. com/Other/annual/cid/46/lid/48. html。

[2] 中国人民银行石家庄中心支行货币政策分析小组：《河北省金融运行报告(2018)》，2019。

B.10
2018年河北金融改革创新报告

何 楠 张立乐*

摘 要： 本报告梳理了河北省2018年在落实国家宏观调控政策、推动各项金融改革措施实施、提高金融服务水平和助力雄安新区建设等方面的金融改革创新成果，对河北省金融改革创新的发展重点和前景做了详细的分析。鉴于河北省金融业始终坚持服务实体经济的正确发展思路，多重领域的金融改革创新更好地满足了河北省社会经济发展的需求，推动河北经济高质量发展。

关键词： 河北省 金融改革创新 金融支持 实体经济

一 2018年河北省金融改革创新成果

2018年，河北省始终将发展实体经济作为发展经济的第一位，加强对那些影响实体经济发展的重要领域和相对较弱环节的定向支持，各项金融基础设施建设不断得到完善，支付清算系统的构建不断向前推进，整个社会更加意识到消费者权益的重要性，信用体系建设也在一定程度上有所提升，反洗钱工作更加深入地进行等，这些变化对于河北省结构的调整和经济发展模式的转变提供了很大的帮助。

---

* 何楠，天津财经大学金融学院博士研究生；张立乐，天津财经大学金融学院博士研究生。

1. 落实好国家宏观调控政策

一是深入理解、宣传政策，更加有力地助推市场预期的形成和稳定。以中国人民银行网站公开发布的《河北省金融运行报告（2018）》为载体，积极宣传，发挥这一报告政策宣传和预期引导作用。2018 年先后召开了两次河北省货币信贷政策执行委员会会议，有效地传递相关政策，及时地引导社会预期。总之，河北省运用一切可以用到的方法，积极将政策落到实处，将结果反馈给民众。

二是加大逆周期调节的力度，更加高效地对实体经济的发展予以协助。当下，河北省经济发展有向下的趋势，信贷增速也不再强劲，因此要更加注重逆周期调控，将社会信贷的投放引到合理增长的道路上。相关数据显示，截至 2018 年底，河北省本外币所有贷款的余额达到 48115. 3 亿元，相比 2017 年同期增长了 11. 1%，贷款增速比名义经济增速快；这些贷款余额相比 2018 年初增加了 4795 亿元，这和 2017 年的增量相比减少了 774. 4 亿元。增量的减少主要受到个人住房贷款增量减少的影响。同时，金融对实体经济的扶持力度也在不断加大，2018 年相比 2017 年新增加的非金融企业和机关团体的贷款有 2957. 6 亿元，同比多增 349. 5 亿元。其中，中长期贷款的金额最大，达到了全部贷款的 74. 5%，同比增长 15. 2%，多增 495. 9 亿元。2018 年，地方法人金融机构又增加了 2917 亿元贷款，相比 2017 年多增 379 亿元。这些经济数据是对实体经济最有力的支撑。

三是不断推进机制建设，为利率市场化进程贡献力量。为了提升金融机构的自主定价能力，河北省在自律机制建设、合格审查评估、定价审查评估和业务培训等方面做出了不懈的努力。其中，沧州和邢台等市做出的贡献不容小视，辖内地方法人金融机构在 2018 年合格审慎评估中通过率较高。2018 年，107 家地方法人机构申请成为全国自律机制成员，其中有 80 家取得资格，通过率为 74. 8%，相比 2017 年提升了 20. 3 个百分点。2018 年，河北省金融机构的主动负债能力得到了不小的提升。截至 2018 年末，河北省金融机构同业存单的余额由 2017 年的 1244. 7 亿元增长到 1407. 8 亿元，大额存单的余额由 2017 年的 1843. 7 亿元增长到 3348. 5 亿元。

四是将定向降准落到实处，加大存款准备金管理的力度。将普惠金融领域的定向降准纳入考核之中，连续三次对城市商业银行、非县域农村商业银行实施定准降基，累计释放流动性381亿元。中国人民银行石家庄中心支行编制了《存款准备金管理操作指南》，下发至全省各类法人金融机构，切实加强准备金日常监测预警；并制定了《河北省流动性风险应急预案》，2018年一共发放常备借贷便利32亿元，及时补充辖内法人金融机构流动性。承德、衡水等市中心支行在加强存款准备金管理方面做了大量细致的政策梳理工作。

五是完善管理制度，有效推动再贷款、再贴现投放。中国人民银行石家庄中心支行制定《河北省支小再贷款管理实施细则》《河北省信贷资产质押再贷款操作规程》等文件，规范河北省再贷款审批、发放和监测评估工作；通过明确投放目标任务、实地督导调研、交叉现场核查等方式，调动金融机构使用再贷款的积极性。截至2018年底，全省支农再贷款、扶贫再贷款、支小再贷款、再贴现余额分别为60.4亿元、45.77亿元、47亿元、100.8亿元，相比2017年末分别增长18.9%、37.9%、370%、10.28%。张家口、邢台等市中心支行在推动扶贫再贷款工作开展方面卓有成效。

六是深化民营和小微企业的金融服务。河北省通过“七个一”，即召开电视电话会议、印发实施意见、开展系列专题调研、建立典型案例库、组织系列宣传、召开政策宣讲会、强化考核督导，引导金融机构做好民营和小微企业的金融服务。对小微企业关于信贷政策执行的状况进行评估，通过各种方式来鼓励金融机构加大对小微企业的扶持力度。除鼓励外，还对那些没有按照政策而无作为的机构进行约谈。截至2018年末，全省中小微企业贷款和私人控股企业贷款的余额分别高达19408.5亿元和13680.2亿元，相比2017年分别增长了12.4%和18.5%。

七是积极推进民营企业债券支持工具的发行。中国人民银行石家庄中心支行落实“三支箭”政策，积极开展民营企业债券支持工具政策宣讲，向河北省政府报送《关于支持试点发行河北省民营企业债券融资支持工具的请示》并获批准，协调中债信用增进公司与债券承销机构积极同优质民营企业对接，通过市场化手段缓解河北省优质民营企业融资难问题。

2. 推动各项金融改革政策措施落地生根

一是存款保险工作稳步推进。优化风险监测和数据统计工作方法，充分发挥非现场监测优势，及时掌握辖内投保机构风险底数。河北省先后对89家投保机构进行了详细的现场核查，风险识别的意识得到了不小提升，争取在面对风险的时候能够做到早发现、早预警和早处置。积极发挥存款保险早期纠正功能，督导机构采取有效措施化解潜在风险。

二是外汇管理改革进一步深化。推进全口径跨境融资、跨国公司外汇资金集中运营管理政策在河北省落地生效；大力支持有能力、有条件、符合国家政策导向的企业融入“一带一路”倡议，先后支持新奥生态、宣化工程机械、河钢集团等企业汇出境外投资资金18.6亿美元。创新企业帮扶机制，开展“把外汇便利政策送进门，把企业真实需求带回家”调研帮扶活动，全省调研走访企业301家，有力支持了涉外经济发展。

三是加大对去产能和转型升级的支持力度。中国人民银行石家庄中心支行搭建信息交流渠道，将2018年河北省重点项目计划等及时在河北金融票据网上发布，指导金融机构提升服务实体经济的精准度。转发并认真贯彻中国人民银行信贷政策文件，指导金融机构加大对海洋经济等重点产业的金融支持力度。2018年末，所有行业贷款余额为29665.64亿元，其中作为经济转型最主要的产业——第三产业的贷款余额高达17354.4亿元，比重高达58.5%，相比2017年提高了1.2个百分点。中国人民银行唐山市、邯郸市中心支行结合当地去产能进展加强调查研究，及时上报进展情况和问题建议。

3. 金融服务水平不断提升

近年来，金融消费权益保护得到越来越多的重视，法律顾问服务机制的构建也越来越完善，这些努力有效地防范了法律风险。河北省召开有关消费权益保护评估与监督检查的工作，将金融消费者的诉求放在首位，投诉办结率100%。通过“微电影”“微课堂”等不同形式开展金融宣传，加强消费者的风险防范意识。

管理与服务并重促进机构稳健经营。中国人民银行石家庄中心支行不断完善开业审批流程，全省共审批106家机构加入中国人民银行管理与服务体系；推动综合评价项目标准的修订和完善，提高评价结果的全面性、准确性和科学性；组织人员对6家银行机构及其分支机构开展综合执法检查，做到了公正执法、廉洁执法，提升了中国人民银行的权威和公信力。

统计和研究的决策参谋作用有效发挥。中国人民银行石家庄中心支行推进金融业综合统计落地实施，开展雄安新区、京津冀区域金融等特色统计，深入挖掘、整合数据资源。围绕金融支持实体经济、绿色金融等重点问题深入调研，多篇研究报告得到省委、省政府领导的批示肯定。“雄安新区金融功能定位及发展战略研究”获河北省社会科学基金立项。

支付环境不断优化。移动支付便民工程深入推进，云闪付累计注册用户数及2018年新增注册用户数均位居全国第二。深化农村支付服务，助农取款点贫困地区行政村覆盖率达98%。优化开户服务，平均开户时间由6个工作日缩短至2.5个工作日，开户效率明显提高。

科技服务能力持续提升。健全信息系统“三道防线”，推进动力环境监控联网系统建设，“人防+技防”风控体系基本建立。“数字央行”区域大数据应用平台建设全面启动。圆满完成同城备份中心模块化机房的建设和搬迁，IT基础设施更加完善。

货币发行管理全面加强。中国人民银行石家庄中心支行合理安排发行基金调拨，组织做好残损币销毁。建立发行基金调运联动机制，实现押运业务省内全覆盖、库区安全零事故。制作《心中画卷　国家名片》宣传视频，营造反假币良好氛围。

国库服务效能不断提高。推进跨省经营企业税款异地电子缴库，解决异地缴税入库“堵点”难题，为跨省经营企业创造良好的营商环境。加强国库信息化建设，圆满完成财关库银横向联网并全省推广。国库现金管理水平不断提高，实现利息收益6.27亿元，为地方财政体制改革提供了有力支持。

征信管理和服务水平稳步提高。完善相关制度，开展检查回访、安全巡查，进行工作督导，全面加强信用信息安全管理。河北省借助2018年印发的《河北省加快社会信用体系建设行动计划（2018~2020年）》，有力地助推了信息共享平台的构建和联合惩戒机制的形成。将搭建的应收账款融资服务平台向社会公众进行推广，拓展了各类企业的融资渠道，该平台成交额已达 2400 亿元。

反洗钱工作深入推进。河北省持续加大检查力度，扎实开展分类评级，综合运用风险评估、约见谈话、现场走访等多种形式加强对义务机构监督指导。2018 年，全省共对 135 家义务机构的 179 个网点开展了反洗钱执法检查，对 27 家义务机构开展了综合执法检查，对问题“情节严重”的 55 家义务机构罚款 1262.6 万元，比 2017 年增长 125%。

4. 金融助力雄安新区全面建设发展

京津冀三地联合召开会议，合力推进金融支持京津冀协同发展和雄安新区建设。2018 年末，河北省银行业支持京津冀协同发展表内外信贷余额 12927.1 亿元，较年初增加 1374.9 亿元，同比增长 11.9%。全省银行业支持“三个率先突破”领域表内外信贷余额 6802.4 亿元，较年初增加 621.1 亿元。支持奥运相关项目 71 个，累计发放贷款 106.5 亿元，余额为 212 亿元。

不断深入服务雄安新区。河北省研究提出金融支持雄安新区改革开放的政策建议，为中国人民银行的决策提供参考。设立新区国库机构，打通新区财政资金运行通道。推动发行永续票据，支持雄安集团提高市场化融资能力。研究新区融资模式，推进雄安新区房地产投资信托基金（REITs）试点工作。针对新区新设金融机构开业管理，制定操作规程，开辟绿色通道，得到省政府表扬。2018 年末，雄安新区各项存款余额为 915 亿元，较雄安新区成立以来增加 488 亿元。各项贷款余额为 254 亿元，较新区成立以来增加 70 亿元。其中，中长期贷款投放加大，同比增长 342%。雄安新区设立金融机构数量不断增加，体系不断健全，服务能力不断增强。

二　河北省金融改革创新发展前景

2019 年注定是非同寻常的一年，不仅是新中国成立 70 周年，而且是全面建成小康社会、实现第一个百年奋斗目标至关重要的一年。河北省应当将稳中求进推动下去，转换发展理念，将全新的发展理念注入推动经济高质量发展的道路上，始终奉行金融服务实体经济，坚持深化金融供给侧结构性改革，将市场的需求作为导向，找准金融服务重点、难点、痛点，积极开发个性化、差异化、定制化金融服务，提高金融供给的适应性，力争重点突破、优势突围、薄弱增强、开放提升、全面优化，促进全省经济高质量发展。

1. 支持全省重大战略发展

以服务供给侧结构性改革为主线，鼓励金融机构紧紧抓住雄安新区建设、京津冀协同发展、北京冬奥会筹办等战略机遇，加强政策倾斜支持，争取设立理财、资管等各类高端高新子公司，优化金融服务机构布局，支持雄安新区发展 REITs，加大对交通、生态环保、公共服务设施等领域的金融支持力度。

河北省对于参与石保廊全面创新改革、京南国家科技成果转化等各种类型的开发区或示范试验区金融创新改革试验的金融机构予以鼓励，发展科技金融，设立科技金融专营机构，提升科技成果转化金融服务水平，探索开展商标权、专利权等知识产权质押融资创新，为种子期、初创期、成长期的科创企业提供资金支持。

2. 支持重点产业发展

河北省鼓励银行业金融机构优化整合资源，围绕“制造强省”、互联网与先进制造业融合发展、万企转型、千项技改、企业标准领跑者和退城搬迁改造等领域以及各类重点项目，制订银企对接行动方案，合理确定授信期限、融资利率和还款方式，加大对新一代信息技术、高端装备、生物技术、新材料等新兴产业领域和传统产业科技创新及技术改造升级中长期贷款的投入，促进两化融合、产教融合。坚持“区别对待、有扶有控”原则，加强银银合作。对有市场、有前景但暂遇困难的企业，给予合理的资金支持；对丧失清偿能力但仍有部分营业价值的企业，通过债务重组、兼并重整等多种方式，促进资源优化配置；对于那些“僵尸企业”领域的打款采取平稳退出的方式，坚持推进市场出清；对于制造业企业实施债券转股，只要其遵循市场化、法制化的原则就给予支持，有效地降低了企业杠杆率。

加大力度推进绿色金融的发展，遵循《绿色产业指导目录（2019版）》，对各类金融机构予以鼓励。首先，对于银行业金融机构开发关于能效信贷以及能源未来收益权等抵质押融资业务予以支持。其次，为了推进低碳城市的构建进程、打响蓝天保卫战、实施开展“净土行动”等符合绿色发展理念的活动，大力支持保险机构对绿色保险产品和服务进行创新活动，研发创新保险产品。最后，对于其他专业性中介机构，如金融租赁公司等，开展相关的绿色金融服务予以扶持。

大力支持银行业金融机构进行仓单质押贷款、票据贴现、应收账款质押贷款、国际国内信用证、保理等多种形式的产业链金融服务，使得产业链上下游企业对于资金的需求得到更好的满足，不断加强制造业和现代服务业融合发展的金融产品以及服务创新，不断提升河北省文化、物流、中医药、服装、葡萄酒、电子商务、旅游、实体零售、康复辅助器具、工业设计、应急装备、建筑、冰雪、城镇化、食品药品安全等领域的产业金融服务水平。

3. 支持普惠领域发展

大力支持金融扶贫和产业扶贫两者之间的融合，构建利用金融来支撑产业发展，进而借助产业发展来帮助贫困户脱贫的相互挂钩的机制。将注意力放在那些深度贫困地区，对于新增加的资金和金融服务要优先用在帮助深度贫困地区发展的地方。鼓励银行业金融机构将更多金融资源配置到农村重点领域和薄弱环节，建立完善金融服务乡村振兴的市场体系、组织体系和产品体系。

不断加大信贷、多种期限贷款等一系列产品的扶持力度，从而帮助那些难以在资本市场等获得资金援助的民营企业和小微企业。支持银行业金融机构在不增加地方政府隐形债务规模的前提下，按照市场化原则通过发放短期流动资金贷款等方式向地方平台公司提供融资支持，依法合规地解决拖欠民营企业、中小企业账款的问题。

落实国家助学贷款、康复扶贫贷款、创业担保贷款等政策，鼓励银行业金融机构在风险可控、商业可持续的基础上，创新金融产品和服务方式，加大对贫困大学生、残疾人、返乡创业农民工、复员转业退役军人等群体的金融服务。

4. 支持对外开放领域发展

鼓励银行业金融机构积极与企业进行对接，不断开拓国际市场，进行国际并购等“走出去”业务，通过内保外贷、银团贷款、出口信贷等多种方式，加大与境外分支机构、外国银行、国际金融组织的合作力度，接受一些企业利用其境外的资产或股权等权益充当抵押品进行融资的行为，不断加大对“一带一路”倡议中基础设施项目建设以及国际产能合作的扶持力度。

为了帮助人民币国际化进程的顺利进行，今后应当大力扶持银行业金融机构提高跨境人民币业务水平，鼓励这些机构与非银行支付机构开展相关业务，推动在对外贸易或境外投融资活动中使用人民币进行支付结算。创新外汇产品和服务，不断优化外汇管理，满足企业“走出去”过程中真实、合理的购汇需求，大力发展出口信用保险保单融资、融资租赁等业务，促进服务贸易、货物贸易等领域涉外企业发展。

5. 丰富金融业态

鼓励金融机构充分体现出各自的优势。第一，支持开发性、政策性金融机构体现其在重点领域或者相关薄弱环节所起到的作用。第二，支持全国性商业银行将其网络渠道、业务功能协同等方面的优势发挥出来。第三，地方金融机构可以发挥其管理半径短、经营机制不呆板等优势。支持民营资本进入银行业、证券业、保险业，完善多层次、广覆盖的金融体系。鼓励金融机构按照风险可控、商业可持续原则，以债权、股权、资产支持计划等多种形式参与各类政府引导基金和纾困基金。

对于一些新型金融机构，如消费金融公司、汽车金融公司等予以大力扶持。支持引进信托、证券、基金、期货、证券投资咨询等经营机构，鼓励基金管理公司向现代资产管理机构转型。支持保险机构发挥风险保障和长期储蓄功能，鼓励设立健康保险、养老保险、科技保险、责任保险等专业类型保险机构，支持相互保险、互联网保险等新型保险形式的发展。

增强服务能力。支持银行业金融机构在风险可控、商业可持续的前提下，加强与征信、信用评级、法律、评估、会计、金融科技等机构和企业的合作，合理考量企业技术、人才、市场前景等“软信息”，结合企业“三表”“三单”“两品”等非财务信息，积极改进授信机制，为民营和小微企业提供精准的金融支持。

支持银行业金融机构将绿色信贷领域、住房和汽车领域及与河北省产业政策导向相对应的制造业等领域的信贷资产作为资产证券化的基础资产，进而可以发行相关的信贷资产证券化产品。鼓励银行业金融机构发行二级资本债券和小微、双创、绿色、“三农”等专项金融债券，对转股型资本债券、无固定期限资本债券等创新型资本补充债券发行方案进行有益探索。

6. 优化融资结构

对于那些已经具备相应资质的企业允许其在主板市场上市进而融得资金。其中，针对先进的制造业企业，鼓励其在相应的板块上市或者在全国中小企业股份转让系统和区域性股权交易市场挂牌融资。而对于那些资质要求高的科技创新型企业，支持其在科创板进行上市融资，进而可以使其中长期资本得到进一步充实。鼓励和支持上市公司通过配股、增发、可转债、优先股等融资方式优化再融资结构。

加强企业债券业务培训，组织拟发债企业与中介机构对接，送政策、送信息进企业。对于符合相关资质要求的企业发行公司债、企业债等创新型直接融资工具的融资行为予以相应的支持，同时也应支持民营企业债券融资支持工具的发行，从而不断扩大它们的融资渠道。

与此同时，为了拓宽市场，对于符合资质要求的企业进行的借助股权、债券以及资产证券化等金融工具在国际市场上进行融资的行为给予相应的扶持，推动跨国公司跨境资金集中运营、跨境双向人民币资金池业务的顺利进展，在全口径跨境融资宏观审慎管理政策框架下进行跨境融资。

7. 完善内部机制

鼓励银行业金融机构完善“管住人、看住钱”制度，优化客户准入、信贷审批、产品标准，落实小微企业流动资金贷款的无还本续贷政策，贯彻小微企业授信尽职免责的有关制度，降低小微金融从业人员利润指标考核权重，增加贷款户数考核权重。为了更加坚决地防范道德风险的发生，应当加大对小微金融从业人员的内控合规管理。同时，为了使资金真的用在扶持民营和小微企业发展的刀刃上，还要加强对贷款资金流向的监测。

8. 规范经营行为

银行业金融机构应当将服务价格等相关政策落到实处，着重清理各种不规范行为或者违反规定的融资通道业务，有力地减少企业进行融资的成本，减轻债务负担。支持银行业金融机构遵循市场规律，对符合河北省产业发展方向、主业相对集中于实体经济、技术先进、产品有市场、暂时遇到困难的民营企业稳贷、续贷，不盲目抽贷、压贷，可在做好贷款质量监测和准确分类的同时，通过调整贷款期限、还款方式等贷款重组措施，缓解企业债务压力。

9. 落实稳健的货币政策

落实好稳健的货币政策，保持松紧适度。加强经济金融形势分析研判，适时预调微调，做好预期引导和窗口指导，创新完善调控方式，着力疏通金融政策传导。为实现经济发展模式的转变和供给侧结构性改革，应当将信贷投放控制在一个相对较为合理的增速，从而可以给实体经济转向高质量发展提供一个良好的货币金融环境。

10. 充分发挥结构性货币政策工具作用

加大支农、支小、扶贫再贷款的投放力度，运用先贷后借报账、“一次授信、多次发放”等方式，提高再贷款审批发放效率，引导辖内法人金融机构加大对“三农”、民营及小微企业、贫困地区的信贷支持力度。推动普惠金融领域定向降准考核的进程，针对那些能够达成相应要求的金融机构可以给予一个较低的存款准备金率，从而释放更多的流动性。同时优先支持民营企业和小微企业票据办理再贴现。

11. 加强宏观审慎管理

充分发挥 MPA 评估的逆周期调节和结构引导作用，通过调整优化评估指标和参数，调动金融机构信贷投放的积极性。按照“分城施策”“一城一策”原则，配合地方政府调整完善差别化住房信贷政策。维护公平有序的市场利率定价秩序。

加强政银企合作，支持政府部门服务民营企业和小微企业等激励政策落地，支持金融机构为公共服务平台提供创新型、多元化融资服务，探索“银税互动”“银税合作”等财政政策、产业政策、税收政策和金融政策的良性互动模式。

12. 推动完善担保体系建设

大力鼓励地方政府设立风险补偿基金、政府性担保基金、应急转贷基金等，积极运用财政贴息、信贷风险分担补偿、担保增信等方式，从而构建完善的融资担保和财政补偿体系。推动金融机构创新和融资担保机构不断探索相互合作，将政府性融资担保机构作为主体，构建更加合理的企业贷款风险分担和利率协商机制。

13. 保障金融消费者合法权益

加强金融知识和金融安全教育，引导金融机构遵循平等自愿、诚实守信等原则，充分尊重并自觉保障金融消费者的合法权益，提高社会公众法律意识和金融风险识别能力。

14. 打造诚信、高效、安全金融生态环境

推动政府部门加强社会信用体系建设，建立健全守信联合激励和失信联合惩戒机制，严厉打击金融欺诈、恶意逃废债、非法集资等非法金融活动。开展移动支付便民工程，为社会民众提供快捷、便民、安全的支付服务。落实“放管服”改革要求，取消企业银行账户许可，督促银行业金融机构优化开户流程，做好银行账户服务工作。

15. 防范化解金融风险

金融机构要加强金融风险防范意识，完善风控制度建设，稳妥做好“僵尸企业”的信贷退出，加大对非法互联网金融活动的预警防范力度，及时处置化解金融风险隐患，切实落实重大事项报告制度，探索防范化解金融风险的典型做法和长效机制。

参考文献

[1] 李海申:《借力雄安新区建设　推进河北金融业发展》,《河北金融》2018 年第 2 期, 第 44 ~ 47 页。

[2] 孟磊:《河北省普惠金融发展浅析》,《时代金融》2019 年第 17 期, 第 39 ~ 40 页。

[3] 王姝、李玮、董为:《京津冀协同发展下河北省金融服务业集聚影响因素分析》,《现代商贸工业》2018 年第 29 期, 第 1 ~ 3 页。

专 题 报 告

Special Research Reports

B.11

新时期北京市金融服务业对外开放战略分析

张礼卿　何 砚*

摘　要： 北京市金融服务业对外开放是中国金融服务业对外开放的重要组成部分，北京作为中华人民共和国的首都，集聚了国家金融监管机构与货币政策管理部门，汇集了大量国内外金融机构总部，是国家金融管理中心，更是中国金融服务业对外开放的战略性高地，新时期北京市金融服务业对外开放面临着崭新的历史机遇。本报告从北京市金融服务业对外开放的发展历程出发，对北京市金融服务业扩大金融开放的战略价值、目标、路径以及制度建设要点进行了详尽的分析，并从创新机制、环境建设和配套支持措施方面，提出北京市金融

* 张礼卿，中央财经大学国际金融研究中心主任，教授；何砚，中央财经大学国际金融研究中心访问研究员，北京市社会科学院经济研究所助理研究员。

服务业进一步对外开放进程中的对策建议：北京应全面做好扩大金融业对外开放的总体规划，加强金融基础设施建设，推进离岸金融中心建设，完善金融监管体系；加快产权交易业务创新，培育新经济增长点；对接国家重大战略，加强政策协调与监管。

关键词： 金融服务业　对外开放　金融科技　绿色金融　普惠金融

2018年4月10日，国家主席习近平在博鳌亚洲论坛上宣布了大幅度放宽市场准入、创造更有吸引力的投资环境、加强知识产权保护、主动扩大进口四项新时期进一步扩大对外开放的重大战略性举措，被认为是自中国入世以来对外开放的又一重要决策[①]。作为新时期扩大对外开放的最重要领域之一，金融服务业的开放也迎来了全新的格局。2018年4月11日，中国人民银行行长易纲宣布了12项扩大金融对外开放的具体措施和时间表，政策目标是放宽外资金融机构的市场准入与经营范围，同时承诺2018年底以前将推出扩大金融服务业对外开放的六项措施[②]。2018年8月23日，中国银保监会发布了《关于废止和修改部分规章的决定》，取消了中资银行和金融资产管理公司外资持股比例限制，实施内、外资一致的股权投资比例规则。2019年7月20日，国务院金融稳定发展委员会办公室进一步发布了《关于进一步扩大金融业对外开放的有关举措》，决定按照“宜快不宜慢、宜早不宜迟”的原则，在深入研究评估的基础上，推出11条金融业对外开放最新措施，内容涉及允许或放宽外商以特定方式投资进入信用评级、资产管理、货币经纪、保险、

① 《大幅度放宽市场准入正当其时》，人民网，http://ydyl.people.com.cn/n1/2018/0417/c411837-29930290.html，2018年4月17日。

② 《央行行长易纲宣布金融业对外开放具体措施和时间表》，观察网，https://www.guancha.cn/economy/2018_04_11_453335.shtml，2018年4月11日。

债券承销等领域[1]。

北京作为中华人民共和国的首都，集聚了国家金融监管机构与货币政策管理部门，汇集了大量国内外金融机构总部，是国家金融管理中心，也是中国金融服务业对外开放的战略性高地。如何在这一新的历史时期积极推动金融业的对外开放，进一步提升金融服务效率，促进金融服务业乃至整个服务业的全面发展，是北京市面临的重大课题，值得深入研究。

一　北京市金融服务业的基本现状和发展定位

“十三五”时期，北京市金融服务业整体上保持了较快速的发展态势，银行、证券、保险、信托、基金和信用评级等相关行业蓬勃发展，优质金融资源加速集聚，金融市场体系不断完善，对国民经济发展的贡献度稳步提升。北京市地方金融监督管理局提供的数据资料显示，当前北京市金融业主要发展指标良好，发展定位明确，并且呈现良好态势[2]。

（一）基本现状

第一，2018 年，北京市金融业增加值为 5084.6 亿元，同比增长 7.2%，占地区生产总值的比重为 16.8%，对经济增长的贡献率达到 18.4%。截至 2018 年末，全市金融机构人民币存贷款余额共计 21.7 万亿元，同比增长 10.3%。全市持牌法人金融机构 700 余家，金融业资产总额达 142.5 万亿元，占全国资产总额的 45% 以上。货币金融服务业、资本市场服务业、保险业、其他金融业资产总额占金融业资产总额的比重分别为 83.7%、4.3%、4.4% 和 7.6%。

---

① 《国务院金融委推 11 条举措　进一步扩大金融业对外开放》，新浪财经网，https://finance.sina.com.cn/money/bank/bank_hydt/2019-07-22/doc-ihytcerm5321947.shtml，2019 年 7 月 22 日。

② 《2018 年北京市金融运行情况》，搜狐网，http://www.sohu.com/a/300772362_779084，2019 年 3 月 12 日。

第二，社会融资规模大幅增长，社会融资结构优化。2018 年，北京地区社会融资规模增量为 1.78 万亿元，较 2017 年增加 7827.9 亿元，与全国社会融资规模收缩态势形成明显对比。受国有企业发债增加的影响，企业债券融资占社会融资规模的比重大幅提升至 39.4%，社会融资结构进一步优化。

第三，多层次资本市场快速发展，股权投资活跃。2018 年，全市在科创板、A 股市场、新三板市场、北京股权交易所登陆的企业数量均居国内前列。地区性股权投资市场的投资案例数、投资金额继续居全国首位。战略性新兴产业领域有 2129 家企业获得股权投资基金支持，披露投资金额达到 2067.58 亿元。

第四，深化对民营企业和小微企业的金融服务，加大高精尖产业和重点领域金融支持力度。2018 年累计办理再贴现 283.9 亿元，95% 用于支持小微、民营、高新企业。2018 年末，普惠口径小微企业贷款余额同比增长 30.3%。私人控股企业人民币贷款余额同比增长 13.5%。2018 年末，高新技术产业、文化创意产业、保障性住房开发贷款同比分别增长 17%、19%、65.8%。

第五，绿色金融体系不断发展和完善。2018 年北京市发行绿色信贷规模为 9786.05 亿元，同比增长 7.4%，发行绿色债券数量和规模均居全国前列。北京绿色发展基金正在积极筹备，同时积极开展环境污染责任保险试点、绿色新材料首批应用保险试点，绿色建筑保险持续推进。

第六，金融科技迅速发展，有望为北京经济增长提供新的动能，并成为北京市金融业发展新的亮点。通过强化顶层设计，有关部门出台了支持金融科技创新发展的指导意见和发展规划，并在西城区、海淀区相邻地区正式启动金融科技与专业服务创新示范区。

第七，财富管理服务功能明显加强。通过出台一系列促进措施，北京的城市副中心正大力聚焦发展财富管理等新兴金融服务功能。由于北京拥有庞大的中高收入群体，每年有近 30 万名大学本科学历以上毕业生落户北京，财富管理需求日益增长。因此，北京有望成为具有国际竞争力和区域辐射力的财富管理中心。

第八，金融业的对外开放取得新进展。截至 2018 年末，北京 CBD 拥有国际金融机构百余家，约占北京市国际金融机构总数的70%[①]。通过优化营商环境，积极对接“一带一路”倡议，北京正成为外资金融机构中国地区总部最密集的城市。2018年，北京在引进外资金融机构方面取得了许多重要进展。2018年9月，全球最大的征信机构之一益博睿已经在北京落地，获得征信资格。2018年11月，瑞银证券成为新一轮金融开放后全国首家获得外资控股的证券公司。2019年1月，标准普尔在北京的子公司已经在中国开展信用评级业务。6月，环球同业银行金融电讯协会（SWIFT）已经在北京设立子公司，将在中国开展人民币计价和人民币收费的国际支付业务，这有利于促进人民币国际化。目前，全球最大的两家银行卡清算机构万事达、VISA落地北京，全球三大信用评级机构标准普尔、惠誉、穆迪落地北京[②]。

（二）发展定位

北京市作为国家金融决策中心、金融监管中心、金融信息中心和金融服务中心，在中国金融体系中一直具有非常重要的核心地位，发挥着不可替代的重要作用。从地方经济发展的角度，2008年，北京市委、市政府在其正式下发的《关于促进首都金融业发展的意见》中，也曾明确提出北京金融业的定位和工作目标是将北京建设成为具有国际影响力的金融中心城市[③]。由于种种原因，到目前为止，北京距离成为国际金融中心城市还有较长的路要走。

近年来，伴随着社会、经济、科技和文化等各方面的快速发展，以及《全面推进北京市服务业扩大开放综合试点工作方案》的提出，北京市金融服务业的发展定位再次引起决策部门的高度重视。总体来看，通过加快金融

① 《北京CBD区域外资机构超过1万家　税收过亿楼宇140座》，新浪财经网，https://finance.sina.com.cn/roll/2019-01-09/doc-ihqfskcn5584772.shtml，2019年1月9日。

② 《金融业开放“11条”搅动一潭春水》，《华夏时报》2019年7月26日。

③ 《北京明确提出建设国际金融中心城市》，新浪财经网，http://finance.sina.com.cn/roll/20080506/02084832166.shtml，2008年5月6日。

业的改革和开放，尽快成为国际金融中心城市仍然是北京市基本的战略目标和定位。具体来看，考虑到北京市在财经决策、科技创新、大数据、文化创意、高收入人群集聚、公司总部集中和国际化程度高等方面的特色和相对优势，北京市有望在金融产品创新、国际金融、财富管理和金融科技等领域走在全国前列，并逐渐形成自身的鲜明特色。

实际上，根据北京市地方金融管理局的最新规划，北京市已经设定了各区在金融业发展方面的重点取向，并计划逐渐形成“一区一核、多点支撑”的空间布局①。其中，“一区一核”指建设北京金融科技与专业服务创新示范区及核心区（西城区和海淀区）；“多点支撑”是指打造各具特色的金融产业集群，包括国际金融开放前沿区（朝阳区）、金融科技底层技术创新集群（海淀区）、国家文化与金融合作示范区（东城区）、财富管理产业集群（通州区）、丽泽金融商务区（丰台区）、银行保险科技产业集群（石景山区）和金融科技安全产业集群（房山区）。

二　北京市金融业扩大开放的战略目标和内容

金融服务业的开放，主要是指允许外国金融机构在国内独立或合资建立商业存在，并通过发放牌照等方式允许其提供金融服务。从理论上讲，金融业的开放将有助于打破国内金融业的垄断，促进竞争和创新，进而提升金融服务效率，服务实体经济，最终促进社会经济的健康发展。

（一）战略目标

中国金融业的对外开放可以追溯至改革开放初期。1979 年，日本输出入银行在北京设立代表处，成为中国金融业对外开放的标志性事件。在其后的几十年里，外资银行在华开设分支机构的数量逐渐增多。不过，总体来

① 《北京金融科技与专业服务创新示范区核心区正式启动建设》，人民网，http://bj.people.com.cn/n2/2019/0410/c82838-32830525.html，2019 年 4 月 10 日。

看，与制造业相比，中国金融服务业的对外开放进程相对缓慢。特别值得注意的是，自2001年加入WTO以来，尽管资本账户开放程度不断提高，但我国金融服务业的整体开放程度并没有提高。“雷声大，雨点小”，除保险业以外，银行和证券领域的开放甚至出现了倒退①。根据OECD的FDI限制指数，2017年中国的金融服务业开放程度在G20国家中排倒数第一。目前，外资占中国A股市场市值的比重只有2%，占中国债券市场市值的比重也只有2.9%，外资银行资产占全部商业银行资产的比重为1.6%，外资保险公司占全部保险公司资产的比重为5.8%，都还有很大提升的空间②。

自2017年以来，党中央、国务院及有关监管部门多次提出，要加大金融业对外开放的力度，大幅度降低外资金融机构的市场准入限制，特别是降低外资对国内金融机构的持股比例限制，并且允许外资进入一些以前不得进入的行业，如信用评级、财富管理等。

北京市作为全国的经济决策、货币发行和宏观金融监管中心，以及大型国有金融机构和很多股份制商业银行及非银行金融机构的总部所在地，无疑是国家的金融中心。然而，与全国的总体状况一样，尽管这些年有不少外资金融机构落户，但总体上对外开放程度较低。在未来几年，努力加快北京市金融业对外开放，力争将北京市建设成一个区域性乃至全球性的金融中心城市，已经成为各级决策层的共识。北京市地方金融监督管理局局长霍学文曾表示，北京市将加快推进金融对外开放，目标是要和纽约、东京、伦敦等相竞争，相媲美。北京市的这一目标，得到了中央政府的高度重视和积极支持。2019年5月30日，中国人民银行行长易纲在“2019金融街论坛年会”上表示：中国人民银行将支持“金融街论坛”发挥品牌优势，支持高端金融要素资源在金融街集聚，推动支持金融业发展和试点在金融街落地，推动外资、外汇政策在金融街先行先试，不断吸引国际化元素，支持外资金融机构拓展业务，指导金融机构开展专业性

① 张礼卿：《对外金融开放的重点：跨境资本流动还是金融服务业?》，载《经山报告》课题组《中国金融开放的下半场》，中信出版集团，2018。

② 《郭树清：未来金融业开放空间还很大》，新华网，http://www.xinhuanet.com/money/2019-05/27/c_1124545052.htm，2019年5月27日。

的国际合作，支持北京金融科技创新示范区的建设①。

加快建设国际金融中心城市的目标，将成为北京市金融服务业总体发展战略的一个重要组成部分，并与其他战略目标实现有机融合。《北京市“十三五”时期金融业发展规划》和《北京市促进金融科技发展规划（2018年~2022年）》曾提出，北京市金融服务业发展的重点任务包括“加速协同发展”“开拓京津冀金融一体化新领域”等。可以认为，伴随着金融业开放度的不断提升，在未来5~10年，北京市有望成为以金融科技创新为特色，以区域性金融协同发展为重要组成部分，汇聚大批国内外金融机构总部和分支机构的国际金融中心城市。

（二）战略内容

自2017年以来，中国人民银行、银保监会的主要负责人以及国务院金融稳定发展委员会办公室先后就扩大金融业对外开放提出了具体意见。2018年4月12日，中国人民银行行长易纲在博鳌亚洲论坛年会上宣布了六项开放措施，其核心内容是放宽外资准入和业务范围，同时对各类所有制企业一视同仁、审慎监管。第一，取消银行和金融资产管理公司的外资持股比例限制，内外资一视同仁；允许外国银行在我国境内同时设立分行和支行。第二，将证券公司、基金管理公司、期货公司、人身险公司的外资持股比例的上限放宽到51%，三年以后不再设限。第三，不再要求合资证券公司境内股东至少有一家是证券公司。第四，为进一步完善内地和香港两地股市互联互通的机制，从2018年5月1日起把互联互通每日的额度扩大四倍，即沪股通及深股通每日额度从130亿元调整为520亿元人民币，港股通每日额度从105亿元调整为420亿元人民币。第五，允许符合条件的外国投资者来华经营保险代理业务和

① 《易刚：推动外资、外汇政策在金融街先行先试　支持北京金融科技创新示范区建设》，北京市地方金融监督管理局官网，http：//jrj. beijing. gov. cn/jrgzdt/201906/t20190603_708597. html，2019年5月30日。

保险公估业务。第六，放开外资保险经纪公司经营的范围，与中资机构一致①。

2019 年 5 月 1 日，据中国银保监会官网披露，中国人民银行党委书记、中国银保监会主席郭树清接受了《人民日报》、新华社、《经济日报》记者采访，就银行业、保险业扩大对外开放回答了记者的提问。郭树清表示，在深入研究评估的基础上，近期拟推出“12 条”对外开放新措施，具体包括：①按照内外资一致原则，同时取消单家中资银行和单家外资银行对中资商业银行的持股比例上限；②取消外国银行来华设立外资法人银行的 100 亿美元总资产要求和外国银行来华设立分行的 200 亿美元总资产要求；③取消境外金融机构投资入股信托公司的 10 亿美元总资产要求；④允许境外金融机构入股在华外资保险公司；⑤取消外国保险经纪公司在华经营保险经纪业务需满足 30 年经营年限、总资产不少于 2 亿美元的要求；⑥放宽中外合资银行中方股东限制，取消中方唯一或主要股东必须是金融机构的要求；⑦鼓励和支持境外金融机构与民营资本控股的银行业保险业机构开展股权、业务和技术等各类合作；⑧允许外国保险集团公司投资设立保险类机构；⑨允许境内外资保险集团公司参照中资保险集团公司资质要求发起设立保险类机构；⑩按照内外资一致原则，同时放宽中资和外资金融机构投资设立消费金融公司方面的准入政策；⑪取消外资银行开办人民币业务审批，允许外资银行开业时即可经营人民币业务；⑫允许外资银行经营“代理收付款项”业务②。可以看出，郭树清宣布的这些措施，除了继续重申对内外资金融机构实行一致的监管要求、放宽外资银行对中资商业银行的持股比例外，着重强调降低外资金融机构在华经营的市场准入条件，从而鼓励中小型外资金融机构来华建立商业存在并开展经营活动。

① 《易纲在博鳌亚洲论坛宣布进一步扩大金融业对外开放的具体措施和时间表》，新华网，http://www.xinhuanet.com/2018-04/11/c_1122665850.htm，2018 年 4 月 11 日。

② 《郭树清就银行业保险业扩大对外开放接受采访》，中国银行保险监督管理委员会官网，http://www.cbirc.gov.cn/cn/view/pages/ItemDetail.html?docId=217299&itemId=915&generaltype=0，2019 年 5 月 1 日。

2019 年 7 月 20 日，国务院金融稳定发展委员会办公室发布《关于进一步扩大金融业对外开放的有关举措》。在这一最新的文件中，国务院金融稳定发展委员会办公室提出了 11 条金融业对外开放措施：①允许外资机构在华开展信用评级业务时，可以对银行间债券市场和交易所债券市场的所有种类债券评级；②鼓励境外金融机构参与设立、投资入股商业银行理财子公司；③允许境外资产管理机构与中资银行或保险公司的子公司合资设立由外方控股的理财公司；④允许境外金融机构投资设立、参股养老金管理公司；⑤支持外资全资设立或参股货币经纪公司；⑥人身险外资股比限制从 51% 提高至 100% 的过渡期，由原定 2021 年提前到 2020 年；⑦取消境内保险公司合计持有保险资产管理公司的股份不得低于 75% 的规定，允许境外投资者持有股份超过 25%；⑧放宽外资保险公司准入条件，取消 30 年经营年限要求；⑨将原定于 2021 年取消证券公司、基金管理公司和期货公司外资股比限制的时点提前到 2020 年；⑩允许外资机构获得银行间债券市场 A 类主承销牌照；⑪进一步便利境外机构投资者投资银行间债券市场[①]。与之前中国人民银行和中国银保监会负责人提出的内容相比，国务院金融稳定发展委员会办公室的最新举措涉及信用评级、资产管理、货币经纪、保险、债券承销等更为广泛的金融服务业领域，并且充分体现了最高决策层提出的“宜快不宜慢、宜早不宜迟”的指导思想。

作为金融业对外开放“先行先试”的城市之一，中国人民银行、中国银保监会和国务院金融稳定发展委员会办公室提出的各项具体措施，无疑将是北京市未来一个时期金融业对外开放的重要战略内容。与此同时，北京市的金融业开放也会在一定程度上反映出其自身的特点，与建设国际金融中心、发展金融科技、绿色金融、文化创意金融、财富管理以及实现京津冀金融协同创新等内容有机结合，并成为其整体服务业扩大开放的一个重要组成部分。

---

① 《国务院金稳委推出 11 条金融业对外开放措施（附央行对相关情况的进一步介绍）》，搜狐网，http：//www. sohu. com/a/328628765_ 825922，2019 年 7 月 22 日。

2019 年 2 月 22 日，《国务院关于全面推进北京市服务业扩大开放综合试点工作方案的批复》公布，原则同意《全面推进北京市服务业扩大开放综合试点工作方案》（以下简称《综合方案》）。结合《综合方案》中涉及金融服务业对外开放的政策要点，以及上述国家金融监管部门所提出的各项开放措施，2019 年 7 月 26 日，在“金融街论坛”系列活动——北京市进一步扩大金融业对外开放工作推进会上，北京市地方金融监督管理局局长霍学文宣布了北京即将推出的进一步扩大金融业对外开放的 10 项工作举措，具体如下。

第一，支持外资金融机构全面参与北京服务业扩大开放综合试点。对在新一轮金融开放中新设的外资机构，将支持其全面参与合格境内有限合伙人境外投资（QDLP）、人民币国际投贷基金、外汇管理便利化等试点，便利其开展国际业务。

第二，支持外资金融机构率先享受金融领域培育扶持政策。2018 年，北京市出台了培育发展现代金融服务业的政策措施，对金融机构在开办设立、购租房补贴、金融人才激励服务等方面给予政策支持。

第三，对外资金融机构建立“服务管家”制度。未来对新设外资金融机构，为每一家机构配备专职“服务管家”，随时响应企业诉求。

第四，建立外资金融机构登记注册“绿色通道”。将依据近期国务院金融稳定发展委员会办公室宣布的进一步扩大金融业对外开放“11 条”政策新设的外资金融机构纳入“白名单”，建立绿色通道，优化工作流程，实现快速登记注册。

第五，建立外资金融机构人才引进“绿色通道”。对新设的外资金融机构的金融人才，优先对接本市人才引进相关政策，符合条件的办理人才引进和落户手续。

第六，加强对外资金融人才生活服务保障。对新设的外资金融机构的金融人才，支持其入住本市国际人才社区，对接本市教育、医疗等资源，提高对国际金融人才和外籍金融人才的教育、医疗服务品质。

第七，推动金融功能区提质升级行动。针对近期国务院金融稳定发展委员会办公室宣布的进一步扩大金融业对外开放“11 条”政策确定的信用评级、资产管理等重点领域，重点打造金融街、顺义离岸金融区等金融功能区，承接相应机构落地，全面提升配套服务品质和商务服务环境。

第八，全面对接各行业协会和国家金融基础设施平台。对新设外资金融机构，支持其参与在京各金融行业协会并获得相应的会员资格，参与债券、基金等市场。支持其尽快接入各类清算、托管、登记、资产交易等基础设施平台。

第九，支持在京金融机构开展同业合作。支持在京银行等金融机构深化与外资金融机构合作，提供优质高效的账户开立、资金汇兑、资金托管等服务。

第十，提供金融科技创新平台服务。支持外资金融机构与在京科技创新企业深化合作对接，鼓励依法合规有序开展金融科技创新，鼓励外资金融机构参与金融科技研究院和“监管沙箱”机制①。

不难发现，北京市宣布的这 10 项工作举措，是对国务院金融稳定发展委员会办公室提出的进一步扩大金融业开放措施的具体落实。其中，这些举措基本覆盖了金融服务业的各个重点领域，同时，这些举措也很好地与北京市扩大服务业对外开放的既定目标进行了有效的对接。其中，最为明显的是，根据北京市各区域的具体特点和发展定位，明确提出了重点打造金融街、CBD、国际财富管理中心、丰台丽泽金融商务区、石景山银行保险产业园、北京金融科技与专业服务示范区、房山金融安全产业园和基金小镇、顺义离岸金融区等金融功能区，承接相应机构落地，全面提升配套服务品质和商务服务环境，在办公用房、人才服务等方面创造优惠条件，给予优先保证②。

---

① 《北京推出十项进一步扩大金融对外开放举措》，中国证券网，http：//news. cnstock. com/news，bwkx－201907－4407265. htm，2017 年 7 月 26 日。

② 《北京推十项金融业对外开放举措》，http：//bjrb. bjd. com. cn/html/2019－07/28/content_11898666. htm，2019 年 7 月 28 日。

三　北京市金融服务业扩大开放的政策建议

一方面，北京市扩大金融业的对外开放，不仅具有重大的战略意义，而且具备很多优势或有利条件。首先，北京具有明显的总部经济特征，全球500强企业区域总部，中国500强企业总部，银行、证券、保险等金融机构总部和国资委管辖的央企总部绝大多数云集于此。这是新时期北京市金融服务业扩大对外开放最坚实的现实基础。其次，北京也是“一行两会”所在地，是国家金融管理中心，承载着经济和金融政策制定、行业监管、支付清算、信息发布和标准制定等重要职能。再次，北京是高科技的研发和创业中心，各种创业和风险投资活跃，对资本市场服务需求高。最后，北京是国际化大都市，汇聚大量的高层次人才，居民总体消费能力强，对财富管理等金融服务业具有强烈的需求，这些都是金融服务业对外开放的重要驱动力量。

另一方面，金融业扩大开放战略的实施，还面临不少阻力和挑战。譬如，税收、法律和金融基础设施等方面依然存在问题，或许未必能很好地支撑金融服务业对外开放所需要的制度环境；国内一些部门之间的某些政策和规定缺乏必要的协调，以至于不能形成合力，不能有效地提升外国投资者的信心；等等。对于这些问题和挑战，有关方面必须清醒地认识，并积极寻找对策。以下就如何有效地推进北京市扩大金融对外开放这个问题，提出若干建议。

第一，切实转变政策思维，充分认识金融业扩大对外开放的本质和战略意义。北京金融服务业的进一步对外开放，是建设新时代社会主义市场经济体系、积极推进全球化发展的重要步骤。其核心是允许并鼓励国内外金融机构在同等条件下展开公平竞争，通过竞争提升金融服务业的效率，进而更好地促进高质量的经济发展。过去，吸引外资金融机构主要是靠在税收等方面提供优惠政策，而对其持股比例、市场准入和经营业务活动则有较多的限制。在新时期扩大对外开放的进程中，政策的基本特征是依靠公平、公正、透明、开放的营商环境，使得外资金融机构能够享受到公平、透明、可预期的营商环境，包括它们在获得生产要素及参与市场竞争方面依然能够得到公平对待，有效保护它们的合法收益。

第二，全面做好扩大金融业对外开放的总体规划，抓紧落实有关细则，加强与有关方面的政策协调。北京市地方金融监督管理局、中国人民银行营业管理部（北京）、北京市发改委、北京市商务局等相关部门应结合《深化改革推进北京市服务业扩大开放综合试点工作方案》、《北京市“十三五”时期金融业发展规划》、《北京市促进金融科技发展规划（2018 年～2022 年）》以及国家和北京市最新宣布的金融服务业扩大对外开放的各项举措，积极组织专门力量，抓紧规划编制北京市金融服务业扩大对外开放的总体方案。

制定规划时，金融业的扩大开放，应与促进金融科技、发展绿色金融和普惠金融等相关政策导向紧密结合，使发展金融科技、绿色金融和普惠金融等先进理念和举措充分体现在金融业对外开放的战略之中。积极引导国际优质金融机构将资金投入金融科技、绿色金融和普惠金融产品及相关服务中。借助金融业的对外开放，力争使北京成为具有国际影响力的金融科技、绿色金融和普惠金融的发展高地。

规划还应适当体现京津冀协同发展的政策导向。多年来，在京津冀经济一体化过程中，北京一直发挥着区域性金融中心的重要作用。在推进金融业扩大对外开放的过程中，北京市应有序、高效整合京津冀区域的金融要素资源，加强跨区域协作，强化京津冀区域金融服务业整体竞争优势。

第三，积极推进离岸金融中心的建设。金融服务业开放的一个基本方面，就是要大力引进外资金融机构，并鼓励其为境内外的企业和个人提供高效优质的专业服务。当前，我国还不具备全面开放资本账户的条件。在资本账户尚未完全可兑换的情况下，在一定的区域内建设离岸金融市场可以克服资本管制带来的不利影响。鉴于北京已经提出了在顺义区发展离岸金融业务的设想，且具有非常良好的机构和专业人员优势，可考虑利用新一轮金融服务业开放的有利时机，加快这一设想的落地和发展，并力争在不远的未来将其打造成国家级的金融业开放示范区。

第四，完善金融监管体系，有效防范因为扩大开放而增大的金融风险。扩大金融业的对外开放，并不意味着可以放松金融监管。事实上，随着通过独资、合资参股等形式入驻的外国金融机构数量的增加，北京市金融服务业的竞争将会日趋激烈。由美国次贷危机引发的 2008 年全球金融危机显示，竞争加剧虽然会带来更高的金融服务效率，但同时也会驱使金融机构从事过度冒险的经营活动，从而加大金融风险。所以我们应该以史为鉴，未雨绸缪，完善金融监管体系，有效防范金融风险。

抓紧研发基础性金融监管技术。通过大数据分析系统、量化金融模型以及智能化算法，全面强化金融市场风险监测能力、异常交易行为识别能力和异地金融风险传导防范机制。联合国内外各类信誉卓著的金融、科研以及商业机构，利用前沿的金融与信息技术研发成果，搭建涵盖法律规范、行政监管、行业自律、企业内控、社会监督在内的“五位一体”的多层次金融科技治理框架和服务体系。

第五，加强金融基础设施建设，为外国金融机构入驻北京提供便利。在扩大对外开放的过程中，金融基础设施建设具有十分突出的重要性。如果不能提供良好的交易、清算、支付、征信、税务、法律、监管等方面的支持，那么，即使有扩大金融业对外开放的愿望，放宽了投资限制并提供了国民待遇，也未必能吸引到高质量的境外金融服务供应商。目前，与伦敦、纽约、新加坡市等国际金融中心城市相比，北京市的金融基础设施水平还存在较大差距，必须加快提升和努力完善。

第六，培育新经济增长点，为金融业扩大对外开放提供良好的经济基础和运营机会。首先，继续支持跨境电子商务、全球市场采购贸易和外贸综合服务等金融服务贸易新业态、新模式的发展，规范第三方支付机构开展跨境支付业务。其次，培育金融科技“独角兽”企业，加快各类股权投资机构向国家金融科技示范区集聚融合发展，力争形成金融科技产业创新生态系统。最后，加快搭建各类新型北京市特色地方金融组织，探索科技金融投保贷联动业务，为中小型科技企业提供持续资金支持的融资新模式。

第七，加快北京产权交易业务创新，发展多层次资本市场，引导国际机构投资者参与。北京是全国最早建立产权交易中心的城市之一。在新一轮金融业对外开放的进程中，北京可加快产权交易业务体系的创新，大力推动多层次资本市场的发展，为境外金融机构在股权市场的业务参与开辟新领域。在已有交易产品的基础上，鼓励外资金融机构与国内金融机构通力合作，不断研究并发现有市场潜力的新交易品种，努力将北京产权交易市场建设成为一个国际化、创新型、低成本、高效率的专业化市场体系，为北京高端金融服务市场输送优质的企业资源和创新思路。

第八，对接国家重大战略，加快金融业对外开放步伐。譬如，在“一带一路”倡议下，采取主动推进、重点突破的方式，加强与沿线国家金融机构之间的“双向”交流与合作。一方面，积极引进一些资质信誉良好、经营稳健的金融机构，从而加强北京离岸金融中心的建设；另一方面，辖内各金融机构也可积极探索“走出去”，参与某些沿线国家及地区的离岸金融服务，在推进人民币国际化方面发挥积极作用。

第九，积极借鉴兄弟省市的相关经验，同时加强政策协调和监管合作。相比上海、深圳、天津，北京在金融业对外开放的一些方面可能处于相对落后的状态。譬如，在人民币资本项目可兑换、人民币跨境使用和离岸金融业务等方面，粤港澳大湾区和上海自贸区等都有着更多先行先试的政策机会，也积累了一定的试点经验。北京可积极向这些城市学习，借鉴其成功经验。与此同时，在新一轮金融业扩大对外开放的进程中，北京、上海、深圳等地需要加强政策协调，以免在政策层面发生不必要的竞争，影响总体开放的效果。

B.12
金融科技服务京津冀普惠金融协同发展研究

杨 帆　吴彩侠*

摘　要： 随着大数据、人工智能、区块链等核心技术的不断完善，金融科技得到了快速发展，并为京津冀普惠金融协同发展带来了新机遇。本报告首先介绍了京津冀普惠金融发展现状，并选取京津冀13个样本城市对其普惠金融发展水平进行测度，结果表明京津冀普惠金融区域发展不平衡问题比较严重，尚未实现真正意义上的协同发展；其次分析了金融科技在普惠金融发展中的应用，阐述了金融科技助力京津冀普惠金融协同发展的逻辑；最后提出了通过把握好金融科技支持普惠金融的边界、积极营造金融科技助推普惠金融发展的政策环境、完善征信体系、打造高素质的复合型金融人才队伍、强化监管，推动金融科技更好地服务于京津冀普惠金融。

关键词： 京津冀　金融科技　普惠金融　普惠金融发展指数　协同发展

一　引言

2015年发布的《京津冀协同发展规划纲要》（以下简称《规划纲

* 杨帆，天津财经大学，中国滨海金融协同创新中心研究员，研究方向为区域金融创新；吴彩侠，天津财经大学硕士研究生，研究方向为区域金融、金融科技。

要》）明确了京津冀三地协同发展的顶层设计，金融协同发展作为《规划纲要》的重要组成部分迎来新的发展机遇。普惠金融作为金融协同发展的主要着力点，具有覆盖范围广、惠及人群多的特点，有利于解决“三农”、小微企业等弱势群体有效金融需求无法得到满足的问题，从而进一步推动京津冀金融协同发展。此外，近年来，我国金融科技发展迅速，已经成为推动金融行业发展的重要力量。研究如何将金融科技合理运用于普惠金融领域，实现普惠金融与金融科技的融合发展，是当前弥补京津冀普惠金融短板，推动京津冀普惠金融高质量协同发展的关键，具有十分重要的现实意义。

二　京津冀普惠金融发展现状

（一）京津两地普惠金融服务覆盖程度远超河北

近年来，京津冀地区银行业金融机构网点数和金融机构从业人数都保持稳步增长态势。截至2018年末，京津冀三地银行业金融机构网点数分别为4703个、3167个和11897个，每万人平均网点数分别为2.18个、2.03个和1.57个，每百平方公里网点数分别为0.0029个、0.0027个和0.0006个；京津冀三地每万人对应的金融机构从业人数分别为53.72人、42.43人和24.42人，每百平方公里金融机构从业人数分别为0.0007人、0.0006人和0.001人；京津冀三地人均存款余额分别为72.92万元、19.87万元和8.72万元，人均贷款余额分别为32.72万元、21.85万元和6.32万元。从普惠金融的覆盖面看，河北省与京津两地存在较大差距。

（二）普惠金融的服务渗透率有所提升

普惠金融的服务渗透率主要是指金融服务的深度，聚焦小微、重视“三农”是提高普惠金融服务渗透率的关键。2018年京津冀地区不断加大对于“三农”和小微企业的服务力度。其中，天津市已经达成农村金融服务全覆盖的目标。根据天津市农业农村委员会发布的数据，截至2018年末，天津市农村地区共有1058家金融服务站、1369家金融服务便民点，累计为农村地区客户提供服务5026万人次，金额共计412亿元。河北省重点贫困地区的金融服务水平不断提高。2018年河北省贫困地区银行营业网点增加了30个，62个贫困县共实现贷款余额5431.47亿元，比年初增长14.83%，较河北省各项贷款同期增速高5.55个百分点。与此同时，2018年河北省农村信用社存、贷款规模及市场份额继续居全省银行业金融机构首位。截至2018年末，河北省农村信用社各项存款实现12982亿元，比年初增长9.13%；各项贷款实现7977亿元，比年初增长18.03%。

服务小微企业方面，北京市通过制定推进银行业小微企业金融服务高质量发展的实施细则，完善与小微信贷投放挂钩的激励机制，提高银行业对于小微企业的放贷积极性，从而改善小微企业的融资难题。截至2018年末，北京市银行业共实现小微企业贷款余额11986.38亿元，较2017年增长15.23%；涉及的小微企业贷款户数共计25.72万户，较2017年增加5.95万户，增长30.1%。河北省也不断加大对于小微企业的信贷支持力度。截至2019年3月末，河北省小微企业贷款比2019年初增加307.4亿元。

（三）金融基础设施逐步完善

近年来，京津冀地区金融基础设施、金融服务体系互联网普及范围以及征信体系的完善为三地普惠金融的发展创造了良好的基础条件。目前，京津冀地区已经完成了省市县三级金融机构全覆盖的阶段性目标。互联网成为重要的金融基础设施，近年来，京津冀互联网普及率呈现稳定上升的态势，但三地的互联网普及程度还存在一定差距。根据《网宿·中国互联网发展报告》中的数据，京津冀三地的互联网普及率均已超过50%，其中北京市互联网普及率为76%，居全国首位；天津市为65%，居全国第5位；河北省为56%，居全国第11位。互联网的快速发展对于进一步提高京津冀普惠金融的发展水平具有重要的推动作用。

三　京津冀13个城市普惠金融程度测度

（一）测度方法与数据来源

从现有文献来看，国内外学者主要采用综合指标方法来测度普惠金融发展水平，其中 Sarma 提出的普惠金融综合指数（IFI）应用最为广泛①。该指数从银行服务的广度、深度及可获得性三个方面来衡量普惠金融的发展水平。本报告借鉴 IFI 指数的构建方法，选择京津冀 13 个城市（北京、天津、石家庄、秦皇岛、邯郸、唐山、廊坊、衡水、保定、承德、沧州、邢台、张家口），从金融服务可获得性和金融服务使用情况两个主维度，测度各个城市的普惠金融发展水平。同时，为了更全面地衡量不同城市普惠金融发展水平的差异，本报告在地理维度的服务渗透率、人口维度的服务渗透性、存款情况、贷款情况、保险情况 5 个子维度的基础上增加了信息化基础设施建设这一子维度，并选择了 10 个具体指标来刻画各地普惠金融发展水平，具体的指标构成情况见表 1。

表 1　普惠金融发展评估指标体系

衡量维度	子维度	具体指标	单位
金融服务可获得性	地理维度的服务渗透率	每百平方公里的银行网点数	个/百平方公里
		每百平方公里的金融从业人数	人/百平方公里
	人口维度的服务渗透性	每万人拥有的银行网点数	个/万人
		每万人拥有的金融从业人数	人/万人
	信息化基础设施建设	每万人拥有的移动电话用户数	人/万人
		每万人拥有的互联网宽带户数	户/万人
金融服务使用情况	存款情况	金融机构各项人均存款/人均 GDP	—
	贷款情况	金融机构各项人均贷款/人均 GDP	—
	保险情况	保险密度	元/人
		保险深度	%

---

① Sarma M.,“Index of Financial Inclusion,” Indian Council for Research on International Economic Relations New Delhi Working Papers, 2008.

本报告数据主要来源于《北京统计年鉴2018》、《天津统计年鉴2018》、《河北经济年鉴2018》、《中国城市统计年鉴2018》、中国银保监会官方网站以及各城市的《国民经济和社会发展统计公报》。

（二）京津冀各城市普惠金融发展水平评估

1. 确定各指标的权重

为对各项指标的实际观测值进行客观赋权，解决不同指标量纲不同的问题，本报告采用变异系数法来确定各指标的权重。

首先，计算各指标的变异系数，具体计算方法如下：

$$CV_i = S_i / X_i \quad (i = 1,2,\cdots,10) \tag{1}$$

其中，S_i 为各指标标准差，X_i 为各指标均值。

其次，对各指标的变异系数进行归一化处理，得到各指标的权重，具体计算方法如下：

$$W_i = CV_i / \sum_{i=1}^{10} X_i \quad (i = 1,2,\cdots,10) \tag{2}$$

$0 \leqslant W_i \leqslant 1$，$W_i$ 越大表明该指标在普惠金融发展水平评估指标体系中的重要性越大。根据公式（2）可计算京津冀13个城市各指标的权重，计算结果见表2。

表2　京津冀普惠金融各指标权重

衡量维度	子维度	具体指标	权重
金融服务可获得性	地理维度的服务渗透率	每百平方公里的银行网点数（D_1）	0.1383
		每百平方公里的金融从业人数（D_2）	0.0382
	人口维度的服务渗透性	每万人拥有的银行网点数（D_3）	0.2783
		每万人拥有的金融从业人数（D_4）	0.1523
	信息化基础设施建设	每万人拥有的移动电话用户数（D_5）	0.0385
		每万人拥有的互联网宽带户数（D_6）	0.0377
金融服务使用情况	存款情况	金融机构各项人均存款/人均GDP（D_7）	0.0828
	贷款情况	金融机构各项人均贷款/人均GDP（D_8）	0.0616
	保险情况	保险密度（D_9）	0.1275
		保险深度（D_{10}）	0.0449

2. 构建京津冀普惠金融发展指数

以上各指标由于计量单位和经济意义不同，无法进行直接比较，因此，首先需要进行无量纲化处理。具体计算公式如下：

$$d_i = w_i \times \frac{A_i - Min_i}{Max_i - Min_i} \quad (i = 1,2,\cdots,10) \tag{3}$$

其中，d_i 、w_i 、A_i 、Max_i 、Min_i 分别表示第 i 个指标的无量纲测量值、权重、实际测量值、最大值和最小值。$0 \leqslant d_i \leqslant w_i$ ，d_i 越大表明某市的普惠金融发展程度越高。

其次，将上述 10 个普惠金融具体指标表示成 10 维笛卡尔空间中的点 $D =$ （ d_1 ，d_2 ，…，d_{10} ），则点 $O =$ （0，0，…，0）可以表示空间中的最坏情况，即完全的金融排斥；点 $W =$ （ w_1 ，w_2 ，…，w_{10} ）可以表示空间中的最好情况，即金融发展实现全面普惠性。所以，普惠金融发展指数（IFI）可表示为点 D 和点 W 之间的归一化反欧几里得距离。具体计算公式如下：

$$IFI = 1 - \frac{\sqrt{(w_1 - d_1)^2 + (w_2 - d_2)^2 + \cdots + (w_n - d_n)^2}}{\sqrt{w_1^{\ 2} + w_2^{\ 2} + \cdots + w_n^{\ 2}}} \tag{4}$$

需要注意的是，*IFI* 是相对值而不是绝对值，即它并不能表示普惠金融的实际发展程度，只能表示相同地区不同时间或相同时间不同地区普惠金融发展水平的差异。

根据公式（4）可以计算出京津冀 13 个城市普惠金融发展指数，计算结果见表 3。

表 3　京津冀 13 个城市普惠金融发展指数

城市	金融服务可获得性(F_1)	排名	金融服务使用情况(F_2)	排名	普惠金融发展指数(*IFI*)	排名
北京	0.9665	1	0.9827	1	0.9698	1
天津	0.5081	2	0.1874	5	0.4334	2
石家庄	0.1465	4	0.2995	2	0.1733	3
秦皇岛	0.1535	3	0.1925	4	0.1607	4
邯郸	0.1004	7	0.0769	12	0.0959	7

续表

城市	金融服务可获得性(F_1)	排名	金融服务使用情况(F_2)	排名	普惠金融发展指数(*IFI*)	排名
唐山	0.1461	5	0.1175	10	0.1406	5
廊坊	0.1151	6	0.2592	3	0.1405	6
衡水	0.0783	9	0.1304	8	0.0879	10
保定	0.0710	10	0.1856	6	0.0915	9
承德	0.0640	11	0.1262	9	0.0754	11
沧州	0.0941	8	0.0939	11	0.0940	8
邢台	0.0527	12	0.0724	13	0.0564	12
张家口	0.0180	13	0.1567	7	0.0427	13

3. 京津冀各城市普惠金融发展水平比较

根据2018年京津冀各城市普惠金融发展指数的测算结果，可按照指数的大小，将13个城市划分为三个梯队。第一梯队表示普惠金融发展水平较高的城市，包括北京、天津和石家庄三个城市；第二梯队表示普惠金融发展水平中等的城市，包括秦皇岛、唐山、廊坊、邯郸、沧州、保定、衡水；第三梯队表示普惠金融发展水平较低的城市，包括承德、邢台、张家口（见表4）。

总体来看，京津冀地区主要城市普惠金融发展水平存在明显差异，区域不平衡问题比较严重，尚未真正实现协同发展。

表4　京津冀13个城市普惠金融发展水平分类

分类	城市	金融服务可获得性(F_1)	金融服务使用情况(F_2)	普惠金融发展指数(*IFI*)
第一梯队（发展水平较高）	北京	0.9665	0.9827	0.9698
	天津	0.5081	0.1874	0.4334
	石家庄	0.1465	0.2995	0.1733
第二梯队（发展水平中等）	秦皇岛	0.1535	0.1925	0.1607
	唐山	0.1461	0.1175	0.1406
	廊坊	0.1151	0.2592	0.1405
	邯郸	0.1004	0.0769	0.0959
	沧州	0.0941	0.0939	0.0940
	保定	0.0710	0.1856	0.0915
	衡水	0.0783	0.1304	0.0879

续表

分类	城市	金融服务可获得性（F_1）	金融服务使用情况（F_2）	普惠金融发展指数（IFI）
第三梯队（发展水平较低）	承德	0.0640	0.1262	0.0754
	邢台	0.0527	0.0724	0.0564
	张家口	0.0180	0.1567	0.0427

（三）京津冀普惠金融区域发展不平衡原因分析

属于第一梯队的北京、天津和石家庄的经济发展水平较高，拥有良好的金融生态环境，在众多用来评估普惠金融发展水平的指标中占据优势，因此它们的普惠金融发展程度也是最高的。具体来看，北京作为全国政治中心、文化中心、国际交往中心以及科技创新中心，拥有其他城市无法比拟的总部经济优势，大量金融机构总部聚集在此。截至 2019 年 4 月，北京共有 822 家经“一行两会”批准设立的金融机构总部，在全国排名第一。目前，金融业已经成为北京第一大支柱产业，在全市 GDP 中占有较高的比重，对经济的拉动作用较强。国家统计局数据显示，2018 年北京金融业实现增加值 5000 多亿元，同比增长 7.2%，占地区 GDP 的比重为 16.8%，对经济增长的贡献率达 18.4%；天津作为金融创新运营示范区、改革开放先行区，积极发挥金融先行先试的政策优势，金融业实现繁荣发展，金融创新成果丰富，金融生态环境也呈现不断优化的趋势。石家庄作为河北省的省会城市，金融业发展较好，各项普惠金融发展指标在河北省各城市中均具有显著的优势。而河北省其他城市无论是在金融生态环境还是金融创新方面较第一梯队的三个城市都存在较大差距。

属于第二梯队的城市普惠金融发展程度处于中等水平。具体来看，秦皇岛、廊坊、保定和衡水在金融机构各项人均存款占人均 GDP 的比重、金融机构各项人均贷款占人均 GDP 的比重、保险密度以及保险深度方面占优势，因此这四个城市的金融服务使用情况均明显优于金融服务可获得性。而唐山、邯郸及沧州三市的金融服务可获得性与金融服务使用情况差异不明显。

属于第三梯队的城市普惠金融发展程度处于较低水平。具体来看，承德和张家口地理维度的服务渗透率较低，即两市每百平方公里的银行网点数及金融从业人数数值较小；邢台人口维度的服务渗透率较低，即该市每万人拥有的银行网点数和金融从业人数数值较小。因此导致承德、张家口及邢台三市金融服务可获得性较差，普惠金融发展水平较差。

总体来看，河北省较北京和天津两地普惠金融发展水平还存在较大的差距，究其原因主要是河北省的金融服务可获得性比较差。因此，提高京津冀普惠金融发展水平，关键是要优化京津冀地区特别是河北省的金融生态环境，提高金融服务的可获得性。

四　金融科技在普惠金融领域的应用分析

从前文分析可知，京津冀发展普惠金融首先要解决区域内特别是河北地区的金融服务可获得性较差的问题。而近年来快速兴起的金融科技为这一问题提供了新的解决思路。金融科技可以凭借大数据、云计算、人工智能及区块链等技术，解决金融行业的信息不对称问题，在提高金融机构获客和风控能力的同时，降低交易成本和服务门槛，从而有利于扩大金融服务的覆盖面，提高可获得性。因此，积极拥抱金融科技，探索如何将金融科技应用于普惠金融领域对于推动京津冀普惠金融协同发展具有重要意义。

（一）金融科技的概念

目前，金融科技（Fintech）仍处于发展初期，涉及的业务模式尚不稳定，各类业务形态存在不同程度的差异，因此对其并没有一个明确的定义。根据国际金融稳定理事会发布的《金融科技的描述与分析框架报告》，金融科技是指通过技术手段推动金融创新，形成对金融市场、机构及服务产生重大影响的业务模式、技术应用以及流程和产品。这是金融科技第一次在国际组织层面被定义。

（二）金融科技的核心技术

金融科技的核心技术包括大数据、云计算、人工智能、区块链等。这些技术之间是相互联系、相互影响的，而并非独立的关系。具体来看，大数据可以通过高质量的数据为人工智能的发展提供必要条件；相反人工智能也能够进一步提升数据收集和分析的速度及质量；云计算则可以为存储和分析海量数据提供更加高效和经济的解决方案；基于去中心化和分布式的特征，区块链技术的应用可以提升交易流程的安全性。各技术的特征及其在金融领域的应用如图 1 所示。

大数据	· 特征：数据的海量性、多样性、价值性和时效性 · 大数据在金融领域的应用主要包括客户画像和精准引流。客户画像分为个人客户画像（包括消费能力数据、风险偏好等）和企业客户画像（包括企业的生产、流通、运营、财务、销售和客户数据等）。通过客户画像可以根据不同的产品及服务需求将客户群进行细分，实现精准定向营销，更大概率引流成功
云计算	· 特征：按需自助服务、广泛的网络访问、资源共享、快速可扩展性、服务可计量 · 实现海量数据云端存储，提供高效计算。从技术上来说，云计算与大数据密不可分，大数据无法使用单台计算机进行处理，必须采用分布式架构，而云计算则可以较好契合这一需求，采用分布式数据库实现海量数据云端存储，并在需要时提供低价可靠的高效计算
人工智能	· 特征：涉及学科多、研究范围广 · 提供智能化服务，提升客户使用体验。而人工智能可以采用机器人、图像识别等技术轻松从大数据中抓取出所需要的信息，进行客户识别、信用分析等操作，帮助用户在客户端自助完成业务办理，压缩处理时间，同时提供智能客服，快速解决用户问题，大大提升使用体验，增强客户黏性
区块链	· 特征：分布式、安全稳定、开放透明、匿名信任 · 区块链连接各参与方，使业务更加安全透明。区块链开放性的特征可以连接交易各方，使得交易流程向参与者公开，同时去中心化的特点使得数据不可被篡改，提升交易安全性，降低有关的交易成本。此外，金融企业可以在各业务平台或生态之间搭建区块链，使得各业务板块数据实现共享

图 1　金融科技核心技术特征及应用

（三）金融科技产业分类

根据巴塞尔银行监管委员的分类，金融科技业务模式可以分为四类：一是支付结算，包括零售类支付和批发类支付；二是存贷款与资本筹集，包括借贷平台和股权融资；三是投资管理，包括智能投顾和电子交易；四是市场设施，包括跨行业通用服务和技术基础设施。金融科技业务模式分类见表5。

表5　金融科技业务模式分类

支付结算	存贷款与资本筹集	投资管理	市场设施
• 零售类支付： 移动钱包 点对点汇款 数字货币 • 批发类支付： 跨境支付 虚拟价值交换网络	• 借贷平台： 借贷型众筹 线上贷款平台 电子商务贷款 信用评分 贷款清收 • 股权融资： 投资型众筹	• 智能投顾： 财富管理 • 电子交易： 线上证券交易 线上货币交易	• 跨行业通用服务： 客户身份数字认证 多维数据归集处理 • 技术基础设施： 分布式账户 大数据 云计算

（四）金融科技服务普惠金融的优势

相比传统金融运行机制，金融科技在提高普惠金融服务效率、发展长尾用户方面发挥了积极功能。

第一，作为金融科技核心技术之一的区块链，具有去中心化、分布式记账、点对点交易等特点，将其应用于金融领域有利于推动普惠金融的发展。实际上，区块链就是一个共享的公共账本，每个人都可以参与记账，但是必须遵守同一个记账规则，它能够保障即使出现各节点间互不信任或存在恶意节点的问题，用户也可以进行准确的记账。区块链技术能够推动普惠金融的发展：首先，其数据无法篡改的特点有利于解决信任问题；其次，其去中介化、实现点对点交易的特点有利于减少交易的中介环节，这不仅能够避免中介环节过长导致犯错的概率提高，还能够降低交易成本，减少交易摩擦，并通过实时的交易结算提高交易效率；最后，其信息透明、可追溯的特点可以推动社会公信力的建设。

第二，移动支付等数字化交易能够在简化支付和结算流程、节约交易时间、降低交易费用的同时，扩大金融服务的覆盖范围。相比效率较低的传统物理网点的人工服务，移动支付具有成本低、效率高、兼顾安全性和便捷性的特点，从而为落后地区、弱势群体提供了获取基础性金融服务的渠道，是发展普惠金融的重要手段。目前，移动支付已经成为我国针对农村地区普惠金融的实践中，打通农村金融服务“最后一公里”的有效途径，通过提供丰富的产品和服务，满足农村地区对于转账汇款、借贷、保险等主要金融服务的需求，提高基础性金融服务在农村地区的渗透率。此外，移动支付是一条复杂的产业链，它包括移动运营商、商业银行和第三方支付机构等，这条产业链不仅可以为用户提供丰富的金融服务，还能够为移动运营商带来增值收益，为商业银行和第三方支付机构带来中间收入，从而提升产业链上下游参与方的价值。

第三，大数据、云计算、人工智能等金融科技核心技术可以借助复杂的模型，准确估计风险，最大限度地降低金融交易中可能出现的各种风险。例如，在消费金融领域，机器学习、知识图谱、自然语言处理等技术可以帮助消费金融公司获取借款人、企业，以及行业等不同金融交易主体之间的关联性信息，深度挖掘企业子母公司、产业链上下游以及竞争对手等信息，从而更加准确全面地判断各交易主体的风险水平，减少认知偏差。此外，银行还可以通过互联网、大数据、云计算等技术创新服务模式，解决落后地区地处偏远、金融基础设施落后等导致的金融服务无法得到满足的问题。

第四，随着移动互联网的快速发展和普及，出现了一批诸如微众银行和网商银行的新型互联网银行。这些互联网银行在大数据管理和分析能力等方面具有较大的优势，通过全面应用和深入挖掘各类风险数据资源，对客户的信用状况进行综合评价，将风险限制在可控的范围内，有效降低金融服务中的信用风险。此外，作为运行完全跑在“云上”的银行，新型互联网银行，依靠大数据和云计算等技术，改变了商业银行传统业务模式，实现了无网点的服务覆盖，有助于解决传统金融面临的金融服务“空间”难题，为满足缺少金融基础服务设施、地处偏远的贫困群体的金融服务需求提供了可能性。

（五）金融科技在普惠金融领域的应用场景

1. 移动金融

在移动终端迅速普及和无线互联网技术不断发展的背景下，以智能手机、POS 机等移动设备为载体的移动金融迅速崛起，有效降低了金融机构在农村地区布点开展业务的成本，成为推动普惠金融发展的重要工具。移动金融凭借智能手机、平板电脑等移动设备就可以提供相应的金融服务，操作简单便捷。肯尼亚是世界上最早将移动金融应用于普惠金融领域的国家。早期，肯尼亚的金融机构主要集中在城市，而大部分居民则居住在比较偏远的地区，因此金融机构提供的服务不能很好地覆盖偏远地区的居民。在这样的背景下，2007 年，Safaricom 在肯尼亚推出了手机支付产品 M-Pesa。用户可以通过发送短信的方式来获取 M-Pesa 提供的存取款、汇款以及其他支付业务，这就很好地解决了偏远地区居民的基本金融服务需求。无独有偶，早期的阿富汗由于地理环境恶劣，基础设施不够完善，居民的出行十分困难，因此这些居民难以获得传统金融机构提供的金融服务。2008 年，Roshan 公司在阿富汗推出了首个移动金融服务产品——M-Paisa，这是阿富汗第一个移动金融服务产品，很好地满足了偏远地区的金融服务需求。

肯尼亚和阿富汗的成功经验表明，将移动金融应用于普惠金融领域具有很多优越性。一方面，借助移动金融可以解决农村地区金融基础设施短缺的问题，打通农村地区普惠金融服务“最后一公里”，拓展金融服务的广度和深度。当前，金融服务无法向农村贫困人群延伸的一个重要原因就是农村的金融基础设施存在严重的不足，而移动金融的出现实现了无需银行网点的人工服务，只需凭借手机就能完成转账、存款和取款等业务，从而补齐了农村地区金融基础设施不足这一短板。同时，移动金融可以通过手机进行线上金融教育，普及金融知识，弥补金融基础教育不足的问题。

另一方面，移动金融能够支持农村地区特色产业的发展。随着移动互联技术的普及和移动金融业务的深入发展，农户可以通过一种相对廉价的金融服务渠道，在全国甚至全球进行农产品交易，而不只局限于其所在的乡镇或者县城，扩大了特色农产品的辐射半径，有利于推动农村地区特色农业实现产业化发展，从而使当地农民能够有更多的资金用于接受金融方面的知识教育，弥补金融基础教育不足的问题。

2. 供应链金融

供应链金融是将核心企业和上下游企业联系在一起进行资金融通的一种模式，是金融服务实体经济的一条重要途径，有助于破解中小微企业融资难、融资贵的顽疾。然而，在运行过程中，由于核心企业只与一级供应商进行交易，因此核心企业只为一级供应商提供背书，而其他供应商受困于无法证明自己的还款能力及真实贸易关系的存在，很难得到融资，中小微企业融资难、融资贵问题在供应链金融中并未到完全缓解。区块链基于加密数据的交易确权、存证的真实性证明、共享账本的信用拆解以及智能合约的执行等，能够解决供应链金融的两大痛点：一是通过将核心企业的债权凭证进行拆分转让，让 N 级供应商也可以获得核心企业的兑付凭证，从而解决供应链多级企业之间的信用传递问题；二是基于数据信息无法篡改的特性，区块链可以帮助核心企业获取银行的信任，从而解决贸易端和资金端信息数据不可信问题。因此，借助区块链技术，供应链金融能更好地发挥服务实体经济的作用，解决中小微企业的融资难、融资贵难题。

我国首次借助区块链技术破解供应链金融和中小企业融资难题的尝试是点融网和富士康旗下金融平台富金通联合推出的“Chained Finance”区块链金融平台。借助区块链金融平台，那些无法获得融资的非一级供应商实现了与核心企业更紧密的联系，这是因为区块链技术的应用实现了价值和信任的传递，从而有助于解决整个供应链链条上中小微企业的融资难题。

3. 智能投顾

随着经济的持续高速发展，京津冀地区农村居民的人均收入水平保持较高增速。2018 年天津市和河北省农村居民人均可支配收入分别达到 23065 元和 14031 元，增速分别为 6.03% 和 8.9%。自 2018 年起，北京市不再对社会公布农村居民人均可支配收入，从 2017 年公布的数据来看，北京市农村居民人均可支配收入达到 24240 元，同比增长 8.7%。除河北省以外，京津两地的农村居民人均可支配收入远高于全国水平（14617 元）。很多低收入群体虽然已经积累了一定财富，但是仍然无法获取商业银行等金融机构提供的投顾服务，其对于理财和投资等方面的有效需求没有得到满足。这是由于商业银行等金融机构的投顾服务以人工服务为主，服务成本较高，很多低收入群体无力支付高昂的服务费用。同时，尽管低收入群体已经积累了一定的财富，但是仍然无法达到传统投顾较高的服务门槛。

借助人工智能、云计算、大数据等技术，智能投顾针对不同客户的风险偏好和产品需求，利用算法制定出满足条件的投资组合，这大大降低了投顾的成本，从而使中产及以下长尾人群也可以获得专业化、定制化的投顾服务。同时，智能投顾通过大数据、人工智能等技术，可以在全球范围内配置金融资源，提高了投顾服务的效率和便捷性，有助于解决传统投顾投资门槛高、投顾费用高昂以及投资效率低下等问题，并能提升传统金融的服务效率，扩大服务范围。

4. 风险管理

长期以来，由信息不对称引起的信用风险，是阻碍普惠金融长期可持续发展的重要原因。征信信息为银行等金融机构了解客户的信用行为提供了有力的信息支持，有助于金融机构防范信用风险。但是，当前我国征信系统建设还不够完善，无法提供与中低收入人群、农民等普惠金融重点服务对象相关的征信信息，而金融科技可以有效解决征信信息缺失问题。随着科技和金融的深度融合，除了传统的金融借贷信息，征信机构可以依据网络金融数据、电商数据，政府及公共机构数据、合作伙伴数据以及各种用户自主递交的信息数据等，通过大数据、云计算、机器学习等技术，让缺少信贷记录的个人也可以有自己的信用评价，从而享受信用的便利。利用人工智能和大数据等技术为那些未被传统金融体系覆盖的人群提供金融服务的代表是信而富。信而富从消费信贷角度，将那些没有信贷数据和征信记录的群体定义为“EMMA”（爱码族），运用大数据算法给目标用户画像，运用人工智能对用户行为进行预测，为合格的“爱码族”提供优质的消费信贷服务。

金融的核心问题是控制风险，因此将大数据、云计算、人工智能等技术应用于金融领域，更重要的目的是防范和控制金融风险。金融机构为了防范和控制金融风险，首先要清楚不同投资者的风险收益偏好及心理底线。其次是基于投资者的心理底线，为其量身定制与其风险偏好和承受能力相匹配的产品。金融机构在做投资者分析时，可以借助大数据等技术了解用户的身份、常住地址或企业所从事的业务等信息，并对这些信息进行综合判断，在更加深入了解投资者的风险承受能力的同时，能够判断他们是不是欺诈用户。将大数据、人工智能等技术应用于金融，有助于金融机构量化风险，为客户提供量身定做的产品和服务，有效控制风险。

五　金融科技服务京津冀普惠金融发展的逻辑分析

（一）需求因素

目前，京津冀地区，特别是天津和河北两地基础金融服务渗透率还比较低，机构网点体系还不够健全，金融服务的可获得性仍有待提高，具体表现为以下几个方面。

一是中低收入群体对于金融服务的需求远远没有得到满足。一方面，中低收入群体由于缺少可以充当抵押物的资产，很难得到信用机构的评级，即使可以得到信用评级，级别也比较低。出于降低交易成本和防范信用风险的考虑，商业银行不愿意为中低收入群体提供贷款。另一方面，在投顾领域，咨询费用高昂，因此商业银行等金融机构重点服务的群体是高净值客户，导致业务受众面较窄，投资门槛较高。随着我国经济的快速发展，京津冀地区居民收入水平呈现稳步增长的态势。国家统计局公布的数据显示，2018 年北京、天津、河北三地人均可支配收入分别达到 62361 元、39506 元和 23446 元，分别比上年增长 9%、6.7% 和 9.1%。事实上，自 2014 年京津冀协同发展规划正式确立以来，京津冀地区城镇化进程不断加快。数据显示，2018 年京津冀地区城镇化率为 65.8%，高于全国的 59.58%，比 2014 年提高 4.7 个百分点。其中，河北省城镇化率自 2015 年开始一直保持在 50% 以上的水平，截至 2018 年末，河北省城镇化率达到 56.4%，比 2014 年末提高 7.1 个百分点；北京、天津分别达到 86.5% 和 83.2%，比 2014 年末分别提高 0.1 个和 0.9 个百分点。总体来看，京津冀中等收入阶层数量大，且随着京津冀地区城镇化水平的不断提高，未来将呈现快速增长的态势，中等收入阶层的金融需求需要得到更加广泛的关注，然而，由于较高的投资门槛，传统金融机构往往将他们拒之门外。

二是中小微企业普遍存在融资难、融资贵问题。京津冀地区中小企业数量较多，在融资渠道和融资方式等方面竞争激烈。因此大量中小微企业在融资方面都存在较大的困难，这不仅体现为融资渠道狭窄，也体现为融资成本高昂。产生这一情况的原因很多，首先，由于规模较小，风险承受能力较差，缺乏担保品等因素，中小微企业的信用评级往往比较低，这就会使其很难证明自身的真实信用情况。其次，与大型企业相比，中小微企业的融资需求呈现小额、短期和高频的特征。但是，商业银行等传统金融机构对于风险的控制主要是依靠人工进行审核，过程复杂且烦琐，导致每笔业务的成本相对较高且比较固定。因此，商业银行等传统金融机构出于成本方面的考虑，对于中小微企业的资金支持的积极性较差。最后，目前我国中小企业板和创新板的准入门槛比较高，且中小企业的发展速度远远超过了金融产品的创新速度，导致部分中小企业也很难通过直接融资渠道获得融资。

三是农村地区金融基础设施短缺，金融基础教育不足。京津冀农村地区金融基础设施短缺，以及金融基础教育的缺失，是阻碍京津冀地区普惠金融进一步发展的不可忽视的因素。农村地区地理位置比较偏僻，金融基础教育的普及率较低，使得当地居民对于金融和信用的认识存在一定程度上的缺失，这无疑阻碍了普惠金融的发展。一方面，在农村地区，特别是比较贫困的地区，交通不便，金融基础设施建设薄弱，导致金融机构网点严重缺失，金融服务供给严重不足。截至 2018 年末，全国主要农村金融机构共 3056 家（农村商业银行 1427 家、村镇银行 1616 家、贷款公司 13 家），较上年增加 219 家，全国农村人口为 56401 万人。京津冀三地主要农村金融机构共 6539 家，京津冀农村地区每万人仅仅拥有 1.7 家金融机构。具体来看，北京有农村金融机构 711 家，每万人拥有 2.44 家金融机构；天津有农村金融机构 643 家，每万人拥有 2.45 家金融机构；河北有农村金融机构 5185 家，每万人拥有 1.57 家金融机构。另一方面，农村地区的贫困群体收入比较低，导致其在教育方面的资金投入也相对较少，对于金融知识的获取也存在一定的难度，从而增加了普惠金融在农村地区的发展难度。

中低收入群体的有效金融服务需求难以得到满足，中小微企业融资难、融资贵，农村银行网点严重不足、金融基础设施缺失，以及金融基础教育不足等问题一直是阻碍京津冀普惠金融难以实施的重要障碍。

（二）供给因素

1. 政策环境持续优化　助力金融科技发展

2017 年 7 月 20 日，国务院印发《新一代人工智能发展规划》，提出要大力发展“智能金融”，鼓励将智能客服、智能监控等技术广泛应用于金融领域。随后一系列鼓励金融科技发展的政策措施陆续出台，我国金融与科技的融合发展进入快车道。京津冀作为我国创新发展的重要区域，也积极抢抓政策机遇，明确发展目标，优化政策环境，大力发展金融科技。其中，北京提出将建立国际智能金融产业示范区，推进科技与金融融合发展。天津市将建立智能产业区，人工智能、智能金融等高端智能产业将成为重点培育对象。与此同时，中英两国签署协议，将在河北雄安新区共建金融科技城。可以预见，金融科技赋能未来将成为京津冀金融发展的重要着力点。京津冀在金融科技领域的重点政策见表6。

表6　京津冀在金融科技领域的重点政策

省市	时间	发布机构	文件名称	主要内容
北京	2018年10月	中关村科技园区管理委员会、北京市金融工作局、北京市科学技术委员会	《北京市促进金融科技发展规划(2018年~2022年)》	提出重点任务包括推动金融科技底层技术创新和应用、加快培育金融科技产业链、拓展金融科技应用场景等。在空间布局方面，北京将打造形成"一区一核、多点支撑"的发展格局。提出要努力把北京建设成为具有全球影响力的国家金融科技创新与服务中心力争到2022年底，涌现5~10家国际知名的金融科技领军企业，形成3~5个具有国际影响力的创新集群，开展10~15个重大示范应用项目，形成良好产业生态
	2018年11月	北京市金融工作局、中关村科技园区管理委员会、西城区人民政府、海淀区人民政府	《关于首都金融科技创新发展的指导意见》	从支持金融科技底层技术研发、支持金融机构借助金融科技创新发展、加强金融科技基础设施建设、发展金融科技产业、建设市场化专业服务体系、加强金融科技场景应用、建设金融科技示范区、支持全市金融科技产业多点布局、积极防控金融科技风险、加强金融科技国际合作及大力培养引进金融科技人才十一个方面提出具体举措推动金融科技发展
天津	2018年5月	天津市人民政府	《天津市加快推进智能科技产业发展总体行动计划》	提出要加强金融多媒体数据处理与理解能力，实现对金融机构、产品、行为的实时监测和早期预警，提升金融风险智能预警和服务能级。鼓励金融行业应用智能客服、智能监控等技术和装备，构建丰富、高效、便捷、安全的智能金融服务体系。支持金融企业和互联网企业合作，提供多样化、个性化、精准化的智能金融产品和服务，创新发展金融新业态。根据监管部门政策导向和企业意愿，支持在津设立专业互联网保险公司，鼓励金融租赁公司利用智能技术开展金融租赁业务。支持本地法人金融机构与科研院所合作，应用大数据、人工智能开展金融服务创新

续表

省市	时间	发布机构	文件名称	主要内容
河北	2018年7月	河北省人民政府	《关于加快推进现代服务业创新发展的实施意见》	金融科技方面，指出要着眼于推动金融服务和现代科技融合发展，加快银行、证券、信托、保险、金融租赁、基金、期货等金融企业总部、一级分支机构、各类专业子公司以及金融配套服务机构等其他创新型金融机构向雄安新区聚集，开展服务实体经济的金融创新或金融试验试点示范，推动国家级交易平台等重大金融项目落地实施。引导具有国际先进水平的金融科技公司，开展移动互联网金融、智能物流和供应链金融等金融科技化服务。推动云计算、大数据、生物识别、人工智能等技术在保险、智能投顾、社会信用体系建设等领域的广泛应用
	2019年1月	国务院	《中共中央国务院关于支持河北雄安新区全面深化改革和扩大开放的指导意见》	在金融科技方面，提出要有序推进金融科技领域前沿性研究成果在雄安新区率先落地，建设高标准、高技术含量的雄安金融科技中心

2. 京津冀金融科技发展快速　位居全球第一梯队

根据《2018全球金融科技中心指数》排名，京津冀地区以76.8的GFHI指数值位居全球第三，仅次于长三角地区（81.2）和旧金山湾区（79.7），位列全球金融科技区域发展第一梯队。京津冀在GFHI三个一级指标——金融科技产业、金融科技体验及金融科技生态方面排名也均位于全球前列，分别为第3名、第2名和第4名（见表7）。

京津冀GFHI指数得分较高的原因主要有四点：一是金融基础扎实，区域内全球Top200金融机构的市值总和居全球第一，传统金融业发达；二是区域人口位列全球第一，市场前景巨大；三是政府支持力度大，着力打造具有全球影响力的金融科技服务体系；四是Fintech峰会云集，金融科技产业合作与交流加速推进。

表 7　2018 年 GFHI 区域排名

区域梯队	区域名称	GFHI		金融科技产业		金融科技体验		金融科技生态	
		排名	指数值	排名	指数值	排名	指数值	排名	指数值
第一梯队	长三角地区	1	81.2	2	84.7	1	79.5	2	77.2
	旧金山湾区(硅谷)	2	79.7	1	93.2	6	39.8	5	74.9
	京津冀地区	3	76.8	3	80.0	2	67.9	4	75.4
	大伦敦地区	4	73.9	4	76.1	5	50.8	1	78.3
	粤港澳大湾区	5	72.9	6	73.2	3	66.9	6	74.3
	纽约湾区	6	71.6	5	75.8	7	39.1	3	76.2
第二梯队	大悉尼地区	7	58.7	7	59.6	9	35.9	10	64.6
	新加坡	8	53.9	8	54.1	14	22.3	11	63.4
	大波士顿地区	9	52.7	12	44.7	11	34.0	8	68.4
	比荷卢地区	10	50.7	13	41.6	15	17.1	7	72.3
	东京湾区	11	50.6	9	52.5	16	16.5	12	58.6
	大孟买地区	12	50.4	10	49.0	4	50.9	14	52.0
	大圣保罗地区	13	45.4	11	48.4	8	38.8	16	43.6
	巴黎地区	14	43.2	14	35.1	12	29.1	13	57.7
	以色列	15	31.9	15	23.8	16	16.5	15	47.0
第三梯队	瑞士	16	29.9	16	0.0	12	29.1	9	67.8
	法兰克福地区	17	21.0	16	0.0	10	35.6	17	42.9

资料来源：《2018 全球金融科技中心指数》。

具体到城市来看，北京以 82.6 的 GFHI 指数值位居全球第一，金融科技生态的排名也位居全球第一，已超过旧金山（见表 8）。北京作为 GFHI 指数排名第一的城市主要有三个特点：一是科技创新中心；二是金融资源丰富；三是高校与人才大量聚集。这些特点为北京金融科技的发展奠定了基础。

目前，京津冀金融科技发展水平位于全球第一梯队，已经充分具备服务京津冀普惠金融协同发展的能力，将金融科技应用于普惠金融领域有利于解决当前京津冀普惠金融协同发展过程中存在的痛点和难点。

表 8　2018 年 GFHI 城市排名

区域梯队	城市	GFHI		金融科技产业		金融科技体验		金融科技生态	
		排名	指数值	排名	指数值	排名	指数值	排名	指数值
第一梯队	北京	1	82.6	2	86.7	4	82.7	1	77.3
	旧金山	2	77.3	1	93.2	12	49.6	8	65.8
	上海	3	76.8	5	80.0	5	81.2	4	71.4
	伦敦	4	76.0	4	81.5	11	56.1	3	75.3
	纽约	5	75.5	3	82.2	13	43.0	2	77.1
	杭州	6	74.1	6	75.7	1	90.6	6	67.0
	深圳	7	73.1	7	74.7	2	85.2	5	67.4
第二梯队	悉尼	8	58.8	8	64.2	15	41.3	20	57.4
	新加坡市	9	57.0	9	58.5	26	22.3	7	65.9
	西雅图	10	54.3	13	51.6	20	34.0	10	64.0
	东京	11	53.3	10	56.1	28	16.5	13	61.1
	芝加哥	12	52.9	11	55.1	23	29.7	19	57.4
	中国香港	13	52.1	14	46.4	18	35.0	9	64.5
	广州	14	49.4	20	29.9	3	84.6	11	63.0
	波士顿	15	48.2	17	42.7	19	34.0	16	59.6
	首尔	16	47.7	16	43.3	22	30.5	17	58.6
	圣保罗	17	47.6	12	51.9	14	42.5	28	43.7
	巴黎	18	46.2	18	37.2	24	28.9	12	62.7
	阿姆斯特丹	19	43.9	15	44.5	25	27.5	25	48.2
	孟买	20	43.5	19	32.0	10	58.0	23	53.4
第三梯队	武汉	21	33.5	21	0.0	6	80.6	14	61.1
	南京	22	32.4	21	0.0	8	71.7	15	61.1
	成都	23	31.2	21	0.0	7	73.3	18	57.5
	西安	24	30.1	21	0.0	9	66.9	21	56.5
	苏黎世	25	24.6	21	0.0	21	30.6	22	53.6

资料来源：《2018 全球金融科技中心指数》。

六　京津冀利用金融科技实现普惠金融协同发展的建议

（一）把握好金融科技支持普惠金融的边界

1. 以消费者权益保护为出发点和落脚点

科技在金融领域的应用，有效扩大了金融服务的外延，金融服务的覆盖群体也日益扩张，金融产品与服务呈现多样化、复杂化的特点，这也对金融消费者权益的保护带来了挑战。一方面，尽管近年来不少金融消费者对自身权益的保护意识有了很大的提升，但是与金融科技快速发展时代所要求的权益保护意识相比仍存在较大的差距；另一方面，借助大数据、云计算、人工智能等技术，金融机构、互联网平台等对于用户数据的获取成本更低、效率更高，数据泄露滥用、违法违规使用个人信息等问题随之而来。普惠金融重点服务对象多为小微企业、农民、低收入人群等承担损失能力有限的群体，对于金融科技尚未形成理性的认识，也不能对其建立充分的信任。若这一群体过度暴露在风险中，将不利于建立金融消费者对于金融科技的信任和信心，从而阻碍金融科技对普惠金融的驱动作用的发挥。因此，金融机构在利用大数据、云计算、人工智能等技术服务普惠金融时，应当树立以消费者权益保护为出发点和落脚点的发展理念，保证用户信息的安全性和保密性，让金融科技在合法合规的前提下助力京津冀普惠金融协同发展。

2. 明确金融科技支持普惠金融的业务边界

在 Fintech 时代，传统金融与金融科技融合发展，在推动金融服务模式不断创新的同时，也使得金融交易日趋复杂化，金融边界日益模糊化，导致风险防控难度进一步加大。对此，要明确金融科技支持普惠金融的业务边界，建立和完善普惠金融服务对象的筛选机制，加大普惠金融的精准支持力度。要严格管理涉及在校学生和老年人的普惠金融产品，严禁网贷机构开展在校学生网贷业务，谨慎向老年人销售高风险金融产品，防止传统的金融乱象借助科技卷土重来。此外，针对普惠金融重点服务对象，包括中小微企业、低收入人群、农民等要特殊对待：一是提供的金融产品和服务要严格限制在这一群体的风险承受范围之内；二是加大对于“数字鸿沟”的重视程度，当前，普惠金融的重点服务对象对于金融科技还缺乏比较清晰深刻的认知，对于金融科技尚处于逐渐接受的阶段。因此，在借助金融科技发展普惠金融的过程中，要明确这一群体的可接受程度，针对他们的实际需要提供相应的服务，使得业务在实践中不断完善，提高他们对于金融科技的认可程度。

（二）积极营造金融科技助推普惠金融发展的政策环境

当前，金融与科技的融合发展已是大势所趋，金融科技在我国具有巨大的发展潜力。政府部门应该充分认识金融科技在推动普惠金融发展中发挥的重要作用，出台具有针对性和可操作性的政策，为推动金融科技更好应用于普惠金融领域创造一个良好的外部政策环境。对此，京津冀有关政府部门一方面可以引进“监管沙盒”等新型监管手段，在风险可控的基础上提高金融科技服务普惠金融的效率；另一方面对于积极推广普惠金融的科技企业，应该从税收减免、财政补贴以及政策咨询指导等方面进行支持，鼓励更多的金融科技企业积极开发可应用于普惠金融领域的创新产品和服务，同时也要鼓励金融机构积极发展金融科技，利用大数据、云计算、区块链及人工智能等技术，优化金融资源的配置，提高普惠金融的服务渗透率。

（三）完善征信体系解决普惠金融区域发展不平衡问题

信息不对称，金融资源过多聚集在北京，导致河北省金融服务可获得性较差，普惠金融发展水平远低于北京和天津两地。因此，考虑如何借助金融科技完善京津冀地区征信体系建设，打破信息不对称，对于推动京津冀普惠金融协同发展具有重要意义。

目前京津冀三地信用主管部门已经建成“信用京津冀”专栏，但是京津冀信用平台并没有实现协同建设，也尚未建成统一的信用信息数据库，仅仅是“信用北京”“信用天津”“信用河北”的简单组合，数据信息共享不畅，合作深度不够。对此，京津冀有关部门应加快科技成果的转化落地，利用大数据、云计算以及人工智能等技术，建设完善信用信息系统，搭建信用信息共享交流平台，在“信用京津冀”的基础上，将“信用北京”“信用天津”“信用河北”完全纳入其中，通过深度合作实现信息共享。但将金融科技应用于征信体系建设，其可能引发的安全问题也不容忽视。为此，有关部门要加强风险防控和处理能力，在风险可控的前提下，充分发挥金融科技的优势，使其更好地服务于京津冀区域征信体系建设。

（四）打造高素质的复合型金融人才队伍

金融科技的发展需要大量能熟练掌握和应用大数据、云计算、区块链及人工智能等关键性技术的人才。同时，普惠金融的发展又需要精通金融市场业务的金融人才。因此，充分发挥金融科技在推动普惠金融发展中的积极作用，离不开技术型人才和金融人才的共同努力，这就需要一批具有科技背景的复合型金融人才。当前，京津冀金融人才结构严重失衡，传统的金融从业者人数较多，相比之下具备科技背景的复合型高端金融人才存在较大的缺口。因此，京津冀应从引进和培育两个方面共同打造高素质专业人才队伍。一是要不断改善人才的发展环境，吸引优秀金融人才的流入。二是要建立复合型高端人才联合培养协调机制，调整优化金融教育模式，开设金融科技和普惠金融系列培训课程。三是要加快建立区域共同人才制度，推进金融人才在京津冀地区的流动，实现三地金融人才的均衡发展。同时利用多种举措，打造一支专业性较强、能够同时胜任金融科技和普惠金融相关领域工作的高素质人才队伍，推动金融科技更好地服务于京津冀普惠金融发展。

（五）强化监管保障普惠金融应用安全可控

金融科技带来普惠金融服务模式创新的同时，也积聚了很多跨行业、跨领域的金融风险。根据《推进普惠金融发展规划（2016～2020年）》，我国普惠金融的重点服务对象包括小微企业、农户、城镇低收入人群、贫困人群以及残疾人、老年人等。而这些特殊群体的风险承受能力较差，一旦出现资金损失会对其造成巨大的打击。因此，京津冀金融监管部门应加大对服务普惠金融的金融科技企业的监督力度，对于违法违规行为要进行严厉处罚，确保在通过利用金融科技能够切实提高普惠金融覆盖率的基础上，最大限度地保障居民的金融资产安全，防范风险事件的发生。

对此，京津冀地区要加快制定完善与金融科技和数字普惠金融相关的法律法规体系：一是要将金融科技和普惠金融相关活动纳入相匹配的法律制度框架中，严格区分利用金融科技和普惠金融进行非法融资的行为，实施差别化监管；二是要充分利用大数据、人工智能、云计算等技术丰富金融监管的手段，强化金融科技在信息安全风险防范中的应用，积极借鉴国外“监管沙盒”、创新加速器等监管方式，提升识别、防范和化解交叉性金融风险的能力。在具体的监管方面，京津冀地区应不断完善金融监管协作机制，这不仅需要三地政府和金融局之间加强合作，也要求三地公检法机构之间积极配合。与此同时，京津冀地区要以信息共享为依托，加快建设和完善区域金融稳定机制，完善金融风险监测、预警和处置机制，充分实现市场信息共享、透明，尊重市场经济规律，激发市场的创新活力。在必要的时候，政府部门要进行一定的有针对性的干预工作，防止普惠金融的互联网金融产品市场出现一家独大的情况，极力避免垄断市场的情况。此外，除官方政府的监督管理外，还应充分发挥商业协会的作用：设定行业规范，维护行业环境，形成良性竞争。推动整个行业的健康稳定发展和相互友好合作，促进京津冀地区更好地利用金融科技服务普惠金融。

参考文献

［1］巴曙松、白海峰：《金融科技的发展历程与核心技术应用场景探索》，《清华金融评论》2016 年第 11 期。

［2］杜朝运、李滨：《基于省际数据的我国普惠金融发展测度》，《区域金融研究》2015 年第 3 期，第 4 ~ 8 页。

［3］冯贺霞、韦放：《金融科技（FinTech）助力普惠金融发展》，《山西农业大学学报》（社会科学版）2018 年第 9 期，第 62 ~ 68 页。

［4］胡滨：《数字普惠金融的价值》，《中国金融》2016 年第 22 期，第 58 ~ 59 页。

［5］黄益平：《数字普惠金融的机会与风险》，《新金融》2017 年第 8 期，第 4 ~ 7 页。

［6］黄余送：《我国数字普惠金融的实践探索》，《清华金融评论》2016 年第12 期。

［7］李滨：《普惠金融的制度分析与测度研究》，硕士学位论文，厦门大学，2014。

[8] 李伟：《金融科技发展与监管》，《中国金融》2017 年第 8 期，第 14 ~ 16 页。

[9] 廖岷：《全球金融科技监管的现状与未来走向》，《新金融》2016 年第 10 期，第 12 ~ 16 页。

[10] 刘玚、裴媛：《京津冀科技金融的协同发展路径》，《银行家》2018 年第 8 期，第 4、54 ~ 56 页。

[11] 吕家进：《发展数字普惠金融的实践与思考》，《清华金融评论》2016 年第 12 期。

[12] 罗斯丹、陈晓：《基于普惠金融综合指数的我国区域普惠金融发展水平测度》，《长春师范大学学报》2015 年第 10 期，第 10 ~ 16 页。

[13] 马建平：《金融科技助力普惠金融探析》，《青海金融》2018 年第 5 期，第 63 ~ 66 页。

[14] 马智涛、姚辉亚：《金融科技助力普惠金融发展》，《银行家》2017 年第 2 期，第 42 ~ 44 页。

[15] 曲家文：《金融科技时代数字普惠金融实践》，《中国金融家》2019 年第 1 期，第 129 ~ 130 页。

[16] 沈艳兵：《京津冀普惠金融协同发展研究》，《未来与发展》2017 年第 8 期，第 41 ~ 43 页。

[17] 时小春：《浙江省普惠金融水平的测度研究》，《时代金融》2017 年第 11 期，第 57 ~ 58 页。

[18] 王晓：《国际组织对数字普惠金融监管的探索综述》，《上海金融》2016 年第 10 期，第 75 ~ 77 页。

[19] 余剑、陶娅娜、李康：《用普惠金融理念推动区域共享发展——以京津冀协同发展为例》，《甘肃金融》2017 年第 6 期，第 9 ~ 12 页。

[20] 祝力、华雯君：《金融科技在普惠金融发展中的作用探究》，《现代金融》2017 年第 10 期，第 38 ~ 40 页。

B.13

京津冀金融创新与发展报告*

——以雄安新区为例

文洪武　郑向阳　赵天奕**

摘　要： 2017年4月，党中央、国务院决定设立河北雄安新区，雄安新区设立后如何突破现有金融政策框架，完善金融创新体系，更好支持雄安新区实体经济发展、智慧城市建设，将成为今后一段时间金融工作的重中之重。本报告在现有金融体制改革和金融产业对外开放的背景下，通过系统分析雄安新区金融创新与发展环境，借鉴上海浦东新区和深圳经济特区的金融发展经验，提出了雄安新区金融创新与发展的具体实施路径，包括制定金融规划描绘发展蓝图、完善监管架构统筹金融资源、发展资本市场拓宽融资渠道、增强开放力度活化金融市场、优化金融生态增大发展后劲。

关键词： 京津冀　雄安新区　金融创新　金融发展

自2014年京津冀协同发展上升为国家战略以来，京津冀区域已经发展成为我国经济增长的新引擎。从交通、生态、产业转移三大重点领域到疏

* 本报告为河北省社会科学基金项目"雄安新区金融功能定位及发展战略研究"（项目编号：HB18YJ061）的阶段性成果。

** 文洪武，经济学博士，中国人民银行石家庄中心支行副行长，研究方向为金融学、区域经济学；郑向阳，经济学硕士，中国人民银行石家庄中心支行金融研究处处长，研究方向为数理统计、宏观经济学；赵天奕，经济学博士，中国人民银行石家庄中心支行金融研究处副处长，研究方向为货币政策、宏观经济学。

解北京非首都功能，再到教育、医疗、人才等各类资源要素配置一体化都快速推进，京津冀协同发展、互利共赢的良好局面初步形成。在此基础上，2017 年 4 月 1 日，中共中央、国务院印发《关于设立河北雄安新区的通知》，决定设立河北雄安新区。雄安新区的设立不仅为京津冀协同发展指明了新方向，也成为京津冀区域发展的新动力和新支点。京津冀金融协同发展既是京津冀协同发展的重要组成部分，也是实现京津冀协同发展的重要支撑。面对这一庞大复杂的系统工程，金融要以服务三地实体经济为根本，持续、深入地发挥金融资源作用，提升京津冀协同发展和雄安新区建设的新高度。

一　京津冀金融协同发展新局面

（一）以金融服务实体经济为根本，全面提升京津冀金融协同发展质量和水平

在全国金融工作会议上，习近平总书记明确指出，“金融要把为实体经济服务作为出发点和落脚点”，“金融是实体经济的血脉，为实体经济服务是金融的天职，是金融的宗旨”。党的十九大报告中，习近平总书记再次强调，要深化金融体制改革，增强金融服务实体经济能力。贯彻落实好党的十九大精神及全国金融工作会议精神，引导金融回归本源、服务实体经济是当前金融工作的一项重要任务。

京津冀三地金融协同发展的根本目的是在加快自身发展的同时，带动三地经济协调、均衡、充分发展，其关键在于服务三地实地经济。一方面，继续坚持和完善金融最基本的资金融通功能，为实体经济发展提供资金支持。截至 2019 年 6 月末，河北省银行业支持京津冀协同发展项目授信余额为 13003. 09 亿元，较上年增加 75. 98 亿元。另一方面，更加重视金融在资源配置、价格发现、清算支付和风险管理等方面的作用，全面提升金融服务实体经济的质量。一是发展资本市场，充分发挥市场机制配置金融

资源的作用，扩宽融资渠道。加强与银行间市场交易商协会、中债公司、京津股权交易所以及担保公司、评级信用公司等中介机构的合作。2019 年上半年，河北省债务融资工具发行规模为 668.4 亿元，同比增加 24.2%。二是推进金融市场一体化改革。引导和支持股份制商业银行、城市商业银行、农村商业银行在京津冀地区拓展经营网络。截至 2018 年末，仅雄安新区银行业、保险业和证券业机构网点总数就增加了 13 个，达到 151 个，从业人员为 2304 人。

（二）以区域重点领域为着力点，实现京津冀金融均衡发展

一是金融精准扶贫和普惠金融。缩小河北与京津发展的差距是京津冀协同发展的必然要求，也是金融重点关注和支持的领域。截至 2018 年末，62 个贫困县金融机构各项贷款余额为 5437.56 亿元，同比增长 14.9%，高于全省贷款增速 3.8 个百分点。其中，10 个深度贫困县各项贷款同比增长 20.4%。

二是绿色金融发展。一方面，推动绿色信贷业务发展，积极落实差别化信贷政策。截至 2018 年 12 月末，河北省“两高一剩”行业贷款余额为 3822.59 亿元，比年初增加 195.50 亿元，但增速低于各项贷款增速 5.69 个百分点。其中，用于钢铁行业转型升级项目的贷款余额为 9.05 亿元；支持钢铁企业异地搬迁和钢铁企业“走出去”贷款余额分别达到 61.83 亿元和 102.95 亿元。另一方面，推进绿色金融直接融资。支持金融机构发行绿色金融债券，募集资金专项投资绿色产业领域。截至目前，河北省金融机构和上市企业共发行 92.4 亿元绿色债券。其中，河北省金融租赁公司在全国银行间债券市场发行总规模 20 亿元的绿色金融债券，成为非银行金融机构获准发行绿色金融债的全国第一单。

（三）以雄安新区建设为切入点，打造京津冀金融协同发展新平台

一是找准金融功能定位。2018 年 12 月 25 日，国务院正式批复《河北雄安新区总体规划（2018～2035 年）》（以下简称《总体规划》），成为

新区规划建设的刚性约束。现代金融业作为新区重点承接和发展的高端服务业之一，《总体规划》明确指出，要求形成总部金融集聚效应，构建现代化金融市场体系，依法合规推进金融创新，推动金融业对外开放。二是找准政策发力点。2019 年 1 月 24 日，中共中央、国务院印发《关于支持河北雄安新区全面深化改革和扩大开放的指导意见》（以下简称《指导意见》），对这一具有全国意义的新区提出了较为具体和可操作的相关意见。其中明确了雄安新区金融“三个中心”的全新定位，分别为：雄安绿色金融产品交易中心、全国性股权交易中心、雄安金融科技中心。“三个中心”的功能定位，为金融支持雄安新区绿色、创新、智慧发展提供了有力抓手。

二 雄安新区金融创新与发展环境

雄安新区规划范围涉及河北省雄县、容城、安新三县及周边部分区域，地处北京、保定腹地，区位优势明显，交通便捷通畅，生态环境优良，资源环境承载能力较强，现有开发程度较低，发展空间充裕，具有高标准、高起点开发建设的基本条件。雄安新区以特定区域为起步区，先行开发面积约 100 平方公里，中期发展面积约 200 平方公里，远期控制区面积约 2000 平方公里。

（一）雄安新区经济发展现状

一是经济体量小，蓄势待发。雄安新区 2017 年地区 GDP 共计 189.2 亿元（见表 1），占河北省地区 GDP 的 0.6%；人均 GDP 为 17762 元，不到全省平均水平的一半。雄县、容城、安新三县经济总量分别居河北省第 131 位、第 153 位、第 151 位，[①] 经济体量较小。

① 排名为河北省 168 个县（区、市）的排名，资料来源于 2017 年《河北指标位次》。

表 1　2015～2017 年雄安新区经济发展基本情况

单位：亿元，%

地区	2015 年		2016 年		2017 年	
	地区 GDP	增速	地区 GDP	增速	地区 GDP	增速
雄县	94.4	4.4	101.1	7.2	80.0	-27.3
容城	57	-2	59.4	4.1	53.1	-16.7
安新	57.4	-7.8	57.8	0.7	56.1	-10.4
雄安新区	208.8		218.3		189.2	
河北省	29806	6.8	31828	6.8	34016	6.6

资料来源：河北省统计局 2015～2017 年《河北统计提要》，2016～2018。

二是产业单一，服务业欠发达。2016 年，雄安新区三次产业增加值分别为 25.1 亿元、135.4 亿元和 57.9 亿元，分别占雄安新区地区 GDP 的 11.5%、62.0% 和 26.5%。经济增量主要来自第二产业，支柱产业是塑料制品、服装加工、有色金属、羽绒等。

三是财政收入少，农村居民相对富裕。雄安新区小微企业众多，企业管理尤其是财务报表管理多不规范，政府税收征管难度较大，存在只收缴企业定额税现象，因此对地方财政贡献有限。2017 年雄安新区一般公共预算收入为 7.9 亿元，占全省的比重为 0.2%。除安新县财政收入增长 8.3% 以外，雄县和容城财政分别大幅下降。2017 年，雄县、容城、安新农村居民人均可支配收入分别居全省 168 个县（区、市）的第 30 位、第 20 位、第 78 位，城镇居民人均可支配收入分别居全省 168 个县（区、市）的第 63 位、第 123 位、第 105 位，农村居民相对富裕。

（二）雄安新区金融发展现状[①]

一是金融机构不断聚集。雄安新区设立前，保定市安新、雄县、容城三县金融机构种类单一，层级不高，数量较少，主要是国有商业银行和农

① 本部分数据来源于中国人民银行石家庄中心支行调查统计处。

村信用社的分支机构。新区成立后，各金融机构积极谋篇布局，新区的机构种类、层级和数量全面提升。中国工商银行、中国农业银行、中国银行、中国建设银行、交通银行等几大银行的雄安分行陆续开业，光大银行雄安分行获批筹建，中信银行、北京银行、天津银行等也积极与新区对接。除银行业金融机构外，中国人寿、阳光保险等 5 家保险公司，安信证券、长江证券等 3 家证券公司也相继进驻，特别是中国人民养老保险有限责任公司，成为首家在新区注册成立的总部型金融机构。截至 2019 年 2 月末，雄安新区的银行、保险、证券机构共有网点 150 个，从业人员 2266 人，较新区成立时分别增加 19 个和 285 人。

二是授信额度大幅提升。2018 年末，金融机构对雄安新区重点项目授信额达 2106.6 亿元，其中 1769.9 亿元由金融机构河北省内分支机构提供，336.7 亿元由省外机构提供，集中投放于京雄高速铁路、容东片区建设和苗景兼用林项目等，助力新区建设。

三是融资结构明显优化。2018 年雄安新区社会融资增量累计为 229.6 亿元。其中，发行地方政府专项债券 150 亿元，占雄安新区社会融资规模增量的 65.3%；债券融资 6 亿元，占雄安新区社会融资规模增量的 2.6%。直接融资成本低，融资结构明显优于全省水平。

四是贷款加速上扬。自 2018 年 9 月起，雄安新区各项贷款增速稳步提升，2018 年末，各项贷款增速提升至 43.5%。2018 年末，雄安新区各项贷款比年初增加 77 亿元，其中 47.4 亿元投向雄安新区本地重点项目建设，29.6 亿元投向雄安新区周边县市。2019 年 3 月末，雄安新区各项贷款余额为 273.9 亿元，同比增长 45.6%，增速较上年同期提高 43.4 个百分点，较成立之初提高 31.5 个百分点。

五是存款大幅增长。雄安新区自成立至 2018 年 11 月，各项存款保持平稳增长，月均增速高于全省各项存款月均增速 7.8 个百分点。2018 年 12 月增速出现大幅提升，同比增长 91.7%，较上年同期提高 75.1 个百分点。2018 年末，雄安新区各项存款增加 437.6 亿元，同比多增 369.7 亿元。2019 年 3 月末，雄安新区各项存款余额为 922.1 亿元，同比增长

85.5%，增速较上年同期提高69.2个百分点，较成立之初提高69.8个百分点。

三　国内新区金融发展经验借鉴与启示

（一）深圳特区、浦东新区建设资金来源①

深圳特区和浦东新区初期建设资金来源主要包括以下几种。一是银行信贷。1981～1986年，深圳特区财政累计向金融机构融资7.6亿元，而浦东新区在“八五”“九五”计划期间从银行获得的资金分别为217.5亿元和200亿元。二是外商投资。1980～1985年，深圳特区累计利用外资9.22亿美元；而浦东新区城市建设资金中外资占比高达70%以上。三是地方财政。一方面，深圳特区实行“财政收入全留、发展过程中财政收支自求平衡”“上缴额递增包干”的财政体制；另一方面，深圳特区和浦东新区在建设初期都实行了土地财政的发展模式。深圳特区在全国范围内率先开展了土地所有权与使用权分离、土地有偿使用转让；浦东新区实行“土地空转，滚动开发”的土地政策。另外，资本市场的发展也为深圳特区和浦东新区筹措了大量建设资金。深圳特区积极推进企业股份制改造，走出一条“企业股份化、股份证券化、证券市场化”的道路；浦东新区四大开发公司均组建了股份有限公司，并在上海证券交易所上市。

（二）金融支持深圳特区、浦东新区建设情况

一是机构设置情况。一是金融监管机构。1984年7月，中国人民银行深圳经济特区分行正式组建成立，专门行使中央银行职能。1995年中国人民银行上海市分行正式迁入陆家嘴金融贸易区，成为浦东金融的“领头羊”。2000年，中国保险监督委员会上海办公室正式成立。二是金融要素市场。1987年，中国人民银行深圳经济特区分行注资成立了全国首家证券公

① 本部分数据来源于深圳史志办公室、上海市浦东新区史志办公室。

司——深圳经济特区证券公司。1996 年上海产权交易所迁入浦东新区。1997 年，上海证券交易所迁入浦东陆家嘴证券大厦。1999 年由上海金属交易所、上海商品交易所、上海粮油商品交易所组建的上海期货交易所在浦东新区成立。2006 年，中国金融期货交易所在浦东新区成立。三是金融机构。深圳市于 1987 年成立深圳发展银行和招商银行，1995 年成立深圳市商业银行。上海市于 1993 年成立上海浦东发展银行，1995 年成立上海银行，1998 年成立上海浦东发展集团财务公司。

二是信贷支持情况。①信贷资金实行特殊管理。深圳特区金融机构在资金管理体制上实行信贷资金“切块管理”，其信贷计划单列，由中国人民银行单独审批，中国人民银行深圳经济特区分行负责统一安排使用。浦东新区的国有银行实行比例管理和指导性计划相结合的新的信贷管理体制，批准中国农业银行浦东分行试行资产负债比例管理。②利率自主调节权。中国人民银行深圳经济特区分行实行以基准利率为中心的利率体系，存款利率管上限，贷款利率管下限，可自行确定调整利率的幅度，有效扩大了深圳特区银行的经营自主权。③给予特殊的配套资金筹措权。1992 年，中央决定给上海配套的资金筹措权，明确“八五”计划期间在金融上给予优惠：在原定每年给上海 1 亿美元贷款的基础上，每年再增加给予上海 2 亿美元的优惠利率贷款；第四批日元贷款、亚洲开发银行和世界银行贷款，将尽可能安排。

三是资本市场发展。1987 年 5 月，深圳市政府决定由中国人民银行深圳经济特区分行批准深圳发展银行首次以公募方式向社会公开发行股票，共筹集资金 793 万元。1988 年 4 月，深圳发展银行股票首次在深圳经济特区证券公司挂牌，拉开了深圳股票交易的序幕。浦东新区的四个重点开发小区的集团公司都通过上海证券交易所这个资本市场的窗口，募集到大量资金用于开发建设。1992 年 1 月 24 日，国务院发出《关于上海市进一步开发开放浦东和搞活国营大中型企业有关问题的通知》（国函〔1992〕5 号），授权上海市在中央核定的额度范围内自己发行股票和债券，并允许全国各地发行的股票在上海上市交易。同时，允许上海在原定额度外每年再发行 1 亿元人民币股票和 1 亿美元 B 种股票，为浦东新区开发筹资。

四是外资利用情况。①外汇留成制度。自 1979 年我国实行外汇留成制度起，广东省的外汇留成比例就高于其他省份，而深圳特区的留成比例达到 100% 。深圳特区的外汇收入超过 1978 年基数的增收部分，用于特区建设，五年内不上缴。②建立各类外汇调节交易中心。1985 年，中国人民银行深圳经济特区分行起草《深圳经济特区外汇调剂管理办法》，深圳经济特区外汇调剂中心挂牌营业，开创了中国外汇交易的先河。自 1985 年 11 月开业至 1988 年，深圳经济特区外汇调剂中心的外汇调剂成交总额达 15.45 亿美元。而外汇交易中心主要面向国际市场，与外汇调剂中心的国内业务形成功能互补。同时，还建立了外汇拆借市场，解决国内外汇资金流动性差的问题，提高了我国外汇资金的使用效率，初步建立了境内外汇资金市场运作和汇率形成机制，为我国外汇市场的建立和发展积累了经验。③外汇体制创新。中国人民银行深圳经济特区分行结合深圳经济发展实际，对汇率制度改革中的一些管理体制进行了大胆创新，包括允许创汇单位开立“待结汇账户”，代替文件中关于银行自动结汇的条款；将“禁止外币在境内流通”改为“禁止外国货币在境内流通”，使得港币能够在特区内流通。④设立外资银行并经营人民币业务。1990 年，中共中央、国务院允许上海市有步骤地增设外资银行。第一步，批准设立已经申报的上海国际财务有限公司和上海联合财务有限公司；第二步，根据开发浦东新区的实际需要，再考虑逐步在上海设立外资银行的分行。

（三）经验借鉴和启示

一是制定金融支持雄安新区建设的顶层规划。金融是现代经济的核心，是新区建设不可或缺的关键力量。这主要体现在两个方面：一方面是金融可以为区域建设提供资金保证；另一方面是金融可以作为区域建设的切入点，为区域经济社会发展创造良好环境。雄安新区的设立是党中央、国务院在京津冀协同发展大背景下做出的一项重大战略部署，其目的是积极稳妥有序疏解北京非首都功能，重点打造北京非首都功能疏解集中承载地。但也应该注意到，虽然雄安新区区位优势明显，可是开发程度较低、基础设施欠账较多，要以高起点高标准开发需要大量建设资金。建议由政府相关部门和中国人民银行牵头制定雄安新区发展建设金融规划：首先从整体上搭建金融支持雄安新区建设的大格局、大框架，为今后金融工作发展定下基调；其次根据各个建设阶段的具体要求，细化金融在每一个阶段的发展重点和发展要求，可以按照“先易后难、分步推进”的原则，分阶段制定金融业发展专项方案；最后党中央、国务院和其他相关部委积极给予政策支持，为金融发展营造良好环境，尤其加大对绿色金融、科技金融、产融结合等方面的改革创新支持力度。

二是设立与雄安新区定位相符合的金融监管分支机构。金融在新区建设过程中发挥重要作用的前提是金融市场的有效运行。浦东新区建设初期，以中国人民银行上海市分行迁入浦东新区为标志，一大批金融机构相继落户浦东新区，集聚效应显著；随后新一届的跨区分行——上海分行成立，负责管辖上海、浙江和福建两省一市的金融机构及其业务活动；2005 年中国人民银行上海总部落户浦东新区，将浦东新区的金融监管能力提升到更高的层次。但是，目前雄安新区只有中国人民银行的三个县支行，在金融监管、金融创新、金融发展、金融开放等各个环节上都无法满足雄安新区未来的发展，亟须机构升级和改革。建议设立符合雄安新区发展定位的金融监管分支机构，不断完善金融市场运行机制、统筹协调金融市场发展、优化金融发展环境、扩大金融对外开放程度以及集聚各类金融机构，通过强化金融配套服务功能加强金融监管机构的调节能力和服务能力。

三是设立支持雄安新区发展的地方法人金融机构。深圳特区和浦东新区建设初期，都成立了各具当地特色的银行机构。深圳特区分别成立了深圳发展银行、深圳市商业银行和招商银行；浦东新区分别成立了上海浦东发展银行、上海银行和上海农村商业银行。建议雄安新区结合地区情况，设立支持新区建设的地方法人金融机构，成立雄安银行，支持雄安新区县级农村信用社改制重组，成立雄安农村商业银行。引导金融机构按照京津冀协同发展空间、产业布局，立足有序疏解北京非首都功能，创新中长期建设资金供给方式，加大对基础设施建设、环境保护、产业升级、扶贫开发等重点领域和薄弱环节的支持力度。

四是在雄安新区执行特殊的信贷和货币政策。在深圳特区和浦东新区建设初期，中央都给予了两地特殊的信贷政策，保证了区域建设所需资金。针对雄安新区，提出以下建议。第一，在雄安新区建设初期探索实施有针对性的货币政策，为新区建设提供资金保障。对法人金融机构存款准备金率可以定的比其他地区低一些，增加金融机构可贷资金来源；实行区域差别化再贴现率，可以参照某些再贷款利率优惠模式，给予雄安新区金融机构再贴现率一定的优惠；在信贷规划上，合理调整差别准备金动态调整公式相关参数，支持雄安新区地方法人金融机构增加信贷投放。第二，实施差异化的信贷政策，支持雄安新区基础设施建设。实行信贷增长优先政策，各全国性商业银行总行给予雄安新区分支行最大限度的信贷准入政策自主调节权和信贷产品先行先试权，满足区域内各类客户的信贷需求，加大信贷支持力度。中国人民银行在进行信贷合意规模考核时，对商业银行在雄安新区的信贷规模单独考核，保证商业银行贷款的积极性。

四　雄安新区金融创新应避免的误区

一是将雄安新区承接北京疏解的金融机构狭义地理解为再造一个金融中心。这一观点从根本上忽略了两个问题，第一，建设雄安新区的根本目的在于疏解北京非首都功能，同时要和北京中心城区、城市副中心在功能上有所分工，实现错位发展。这就要求雄安新区的金融发展功能应该围绕承接北京非首都核心功能、加快京津冀协同发展、补齐河北发展短板、推动京津冀产业转型升级为关键突破口和具体实施抓手，而不是单纯地作为金融中心去发展。第二，要想将雄安新区建设成为我国北方地区重要的金融中心，需要具备足够的市场条件和较长期的建设，不是行政命令一蹴而就的，而创造适宜的金融市场环境需要政府将完善金融基础设施建设、法律法规体系和金融监管环境作为工作重点，激发市场活力，优化金融要素资源配置。

二是将雄安新区与天津滨海新区以及天津自贸区看作一种竞争和替代关系。客观来看，雄安新区的设立承载着一项重要任务就是“扩大全方位对外开放”，同时“千年大计、国家大事”的政策红利可能在短期内会使雄安新区具有吸引大量国内外金融资源的能力，在一定程度上对滨海新区和天津自贸区产生冲击和压力。但从中长期来看，京津冀作为我国经济发展的重要增长极，必然容得下雄安新区、天津滨海新区以及其他经济开发区的互利共赢发展。各地在金融发展上协作配合，在功能上相互补充，从不同层面、各有侧重地全面推动京津冀金融对外开放，打造扩大开放新高地和金融对外合作新平台，主动服务北京国际交往中心的核心功能。

三是认为雄安新区会对河北省其他邻近城市的金融资源产生“虹吸效应”，加剧河北省内部金融发展不平衡态势。这里应该注意以下两点。第一，雄安新区发展的最终结果是200万~250万人的绿色智慧新城，并以高端产业发展为主。这个发展过程中必然会吸引大量金融资源注入，可能在短期内会对周边产生金融资源的“虹吸效应”，但是一旦高新产业集聚区、高端创新资源要素汇集地形成，必然会带动周边地区产业整体升级转型，从而增强金融资源的溢出效应。第二，雄安新区的建设是在京津冀协同发展的大背景下提出的，是习近平总书记对河北“知之深、爱之切”的深刻表现，是补齐京津冀发展中河北短板的重大机遇，通过雄安新区的设立，打破河北省僵化的体制机制，起到一种标杆、示范效应，最终通过产业升级、制度环境建设以及辐射效应，带动金融资源更高效率地发挥作用，促进河北经济发展新引擎的形成。

五　雄安新区金融创新与发展实施路径

（一）制定金融规划，描绘发展蓝图

雄安新区的设立是党中央、国务院在京津冀协同发展大背景下作出的一项重大战略部署，目的是打造北京非首都功能疏解集中承载地。虽然雄安新

区区位优势明显，可是开发程度较低、基础设施欠账较多，要以高起点、高标准开发，需要大量建设资金。由于雄安新区已经承诺不搞“土地财政”，所以金融支持势在必行。建议制定雄安新区现代金融产业发展专项规划，完善金融发展顶层设计。为确保有序推进各类金融功能的实现，专项规划至少应包含以下三方面的内容。第一，进一步明确雄安新区整体金融功能定位，合理规划与北京中心城区、北京城市副中心和天津的金融发展关系，实现错位发展，真正实现京津冀金融协同发展和城市融合。第二，设计《总体规划》中现代金融业发展的实现路径，主要包括土地利用规划、基础设施建设规划、现代化金融市场体系建设规划、金融业对外开放规划以及金融综合改革试验区规划，旨在鼓励金融创新、激发金融活力。第三，统筹现代金融业发展时间安排，在新区建设阶段，主要发展具有扶持性、基础性和持续性特征的金融服务和产品，对接新区建设需要，在新区发展阶段，主要发展市场化、创新性和高端化的金融服务和产品，逐步适应功能完善、生态绿色的放射状、组团式发展格局新要求。

（二）完善监管架构，统筹金融资源

完善金融监管协调机制，进一步强化中央银行的监管职责。以现有金融监管框架为基础，明确新区“服务实体经济 + 深化金融改革”的监管目标，以国务院金融稳定发展委员会办公室为牵头协调机构，统筹财政、发改、国资监管、工商、税务以及海关等部门，建立金融监管协调工作机制或联席会议制度，主要包括金融监管协调监督机制和金融监管协调争议解决机制等。设立中国人民银行分支机构，强化央行在雄安新区金融监管中的职责、提高央行在统筹监管中的地位，明确其他金融监管机构在微观审慎方面的职权。加强功能监管和行为监管。加强对新区金融集团的资本充足监管，完善公司治理，规范关联交易，控制风险集中度。对各类金融创新产品加强发展模式及风险状况的监测评估，按照“实质重于形式”原则，实行公平统一的市场准入和监管，及时评估监管规则有效性并适时进行调整，切实避免监管套利和逃避监管行为。

（三）发展资本市场，拓宽融资渠道

建立具有雄安特色的多层次资本市场。我国直接融资和间接融资结构不均衡，企业开展直接融资的重要途径之一在于资本市场。雄安新区建设应该充分利用我国多层次资本市场的融资功能，为雄安新区的基础设施建设和北京非首都功能主体的疏解建设及后续发展提供资金支持，推动京津冀地区资本市场的均衡发展，从而更为有效地促进京津冀地区的金融协同发展。因此，建议积极利用雄安新区的金融和资本市场对外开放的特区优势，重点打造金融和实体经济融合发展，推进多层次的资本市场与制造业深度融合与发展，打造金融业支持创新产业链对接的新型商业模式。

（四）增强开放力度，活化金融市场

雄安新区建设不仅将促进京津冀区域一体化协调发展，而且将扩大中国全方位对外开放，成为新的经济增长点。因此，雄安新区应构建面向国际的金融市场体系，建设人民币全球服务体系，使金融开放向纵深推进。外汇政策和跨境人民币使用将成为雄安新区对外开放政策的重要内容。建议推进资本项目限额内可兑换的外汇改革试点，支持具备实际需求的企业开展试点业务，并有序扩大试点企业数量；用足用好现行跨国公司外汇资金集中运营管理政策，便利企业集团资金运作，助推总部经济发展；同时，加强与境外人民币离岸市场的战略合作，比照浦东新区以及各自贸区跨境人民币使用的相关政策，支持雄安新区内企业和金融机构在境外利用多种渠道使用人民币，为雄安新区内的各经济主体提供更便捷的投融资服务功能，将雄安新区打造为国内外金融资源配置的重要节点。

（五）优化金融生态，增大发展后劲

为了保证雄安新区金融产业的有序开发建设，建议新区政府在制度环境、法制环境和风险防控等方面加大工作力度，着力优化金融生态，在促进金融资源集聚的同时，保持良好的金融秩序和稳健的金融运行。一是优化政

府职能，转变政府角色、功能和理念，全面深化行政体制改革，在推进“放管服”的同时，积极实施金融行业负面清单管理，激发金融市场活力。二是优化法制环境，有效保护金融资源产权所有者的合法权益，规范相关当事人的金融行为。充分发挥司法审判职能作用，提高司法执行工作质量和效率。三是防控金融风险，为新区发展提供稳定的金融市场环境。在强化金融监管机构责任落实的同时，加强新区政府的监管责任。探索建立金融机构和企业内部的金融风险防控机制，确保创新型金融产品和工具在推动经济发展中的风险可控性。

参考文献

[1]〔英〕埃比尼泽·霍华德：《明日的田园城市》，金经元译，商务印书馆，2010。

[2] 李兰冰：《雄安新区的历史地位与成长路径》，《经济学动态》2017年第7期，第14～15页。

[3] 刘秉镰：《雄安新区与京津冀协同开放战略》，《经济学动态》2017年第7期，第12～13页。

[4] 孙久文：《雄安新区的价值、意义与规划思路》，《经济学动态》2017年第7期，第6～8页。

[5] 杨其五：《关于上海浦东开发的几个问题》，《经济研究参考》1992年第5期，第865～872页。

[6] 郑向阳、翟悦：《起步雄安》，《河北金融》2017年第10期，第24～27页。

Abstract

Since the publication of the “2. 26” keynote speech by General Secretary Xi Jinping in 2014 and the implementation of the “ Outline of Coordinated Development of Beijing-Tianjin-Hebei Region” in 2015, the speed of coordinated development of Beijing-Tianjin-Hebei has improved significantly, with remarkable results. Over the past six years, the Beijing-Tianjin-Hebei region has worked to overcome obstacles in three major areas. The process of transportation integration has been significantly accelerated, the coordinated mechanism of the ecological environment has taken shape, and industrial docking and collaborative upgrading have been deepened. The coordinated development of Beijing-Tianjin-Hebei region has become an important kinetic energy for further deepening reform and innovation, achieving high-quality development.

Annual Report on the Development of Finance in Beijing-Tianjin-Hebei Region (2019) consists of three parts: General Report, Sub Reports, and Special Reports. The General Report is “Financial Support for Coordinated Development of Beijing-Tianjin-Hebei in ‘Xiong’an Era’ : Interconnection and Symbiosis of Coordinated Development between Xiong’an New Area and Beijing-Tianjin-Hebei”. Starting from the logic of establishment of Xiong’an New Area under the collaborative development of Beijing-Tianjin-Hebei, this report explores the mechanism and path of the connectivity and symbiosis between Xiong’an New Area and the coordinated development of Beijing-Tianjin-Hebei. By Sorting out the development and distribution of financial resources under the strategic background of coordinated development of Beijing-Tianjin-Hebei, and throughing an in-depth analysis of the financial support role of the connectivity and symbiosis between Xiong’an New Area and the coordinated development of Beijing-Tianjin-Hebei, this report puts forward the road ahead about financial supporting for Xiong’an New Area to link the coordinated development of Beijing-Tianjin-

Hebei. The Sub Reports provide an objective and detailed introduction to Beijing, Tianjin, and Hebei's financial institutions, financial markets, and financial reforms in 2018, fully reflecting the financial development of the three regions. The Special Reports focus on the major and difficult issues which occurred in the development process of the coordinated development of Beijing-Tianjin-Hebei, including "The Opening Up Strategy of Beijing's Financial Service Industry in the New Era", "The Report on FinTech Supporting the Coordinated Development of Inclusive Finance in Beijing-Tianjin-Hebei", and "The Research on Financial Innovation and Development of Beijing-Tianjin-Hebei: Taking Xiong'an New Area as an Example", these special reports provide reference for further deepening the collaborative development of Beijing-Tianjin-Hebei and strengthening regional financial cooperation.

Keyword: Beijing-Tianjin-Hebei Region; Financial Coordination; Green Finance; Financial Innovation

Contents

Ⅰ General Report

B. 1 Financial Support for Coordinated Development of Beijing - Tianjin - Hebei in "Xiong'an Era"

—*Interconnection and Symbiosis of Coordinated Development between Xiong'an New Area and Beijing - Tianjin - Hebei*

Wang Aijian, Guo Hong and Yang Fan / 001

Abstract: The construction of Xiong'an New Area is a major decision made by the CPC Central Committee to further promote the coordinated development of Beijing-Tianjin-Hebei. The establishment of such a New Area with national significance is a major historical and strategic choice of the party and the country. As the core and blood of the modern economy, finance plays an indispensable role in promoting industrial restructuring, optimizing resource allocation, and achieving high-quality development. Based on the logic of the establishment of the Xiong'an New Area in case of the coordinated development of Beijing-Tianjin-Hebei, this report explores the mechanism and path analysis of the connectivity and symbiosis between Xiong'an New Area and the coordinated development of Beijing-Tianjin-Hebei, sorts out the development and distribution of financial resources under the strategic background of coordinated development of Beijing-Tianjin-Hebei, and through an in-depth analysis of the financial support role of the connectivity and symbiosis between Xiong'an New Area and the coordinated development of Beijing-Tianjin-Hebei, and then puts forward the road ahead about financial supporting for Xiong'an New Area to link the coordinated development of Beijing-Tianjin-Hebei.

Keywords: Xiong'an New Area; Beijing-Tianjin-Hebei; Financial Industry; Financial Support; Connectivity and Symbiosis

Ⅱ Development of Beijing Financial Industries

B. 2 Report on Beijing Development of Financial Institutions in 2018 *Fang Yunlong, An Bang* / 033

Abstract: We will implement the spirit of the 19th National Congress of the Communist Party of China and promote structural reform on the supply side of finance. In 2018, Beijing made great efforts to promote the construction of "four centers" as well as the major national strategy of coordinated development of Beijing-Tianjin-Hebei, boosting the modernization of the capital. This report first introduces the overall development of the financial industry in Beijing. In 2018, Beijing's financial industry's GDP reached 508.46 billion yuan, up 9.5% year on year, accounting for 16.8% of GDP. It ranks first in the GDP of the industry divided by industry. Then through the introduction of the financial industry, including the banking industry, securities industry, insurance industry and new financial formats, to show the development status and level of financial institutions in Beijing. The report found that in 2018, all kinds of financial institutions in Beijing developed steadily and well, especially the emerging financial industry led by financial technology developed further, the strategic emerging financial industry innovated and developed, the development of all kinds of new financial institutions gradually stepped into the right track, various regulatory measures and supporting service systems gradually established and improved, laying a foundation for financial return to serve the real economy.

Keywords: Financial Institution; Banking Industry; Financial Supervision; Financial Science and Technology; Emerging Finance

B. 3 Report on Beijing Financial Market Operation in 2018

Fang Yunlong, *Sun Chenxi* / 050

Abstract: The financial market plays a very important role in the market economic system. The open and multi-level financial market can effectively absorb idle and idle funds from all corners of the society, and form a mechanism to redistribute funds among various departments and regions according to the situation of money supply and demand. This report introduces the development of Beijing's financial market in 2018 from the perspectives of money market, stock market, bond market, private equity market and trust market. The report found that in 2018, Beijing's financial market remained stable. The growth of each market and the size of the stock maintained a growth trend, providing a steady stream of financial support for the development of the real economy.

Keywords: Financial Market; Money Market; Stock Market; Bond Market; Trust Market

B. 4 Report on Beijing Financial Reform and Innovation in 2018

Fang Yunlong / 065

Abstract: Under the background of deeply implementing the spirit of the 19th National Congress of the Communist Party of China and guiding finance to return to serving the real economy, in 2018, Beijing adhered to the work idea of deepening reform and innovation leading, greatly improved the ability and efficiency of financial services to the real economy of the capital, and further increased support for key areas and weak links. This report first introduces the outstanding achievements in financial reform and innovation in Beijing, and then looks forward to the prospect and development trend of financial reform and innovation in Beijing. In the future, Beijing will further expand financial opening, attract foreign investors to invest in the mainland market, bring advanced management experience and technology to the mainland market, and provide external impetus for financial reform and development; We should strengthen policies to support the development of financial talents in Beijing, gather all kinds of financial talents, strive for more preferential policies for financial opening to land in Beijing, put risk prevention and bottom line in a more prominent position, and make Beijing's financial development a national benchmark.

Keywords: Financial Opening; Operating Environment; Financial Talents; Financial Innovation

Ⅲ Development of Tianjin Financial Industries

B. 5 Report on Tianjin Development of Financial Institutions in 2018 *Han Liming*, *Wang Jingyi* / 076

Abstract: In 2018, Tianjin new era of socialism with Chinese characteristics in Xi Jinping thoughts as the instruction, follow the General Secretary Xi of the Tianjin work instructions of the "three to" development goals, seek improvement in stability, bear as actively, promote the continuous optimization of economic structure, creativity, further enhance the financial market to promote the formation of the high quality of economic development efforts. This report first introduces the overall development of the financial industry in Tianjin, and then introduces the specific development level according to the different industries. Report found that Tianjin for economic operation of the overall situation remained stable, financial institutions generally in a transitional period of development, a slight decline in the profitability of the banking sector's securities fund industry size slightly smaller, the futures industry has been steadily rising stage, improve the innovative ability of the insurance industry, financing lease and the Internet in the emerging financial industry, such as financial development trend is becoming more and more perfect.

Keywords: Tianjin; Financial Industry ; Banking Industry; Securities Industry; Insurance Industry

B. 6 Report on Tianjin Financial Market Operation in 2018

Han Liming, *Qiu Lan* / 092

Abstract: China's economic development has entered a new era, the "13th five-year plan" puts forward the overall task of improving the financial market system. On the basis of stricter financial regulation in China, Tianjin has taken into account the changes in the internal and external environment, opened up the financial market in an orderly way, served the supply-side structural reform, and completed the transformation of the real economy while financial deleveraging. This report will be of tianjin financial markets into money market, stock market, bond market, fund market, futures market, rental market, new market and foreign exchange market and so on eight parts, a separate analysis of the development of each part, the report found that in 2018, Tianjin financial market development situation is moderate, financial sector reform and innovation continuously made new achievements. The mutual integration of science and technology and finance has promoted the formation of a new financial market pattern in Tianjin.

Keywords: Financial Market; Money Market; Stock Market; rental Market; New Market

B. 7 Report on Tianjin Financial Reform and Innovation in 2018

Han Liming / 106

Abstract: in 2018, under the background of increasing driving forces for transformation and upgrading of old and new industries, Tianjin has made new achievements in promoting the upgrading of traditional industries, combining the development of real economy with intelligent science and technology, combining green finance with intelligence, and solving the financing problems of small and medium-sized enterprises. This report firstly summarizes the achievements of financial reform and innovation in Tianjin, mainly analyzes the business reform of financial institutions, innovation and development of financial market and industrial finance, and then prospects the future development prospect of financial reform and innovation in Tianjin. This report finds that, as the characteristic industry of Tianjin and the fusion agent of finance and real economy, finance lease industry plays an increasingly important role in serving economic development. Tianjin free trade zone has realized the seamless link between real industry and virtual finance, built a platform for the communication between enterprises and financial institutions, and provided diversified financial services for the economic development.

Keywords: Tianjin Finance; Reform and Innovation; Financial Facilitation; Industrial Finance

Ⅳ Development of Hebei Financial Industries

B. 8 Report on Hebei Development of Financial Institutions in 2018

He Nan, *Liu Xixi* / 118

Abstract: In 2018, Hebei financial institutions closely focused on the coordinated development of financial services, Beijing – Tianjin – Hebei, and the historical opportunities such as the planning and construction of the Xiong'an New District and the preparations for the Winter Olympics, and constantly optimized their own development. Firstly, this report introduces the economic operation of Hebei Province in 2018. Secondly, by analyzing the development and operation of financial institutions such as banking, securities, and insurance of Hebei in 2018, the report found that the asset structure of Hebei Province has been adjusted to become more reasonable, the growth rate of deposits has rebounded, the growth rate of loans has stabilized, the overall acceptance of bank acceptances has declined, and the scale of social financing has declined. The inter-bank bond market is developing healthily, and the cross-border RMB business is steadily advancing; the securities industry institutions and futures institutions are developing steadily; the insurance scale continues to grow, the insurance business structure is continuously optimized, and the risk-taking ability is further improved; the number of small loan companies and loan balances are both declined.

Keywords: Hebei; Banking Industry; Securities Industry ; Insurance Industry

B. 9 Report on Hebei Financial Market Operation in 2018

He Nan, *Zhang Lile* / 133

Abstract: This report provides a detailed analysis of Hebei Province's securities market, fund market, equity trading market, trust market and financial leasing market in 2018, and it finds that various types of financial markets in Hebei Province were basically stable, which helped the rapid development of Hebei's economy to a certain extent. The financial market in Hebei Province has fully utilized the new round of common development of stocks, bonds and trusts, increased the effective financial supply, and promoted the rapid growth of innovative and growth-oriented enterprises in Hebei Province, helping the integration of Beijing-Tianjin-Hebei. The process plays a pivotal role and constitutes the unremitting driving force for promoting economic and social development in the province.

Keywords: Financial Markets ; Securities Market; Equity Trading Market; Trust Market; Financial Leasing Market

B. 10 Report on Hebei Financial Reform and Innovation in 2018

He Nan, *Zhang Lile* / 139

Abstract: This report sorts out the achievements of financial reform and innovation of Hebei Province in implementing the state macro control policy, promoting the implementation of various financial reform measures, improving the level of financial services, and assisting the construction of the Xiong'an New Area in 2018. In view of the fact that the financial industry in Hebei Province has always insisted on serving the real economy, this report has made a detailed analysis of the development priorities and prospects of Hebei's financial reform and innovation. Financial reforms and innovations in different fields have better met the needs of social and economic development in Hebei Province and promoted the high-quality development of Hebei's economy.

Keywords: Hebei Province; Financial Reform and Innovation; Financial Support; Real Economy

V Special Research Reports

B. 11 The Opening Up Strategy of Beijing's Financial Service Industry in the New Era *Zhang Liqing*, *He Yan* / 152

Abstract: The opening up of Beijing's financial service industry is an important part of China's financial service industry opening to the outside world. As the capital of the people's Republic of China, Beijing has gathered national financial regulatory institutions and monetary policy management departments, and a large number of headquarters of domestic and foreign financial institutions. It is a national financial management center, and also a strategic height of China's financial service industry opening to the outside world. In the new era, Beijing's financial service industry is facing new historical opportunities. Starting from the development process of the opening up of Beijing's financial service industry, this report makes a detailed analysis of the strategic value, goal, path and key points of system construction of Beijing's financial service industry expanding financial opening. From the aspects of innovation mechanism, environmental construction and supporting measures, this paper puts forward countermeasures and suggestions in the process of further opening up of Beijing's financial service industry, that is, Beijing should make a comprehensive overall plan to expand the opening up of the financial industry, strengthen the construction of financial infrastructure, promote the construction of offshore financial center, improve the financial supervision system; accelerate the innovation of property right transaction business, cultivate new economic growth point; dock with major national strategies, strengthen policy coordination and supervision.

Keywords: Financial Services Industry; Opening to the Outside World; Financial Technology (Fintech); Green Finance; Inclusive Finance

B. 12 The Report on Fintech Supporting the Coordinated Development of Inclusive Finance in Beijing-Tianjin-Hebei

Yang Fan, *Wu Caixia* / 168

Abstract: With the continuous improvement of core technologies such as big data, artificial intelligence and blockchain, Fintech has achieved rapid development and brought new opportunities for the coordinated development of inclusive finance in Beijing-Tianjin-Hebei region. This report first proposes the current situation of inclusive finance in Beijing-Tianjin-Hebei region and selects 13 sample cities of to focus on the development level of inclusive finance. The result shows that the unbalanced development of inclusive finance in Beijing-Tianjin-Hebei region is serious, and the real sense of coordinated development has not yet been achieved. Then the report expounds the application of financial technology in the development of inclusive finance and introduces the logic of financial technology to assist the coordinated development of inclusive finance. Finally, the report puts forward that we should grasp the boundary of financial technology supporting inclusive finance, actively create a policy environment for financial technology to boost inclusive finance development, improve the credit system, build a high-quality compound financial talent team, strengthen supervision, and promote financial technology to better serve Inclusive Finance in Beijing, Tianjin and Hebei.

Keywords: Beijing-Tianjin-Hebei region; Fintech; Inclusive Finance; Coordinated Development

B. 13 The Research on Financial Innovation and Development of Beijing-Tianjin-Hebei
—*Taking Xiong'an New Area as an Example*
Wen Hongwu, Zheng Xiangyang and Zhao Tianyi / 195

Abstract: In April 2017, the CPC Central Committee and the State Council have decided to establish the Xiong'an New Area in Hebei Province . It is another New Area of national significance after the Shenzhen Special Economic Zone and the Shanghai Pudong New Area . How to break through the existing financial policy framework, improve the financial innovation system, provide a better support for the development of the real economy of Xiong'an New Area, and estabilish a smart cities will become the top priority of financial work in the future. Under the background of the reform of the existing financial system and the opening-up of the financial industry, this report systematically analyzes the financial innovation and development environment of Xiong'an New Area, with drawing on the financial development experience of Shanghai Pudong New Area and Shenzhen Special Economic Zone, and puts forward several specific implementation paths of the financial innovation and development of Xiong'an New Area, including the formulation of the financial planning and development blueprint, the improvement of the regulatory framework and the overall financial resources, development capital market and broadening financing channels, strengthen opening up and activation financial market, optimization financial ecology and increasing development potential

Keywords: Beijing-Tianjin-Hebei; Xiong'an New Area; Financial Innovation; Financial development

权威报告 · 一手数据 · 特色资源

皮书数据库

ANNUAL REPORT(YEARBOOK) DATABASE

分析解读当下中国发展变迁的高端智库平台

所获荣誉

- 2019年，入围国家新闻出版署数字出版精品遴选推荐计划项目
- 2016年，入选“‘十三五’国家重点电子出版物出版规划骨干工程”
- 2015年，荣获“搜索中国正能量 点赞2015”“创新中国科技创新奖”
- 2013年，荣获“中国出版政府奖 · 网络出版物奖”提名奖
- 连续多年荣获中国数字出版博览会“数字出版 · 优秀品牌”奖

成为会员

通过网址www.pishu.com.cn访问皮书数据库网站或下载皮书数据库APP，进行手机号码验证或邮箱验证即可成为皮书数据库会员。

会员福利

- 已注册用户购书后可免费获赠100元皮书数据库充值卡。刮开充值卡涂层获取充值密码，登录并进入“会员中心”—“在线充值”—“充值卡充值”，充值成功即可购买和查看数据库内容。
- 会员福利最终解释权归社会科学文献出版社所有。

数据库服务热线：400-008-6695
数据库服务QQ：2475522410
数据库服务邮箱：database@ssap.cn
图书销售热线：010-59367070/7028
图书服务QQ：1265056568
图书服务邮箱：duzhe@ssap.cn

社会科学文献出版社 SOCIAL SCIENCES ACADEMIC PRESS (CHINA) 皮书系列
卡号：578624955658
密码：

S 基本子库
UB DATABASE

中国社会发展数据库（下设 12 个子库）

整合国内外中国社会发展研究成果，汇聚独家统计数据、深度分析报告，涉及社会、人口、政治、教育、法律等 12 个领域，为了解中国社会发展动态、跟踪社会核心热点、分析社会发展趋势提供一站式资源搜索和数据服务。

中国经济发展数据库（下设 12 个子库）

围绕国内外中国经济发展主题研究报告、学术资讯、基础数据等资料构建，内容涵盖宏观经济、农业经济、工业经济、产业经济等 12 个重点经济领域，为实时掌控经济运行态势、把握经济发展规律、洞察经济形势、进行经济决策提供参考和依据。

中国行业发展数据库（下设 17 个子库）

以中国国民经济行业分类为依据，覆盖金融业、旅游、医疗卫生、交通运输、能源矿产等 100 多个行业，跟踪分析国民经济相关行业市场运行状况和政策导向，汇集行业发展前沿资讯，为投资、从业及各种经济决策提供理论基础和实践指导。

中国区域发展数据库（下设 6 个子库）

对中国特定区域内的经济、社会、文化等领域现状与发展情况进行深度分析和预测，研究层级至县及县以下行政区，涉及地区、区域经济体、城市、农村等不同维度，为地方经济社会宏观态势研究、发展经验研究、案例分析提供数据服务。

中国文化传媒数据库（下设 18 个子库）

汇聚文化传媒领域专家观点、热点资讯，梳理国内外中国文化发展相关学术研究成果、一手统计数据，涵盖文化产业、新闻传播、电影娱乐、文学艺术、群众文化等 18 个重点研究领域。为文化传媒研究提供相关数据、研究报告和综合分析服务。

世界经济与国际关系数据库（下设 6 个子库）

立足“皮书系列”世界经济、国际关系相关学术资源，整合世界经济、国际政治、世界文化与科技、全球性问题、国际组织与国际法、区域研究 6 大领域研究成果，为世界经济与国际关系研究提供全方位数据分析，为决策和形势研判提供参考。

法律声明